21世纪高等院校公共管理系列教材

华东交通大学教材（专著）基金资助项目

CASE ANALYSIS OF PUBLIC MANAGEMENT

公共管理案例分析

甘黎黎　王光栋　编著

东北财经大学出版社
Dongbei University of Finance & Economics Press
大连

图书在版编目（CIP）数据

公共管理案例分析 / 甘黎黎，王光栋编著．—大连：东北财经大学出版社，2024.3

（21世纪高等院校公共管理系列教材）

ISBN 978-7-5654-5078-5

Ⅰ.公…　Ⅱ.①甘…②王…　Ⅲ.公共管理-案例　Ⅳ.D035-0

中国国家版本馆CIP数据核字（2023）第246047号

东北财经大学出版社出版

（大连市黑石礁尖山街217号　邮政编码　116025）

网　　址：http://www.dufep.cn

读者信箱：dufep@dufe.edu.cn

大连图腾彩色印刷有限公司印刷　东北财经大学出版社发行

幅面尺寸：170mm×240mm　　字数：248千字　　印张：12.75

2024年3月第1版　　2024年3月第1次印刷

责任编辑：石真珍　　责任校对：刘贤恩

封面设计：原　皓　　版式设计：原　皓

定价：52.00元

教学支持　售后服务　联系电话：（0411）84710309

如有印装质量问题，请联系营销部：（0411）84710711

本书是

江西省普通本科高校教育教学改革研究重点课题“大思政格局下公共管理专业‘五度融合’的课程思政教学案例开发与应用研究（JXJG-23-5-8）”的阶段性成果。

序

深化公共管理案例研究，讲好中国故事，是贯彻落实习近平新时代中国特色社会主义思想的重要举措。

从教学目的看：一是以案为引。公共管理案例研究以实际公共问题为起点，立足我国国情和发展实践，有利于揭示我国经济社会发展的新特点、新规律，并提炼和总结我国经济发展实践的规律性成果。二是以案释理。公共管理案例研究聚焦我国经济社会发展的重大理论和现实问题，有利于深挖新时代公共管理理论研究、政策研究和发展实践的富矿，向世界讲清中国奇迹背后的道理、学理、哲理。

从教学资源看：公共管理案例研究有助于产生更多高质量的、具有培根铸魂作用的、扎根中国本土的公共管理教育教学资源，服务教育“立德树人”的根本任务。

从教师角度来看：公共管理案例研究有助于重塑研究和教育范式，强化理论与实践的联系，改善教风、学风，更好地塑造教师的大爱情怀、大德风范、大智风采，提升教师综合素质。

从学生角度来看：公共管理案例研究有助于解决公共管理类专业本科生和公共管理硕士研究生实践创新能力培养这个大问题，推动学生扎根中国大地开展实践和研究，成长为德智体美劳全面发展的社会主义建设者和接班人。

因此，公共管理领域的研究者和教育者应讲好、讲全、讲透中国在公共管理领域的故事，为世界公共管理学的发展贡献中国智慧。

本书共包括七个案例。

案例一《云晴万鸟满南风，百啭千声自在徙——基于J省“千年鸟道”“候鸟保护战”的系列故事》由华东交通大学甘黎黎副教授、刘进宫、姜梓文、熊玉兰、钟扬、洪卿撰写。刘进宫、姜梓文、熊玉兰、钟扬、洪卿为2019级公共事业管理专业本科生。

案例二《鄱湖滩上立徘徊，红蓼风前雪翅开——基于J省白鹤保护的系列故事》由甘黎黎撰写。

案例三《城市拆迁的速度与温度——N市H区D4、D6地块拆迁中的“苦”与“乐”》由华东交通大学王光栋副教授和李畦霞撰写。李畦霞为2018级公共管理硕士。

案例四《“精诚”所至，“金石”为开——基于N市老旧小区铁路三村改造的调查》由王光栋、林宇翔、张晶晶、赖如文、李佳宇撰写。林宇翔、张晶晶、赖如文、李佳宇为2020级公共事业管理专业本科生。

案例五《滕王高阁临江渚，物换星移几度秋——N市滕王阁景区仿古旅游发展与改造的突围之路》由甘黎黎、刘燚思、谢冬梅、梁梦思撰写。刘燚思、谢冬梅、梁梦思为2017级公共事业管理专业本科生。

案例六《大爱无声，三联有情——N市三联特殊教育学校的“优”与“忧”》由甘黎黎、荣昱淇、秦文疆、赵雪婷撰写。荣昱淇、秦文疆为2020级公共管理硕士，赵雪婷为2020级法律硕士。

案例七《人间烟火味，温热暖人心——基于N市“一元厨房”社会公益服务的调查》由甘黎黎、吴申强、罗清、张羚黎、黄宏光、黄彩豪、龚欣雨撰写。罗清为2022级公共管理硕士，张羚黎为2021级公共管理硕士，吴申强、黄宏光、黄彩豪、龚欣雨为2019级公共事业管理专业本科生。

本书中的七个案例均基于本土调研，是团队近几年案例研究成果的一部分。付梓之际，诚惶诚恐，毕竟能力有限。诸多遗憾之处，只能在以后的研究中继续深入与修正。

作　者

2023年10月

目　录

第一篇　生物多样性保护

良好生态环境是人和社会持续发展的根本基础。要实施重大生态修复工程，增强生态产品生产能力，推进荒漠化、石漠化综合治理，扩大湖泊、湿地面积，保护生物多样性。①

——习近平

生物多样性关系人类福祉，是人类赖以生存和发展的重要基础。工业文明创造了巨大物质财富，但也带来了生物多样性丧失和环境破坏的生态危机。生态兴则文明兴。我们要站在对人类文明负责的高度，尊重自然、顺应自然、保护自然，探索人与自然和谐共生之路，促进经济发展与生态保护协调统一，共建繁荣、清洁、美丽的世界。②

——习近平

---

① 中共中央文献研究室．习近平关于社会主义生态文明建设论述摘编［M］．北京：中央文献出版社，2017：45-46.

② 习近平．在联合国生物多样性峰会上的讲话［EB/OL］．［2023-11-08］．http：//www.xinhuanet.com/politics/leaders/2020-09/30/c_1126565287.htm.

第一章

云晴万鸟满南风，百啭千声自在徙

——基于J省“千年鸟道”“候鸟保护战”的系列故事

摘　要

位于J省、H省两省交界处的罗霄山脉，是东亚—澳大利亚候鸟迁徙路线的重要中转站，每年有无数候鸟从这里穿行而过，忍受长途跋涉的饥饿，抵御自然天敌的追捕，躲避人类的捕杀，前往南方过冬。对候鸟的保护，关乎生态多样性保护，关乎“美丽中国”建设，受到了社会各界的热切关注。本案例以纪录片《鸟之殇，千年鸟道上的大屠杀》为起点，讲述了当地人在资源匮乏情境下以“人抓鸟、买鸟和吃鸟”为表现的人与生态的矛盾问题，分析了当地政府面临的治理困境，还原了两省三县政府为保护候鸟做出的共同努力。同时，以习近平生态文明思想、多源流分析理论、协同治理理论等为理论基础，构建了一个中国情景的分析框架并深入分析，为解决跨区生态治理问题做积极有益的探索。

关键词

“千年鸟道”；候鸟保护；生态文明；多源流分析理论；协同治理

第一节　案例正文

引言

2012年。

候鸟迁徙季节的晚上。

J省H省两省三县交界的“三不管”地带的山头。

上百盏LED（Light-Emitting Diode，发光二极管）灯照亮整个山谷，像明星演唱会般壮观。灯后面，隐藏着上百杆枪。当候鸟群飞过这座山头时，LED灯点亮天空，仿佛一张无形的巨网笼罩着那候鸟群，让它们无法挣扎离开。候鸟在LED强光下成为一个个白色亮点，隐藏在灯下的枪也伸了出来，此起彼伏的枪声响起，像是为饱餐一顿在放声欢呼，紧接着候鸟似断线的珠子，不断地从空中坠下。当枪声逐渐停息，通明的灯火映着遍野哀鸿，人群振臂高呼："打到了！打到了！"

这是一个专业捕鸟团队，有专业的人员分工，有专业的捕鸟设备。当警察接到举报赶来时，这群人已丢弃设备，躲进丛林，迅速逃窜到H省管辖范围内，抓捕异常艰难……

第二天，捕鸟之夜后的赶集天。

Y乡赶集地。

这是每周这里最热闹的时候，街上人来人往，有些地方生意看起来格外不错，竟围着几圈人争相购买。抱着好奇的心情，鸟类环志站的L站长靠近其中一个商贩。

随着距离的缩短，商贩和村民的声音传入耳中。

"老板，你这只什么价钱啊，你这个鸟怎么看着蔫蔫儿的，我孙儿吃了不会生病吧？"有一位意动的中年妇女问道。

"是啊是啊，这看着怎么没什么活力，不会是从哪里搞来的二手货吧？"有人担心道。

"老表，你这话可是冤枉我了，我这鸟可是昨天打的，新鲜着呢，我这不是怕它飞了，给它喂了点药嘛，我保证绝对没问题。你看，这天鹅，给你便宜点，300要不要？"老板急忙解释道。

"哎，老板，便宜点不，你这死了的鸟新鲜不，行的话给我便宜点，我都要了。"妇人问道。

"老表啊，我这已经很便宜了，你看看别家哪有我这又好又便宜的鸟，这少不了了。"老板试探道。

之后的话L站长已经听不下去了，他转身去其他的几个聚集人群探听情况，结果发现买卖鸟类的声音不绝于耳。

街上竟然明目张胆地在贩卖候鸟，令人惊讶的是，熙熙攘攘的人群对买卖候鸟却早已习以为常。L站长大为震惊，为什么明知道是国家保护的鸟，还敢肆意地伤害与明目张胆地买卖，这难道不是罔顾法律吗！

他走出集市，拨打12315："喂，请问是××局吗？我有一个情况要举报，就在刚才我看到Y镇今天的赶集市场上有人贩卖鸟类。"接线员表示一定会尽快赶到现场开展事实调查，但这些人还没到市场，那些卖鸟人就纷纷躲起来了，最后在市场只找到3只鸟……

一、哀鸿遍野：鸟道上的大屠杀

当鸟贩子赚得盆满钵满，慕名而来者享受着新奇食材的美味，饭店的生意蒸蒸日上时，当地人日渐猖狂的暴行终于被爱心人士揭露，东窗事发。

"这本是一条穿越饥寒、重寻温暖的路，现在这条路已成为无数鸟类的不归路。因为在这里等候它们的有火枪、鸟铳、竹竿、大网和死亡……一场持久的杀戮”，这是12分钟的纪录片《鸟之殇，千年鸟道上的大屠杀》的片头语（见图1-1、图1-2）。该纪录片是摄影师LF和两名同伴先后8次、历时一月在大山里坚守所拍。

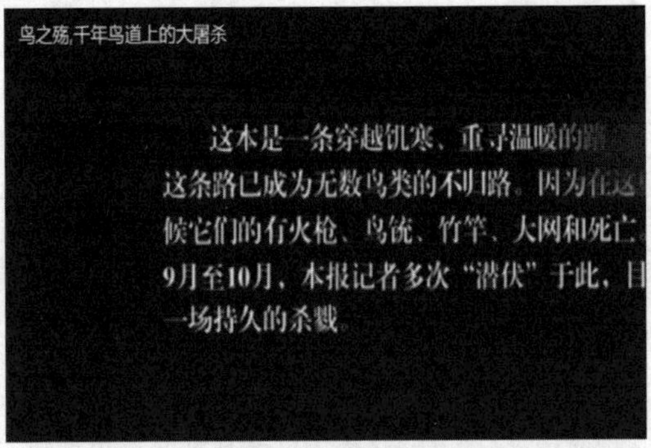

图1-1　视频截图①

图1-2　央视视频截图②

他们亲眼见证了对候鸟的杀戮：一个山头盘踞数百打鸟人，一只大鹅可卖300元。鸟的价钱从几十元到几百元不等，判断价格的标准是国家保护动物级别和脖子的长短，保护级别高、脖子长，价钱就高。纪录片播出后，引起了新闻媒体和社交平台的广泛关注（见表1-1）。

表1-1　鸟之殇事件的相关新闻报道(部分)

日期	新闻媒体/社交平台	新闻报道
2012-10-16	优酷网	纪录片《鸟之殇，千年鸟道上的大屠杀》，不到一天，这个短片在优酷网上的点击量就超过了15万次
2012-10-16	56网	截至2012年10月22日18时，被推荐到56网首页的纪录片《鸟之殇，千年鸟道上的大屠杀》播放量已经超过30万次，残忍屠杀候鸟的行为让许多网友愤慨不已

① 优酷网（https：//v.youku.com/v_show/id_XMzczOTQyNTcwNA==.html）.
② 央视网（https：//news.cctv.com/china/20121029/101098.shtml）.

续表

日期	新闻媒体/社交平台	新闻报道
2012-10-18	央视网	[让候鸟飞]“千年鸟道”变成“候鸟不归路”
2012-10-21	中央电视台新闻频道《东方时空》	以《“千年鸟道”变候鸟“死亡之路”》为题报道
2012-10-29	CNTV	[面对面]李锋：鸟之殇（2012-10-28）
2012-10-15	新华网	中国“千年鸟道”上的“候鸟保卫战”
2012-10-15	新华网	保护候鸟请从“餐桌开始”
2012-10-21	中国广播网	候鸟过境H省罗霄山惨遭杀戮 迁徙通道成“千年鸟道”
2012-10-22	新京报	猎杀候鸟的枪声，何时才能止歇
2012-10-22	华西都市报	“鸟之殇”是在葬送生态文明
2012-10-22	中国广播网	候鸟过境罗霄山惨遭杀戮 凸显监管和法律意识缺失
2012-10-22	新华网	“鸟之殇”是在葬送生态文明字号
2012-10-22	新浪网新闻中心	鸟之殇
2012-10-23	东方早报	人之欲，鸟之殇——H省千年鸟道上的大屠杀
2012-10-23	人民网	邓飞谈H省J省候鸟猎杀泛滥：去除千年陋习需多方合作
2012-10-23	光明网	罗霄山候鸟杀戮曝光 惨不容睹引争议
2012-10-23	光明网	H省山村血腥候鸟猎杀史：枪声响起死鸟如雨
2012-10-23	牛网	候鸟命丧“千年鸟道”年超150吨
2012-10-24	新华网	“千年鸟道”成“屠宰场”，谁之罪？
2012-10-24	中国网	时评：猎杀候鸟是野蛮行为
2012-10-24	红网	拿什么来保护你，我们的候鸟
2012-10-24	南方日报数字报，南方报网	鸟殇
2012-10-26	中国城市低碳经济网	打鸟人屠戮千年鸟道 名人呼吁“让候鸟飞”

“难道这些现象就一直没有人管吗？”有记者问在此带队巡逻的GD县森林公安局H副局长。“此前，候鸟保护的法规并不健全，仅对珍稀、濒危鸟类明确了刑事

责任，而对其他普通鸟类并没有制定相应的处罚条款，所以当时能采取的措施比较有限，主要还是劝返、驱离，不像现在这样可以直接采取强制手段。”H副局长说。长期以来，由于吃鸟陋习的存在以及法律法规的不健全，鸟类保护措施曾经一度乏力，导致这一带捕鸟、打鸟、食用鸟的现象长期存在。

二、紧急应对：护鸟联盟始成立

《鸟之殇，千年鸟道上的大屠杀》引起轩然大波之后，相关部门高度重视。国家林业局于2012年10月22日紧急部署制止H省等地的猎杀候鸟违法行为，强化行政执法和监督，确保候鸟迁徙的安全。国家林业局向H省林业厅发出紧急通知，要求迅速调查候鸟迁徙线路涉及地区猎杀候鸟情况，坚决查处猎杀候鸟违法行为，并派出由保护司、政法司、森林公安局等部门的工作人员组成的专项工作组赶赴H省，督促当地做好查处工作。①

“捣毁鸟塘是最关键、最直接的行动之一。”曾担任过GD县林业局局长的H副县长对这一段历史有着深刻的印象。他介绍说，当时县委、县政府组织精干力量，集中捣毁了几千个大大小小的鸟塘，并恢复了植被。不仅如此，恢复植被后，还定期回访巡查。与此同时，县委、县政府统一调度，林业部门牵头组织开展候鸟保护宣传教育，对可能存在的捕鸟窝点开展重点巡防，公安部门（森林公安）直接打击非法捕猎行为，市场监管部门严厉查处饭店酒楼非法出售野生动物制品和市场非法售卖候鸟行为，交通部门严厉查处非法运输候鸟行为等，直接斩断了非法捕猎候鸟的利益链条。一系列霹雳行动，迅速有效地遏制了非法捕猎候鸟的行为，“千年鸟道”暂时恢复了往日的安宁。②

“千年鸟道”延绵几十千米，涉及周边两省三县几百万亩山林，管理难度极大，需要各方发力、久久为功，靠短期的雷霆行动并不能保障候鸟的长久平安。H、J两省相关市县携手合作势在必行。为此，在两省三县党委和政府的积极推动下，三县边界候鸟保护联防联保应运而生，成为“千年鸟道”保护的一股中坚力量。

2012年12月18日，H省GD县、YL县及J省SC县共同签署了《GD、YL、SC三县边界候鸟保护联防联保公约》，三县边界候鸟保护联防联保工作正式启动。

尽管前方困难重重，但退缩似乎从来不是大家的作风。大家都坚定地相信，只要迎难而上，紧抓实干、尽心尽力，不负人民、不负自己，就一定能把这件事做好，把“千年鸟道”管好。

---

① 佚名．国家林业局紧急部署制止湖南等地猎杀候鸟［N］．三湘都市报，2012-10-23（A11）．

② 谭志文，谢植平．“两山论”护航下的“千年鸟道”——湘赣两省携手保护候鸟迁徙通道推动绿色发展的启示和思考［N］．郴州日报，2021-11-03（A04）．

三、变化有时：护鸟成效初显现

又到了候鸟迁徙的时节，如过去几年一样，孙氏兄弟带队在山林间巡逻，但与以往不同的是，这次的巡逻队伍不只在SC县巡逻。

自从2012年J省和H省联合成立护鸟联盟后，两省三县形成了护鸟执法联管。依托联盟合作框架，在每年9—11月候鸟迁徙高峰期，两省三县的公安、综合治理、司法等部门的工作人员和广大护鸟队员及志愿者联合开展候鸟保护巡逻与护鸟执法，紧盯捕猎、收购、贩卖、加工食用关键环节，有效切断跨乡镇、跨省域的捕猎贩卖候鸟犯罪链条。

孙氏兄弟是“千年鸟道”附近的Y乡T村的村民。随着保护候鸟宣传的深入，T村组建了义务护鸟队，孙大和孙二兄弟俩凭借着多年捕鸟的丰富经验被选为护鸟队的骨干成员。每到候鸟迁徙季节，护鸟队员们都会在田间地头宣传护鸟知识，另外，当遇到外来的偷猎者时，他们都会第一时间上报，配合执法部门执法。

凌晨，正是偷猎者出没的最佳时间。

“啪——啪——”黑暗中，隐约听到猎枪传来的声响，“什么人在那里？站住！”孙大做出了一个包抄的手势，慢慢靠近枪声的来源，听到这边的动静，远处的身影晃了晃，随即快速向别处跑去。“这个人有问题，大家跟上，注意脚下”，孙大和队员说道，“看他跑的方向是想去那一边，呸，还以为是以前呢，看老子不抓住你！”

一行人的距离时常靠近那个黑影，却又被甩开。

“呼——呼——”“看来这个人对我们这儿的地形很熟悉，我们有几次都差点被甩开，不过他跑得还是没我们快，不然我们可追不上了”，孙大喘气道，“这样吧，老二，你带人继续追，别跟丢了，保持联系，我来联络那边站点的同志，让他们配合我们的行动，两面夹击，我看他怎么跑。”

“呼——呼——”“行，老大，你放心，我一定盯得紧紧的。”孙二答道。

“你们跑的时候注意脚下，这人熟悉地形，说不定会去那种有坑的地方，你们一定要注意安全！”孙大交代完，挥手示意其他人继续追捕远去的黑影。

紧接着，孙大拿出手机开始联络H省最近的巡逻队，“嘟——嘟——”“喂，同志，你好，我是SC县Y巡逻队孙大，刚刚我们在万鸟岭附近遇见了一名偷猎者，体形中等，对方熟悉地形，我们猜测他有一定的偷猎经验，现在他正朝着你们那边移动，希望你们可以配合我们将他抓捕。”

“好的，我们马上派人过去。”对面回道。

另一边，凌晨的雾气还很重，天色朦胧，一场山林追捕行动还在进行中，眼看着人影跑过地界，突然，“啊”的一声，有一位较年轻的队员踩到坑里，身体失去平衡，摔倒在地上，“小李！”孙二迅速跑过来，“你没事吧？大家小心！地上有坑。”小李站起来动了动腿，发现脚崴了。

“问题不大，回去上上药就行，小王，你留下来照顾小李，其他人和我继续追，大家注意脚下，走！”孙二快速道，一边跑着，一边向孙大报告位置。

经过一番激烈的追捕，在两支队伍的通力合作下，终于在晨光熹微中，这名偷猎者在YL县附近被抓到，SC县派L站长赶到现场。

“辛苦各位同志了！谢谢你们的合作！”L站长感激道。

“不辛苦，这护鸟联盟的政策就是好啊，这放以前，他们就该跑了，现在我们有权力了，对这些人的处置也有底气了。”YL县巡逻队队长感慨道，“还是感谢政府啊！”

“是啊，现在我们这一联盟，不仅我们有权力了，工作量也小了，跟H省那边的老表商量划分好了自己的地区和巡逻的时间，关键时刻，互帮互助，要我说，还是人多想的办法有用哩！”孙大笑眯了眼道。

张大，因其在SC县境内开展违法活动，按规定允许被带回SC县接受管理、处罚。

雾气渐渐消散，太阳缓缓升起，清风拂过，山林中不时传来阵阵鸟啼声，仿佛庆贺着坏人的落网。

返程途中，车内。

“你是谁？”L站长严肃地看着那中年男人询问道，“你昨天晚上是不是在捕鸟？”

“站长，我知道他，他叫张大，是D村的，以前我还捕鸟的时候见过他，这家伙也算是个老手了，难怪能让我们追那么久。”孙大恍然道。

“张大？你昨天是不是用猎枪在偷偷捕鸟？”L站长问道。

“没有，我昨晚就是睡不着出来走走。”张大快速否认道，眼神飘忽，脸涨得通红。

“没有？谁会信一个人大晚上跑山里来散步？而且你如果没做坏事的话，我们叫你站住，你跑什么？”L站长追问道。

正当张大想反驳，这时，一阵铃声响起，是L站长的电话。“喂？我是L站长，嗯，嗯，好的，我们正在路上，马上就到了。什么？在山上找到了一把猎枪？”L站长惊喜道，瞥了一眼正在流汗、满脸心虚的张大，“好，我知道了，等我回去一起处理。”说完，挂了电话。

“我们在你散步的路上发现了一把猎枪，有人指认这把枪是你的，所以，到现在你还不肯承认吗？”L站长质问道。

“好吧”，张大沮丧道，“我承认，我不是去散步的，我是去打鸟的。”

“为什么捕鸟？你们这些人没听同行说过吗？捕鸟是犯法的！都说了不能捕鸟、不能捕鸟，那些都是保护动物，你知道后果吗？这可是要坐牢的！”L站长问道，张大惭愧地点点头。

“既然你知道后果严重，为什么要顶风作案？”站长严肃问道。

张大个子不高，面黄肌瘦，听到L站长的问题，懊恼道："老表，这些我也知道，我也不想犯这个险啊，可是我上有老下有小，家里世世辈辈都是捕鸟的，除了这个，我其他啥也不会啊，你们能不能放过我这一回啊？家里一家老小还等着我去养呢。唉，现在被抓住了，我都不知道该咋办，不然老表你把我放了吧，我保证以后再也不打鸟了。"

"这哪行啊，你早知如此何必当初呢？我们家之前也是捕鸟的，不仅仅是我家，我们村子的老表也都是，可现在不也都另寻出路，改邪归正咯。只要你人够勤快，总归是有办法的。"孙大劝道。

"我一没学历二没手艺三没经验，去找工作谁都不要，工作我也不是没找过，找不到啊。唉！光靠种地也没有用，真的是麻绳专挑细处断，命苦啊！"张大苦恼道。

听到这里，孙大心中五味杂陈。以前，Y乡的经济落后，居民收入来源单一，靠着鸟迁徙的时候捕鸟补贴家用，现在随着保护候鸟措施的加强，捕鸟行为遭到严厉打击，捕鸟者们被迫退出"江湖"。如今，候鸟不能捕了，这类村民的生活确实是一大棘手问题。

"你们是怎么卖出去的，还有没有同伙？"L站长转而问道。

"有时候会碰到同行，乌漆墨黑的也认不出，不过现在管理这么严格，大家都可以说是竞争者，更别说联手了。至于打到的鸟怎么卖出去？这东西吧，总有人买，我们是吃鸟长大的，这玩意有营养，别说别人了，我儿子周岁的时候也吃了鸟，吃这个对小孩子身体好。还有些人就是为了追求新鲜，总之有人收这些，不愁卖。"张大老实道。

这话引起了L站长的沉思。是啊，有些人依旧愚昧地认为鸟肉鲜美有营养，现在并未从根源上消除大家对候鸟的购买欲，只要有需求就会有市场，这是亘古不变的道理。这也反映出只要一天不消除大家的愚昧认知，保护候鸟的想法一天没有扎根在人们的意识中，偷猎行为就不可能百分之百禁止。

"那收货人是谁？你是怎么知道消息的？"L站长追问。

"我也不知道，我只知道哪些鸟可以卖出去，至于谁买鸟我也不知道，我只知道可以卖出去。"张大无奈道。

"真不知道你们这群人怎么想的，鸟肉就那么一点点，有什么好吃的，又有什么营养，还没有排骨来得实在！而且这个鸟从全国各地飞过来，都不晓得身上有多少病毒细菌。以前咱是没条件也没文化，我们都宣传了这么多年了，怎么还有人做这样缺德的事情。"孙大恨铁不成钢道。

"你知道打鸟岗吧，不过现在改名了，叫万鸟岭。那里有好多石窟、石屋，你知道吧，之前为了方便打鸟，我们就在里面休息，方便到了晚上打鸟。土壁上还有好多洞窟，里面放一些引火的柴火，也是引鸟用的。你是不晓得一个晚上能捕到好多鸟哦，少说一个麻袋！多的时候还能翻倍哩。那个时候老乡家家户户门前，几乎都可以看到晾干的腊鸟，吃不完嘛，就晾干拿出去卖，便宜的能卖3块钱一只，鸟越少见卖得就越贵，有的时候能卖到30多块钱一只。我也是猎人的后代，刚刚会走路就知道打鸟了。”孙大回忆道，“我打鸟比你开始得早，打了那么多鸟，真的是造孽哦，我现在做这个啊，就当是赎罪，你看看那些鸟，也都是一条条生命啊，像你这样还不收手，你是要下地狱的哦。”

“下地狱总比饿死好！”张大全然不动，梗着脖子道。

“唉，你这个同志怎么不听劝呢，等到了站里一定让你受到应有的处罚，让你长长记性。”孙二气愤道。

归根结底，双方都有难言的苦衷。张大为了生计，为了撑起整个家庭的重任，不惜冒着生命危险去捕鸟，而孙氏兄弟和L站长是政策的执行者，他们是为了保护生态环境。

月末，会议室。

“这个月，我们抓捕了好几位偷猎候鸟的人，这些人大都是中年人，富有猎鸟的经验，经过对他们的审讯，我们发现，这些人因于家境贫穷，没有谋生的手段，才会铤而走险，顶风作案。”L站长说道，“大家可以谈谈自己的想法。”

“站长，经过我们多年的严打加宣传教育工作，现在的捕猎者确实是变少了，我们的工作量也比以前小了，但是难度也增大了。就像您刚刚说的，现在还敢来捕鸟的，都是一些不要命的。你一抓他，他就跑，时不时还要攻击你、对你放狠话。我们两兄弟之前抓到的一个人，就在前两天，我看到他在我们家门口转转悠悠，鬼鬼祟祟的，最后我说报警他才走了，我一大男人倒也不是怕他，这不是家里还有孩子嘛，主要就是怕他伤害到家里人哦。”孙大说道。

“是啊，这确实很危险。”其他人赞同道。

“你们的情况我会如实向上面汇报的，你们觉得这种情况要怎么杜绝呢？”L站长问道。

“要我说，干脆把他们多关一会儿，加大惩罚力度，让他不敢再犯。”孙二提出。

“这咋行，先不说我们要合理处罚，关人也不能从根本上解决问题。”有人反驳道。

“这些人不就是为了赚钱嘛，那就培训他们，等他们有了谋生的手段，找工作就应该不是问题了。”孙大提道。

“这确实是个办法，但是最大的困难就是培训他们的成本。另外，也不是所有人都愿意参加培训的。”L站长分析道，“这样吧，大家有什么建议，或者最近工作上遇到了什么困难，可以整理成册，我会好好看的，今天的会议就到这了，大家回去好好想想，散会吧。”

四、有心栽花：扶贫助力护鸟路

2017年7月4日，千年鸟道所属区域晋升为国家级自然保护区。J省南风面国家级自然保护区位于J省SC县境内，是罗霄山脉生态系统的重要组成部分，保护区总面积为10 588公顷（105.88平方千米）。主要保护对象包括：典型中亚热带山地常绿阔叶林森林生态系统；我国中部候鸟迁徙通道；珍稀濒危和国家重点保护野生动植物及其栖息地；鄱阳湖流域重要水源涵养林。南风面国家自然保护区的成立意味着对环境保护有了更大的责任和义务。《中华人民共和国自然保护区条例》第二十二条规定，自然保护区管理机构的主要职责之一是，在不影响保护自然保护区的自然环境和自然资源的前提下，组织开展参观、旅游等活动。

在一次宣传护鸟的活动中，孙大与张大再次相遇。

跟几年前相比，张大面色红润、意气风发。张大先看见了孙大，两人寒暄起来。

“哎，大哥，你还记得我吗？我是那个小张啊，你最近在哪高就啊？”

“记得记得，当然记得，我啊，还是老样子，还在护鸟队。你小子现在看样子混得不错啊。”

张大憨憨一笑：“还行还行，种点小菜。”

“你这看着可不像种点小菜的样子啊。”

“嘿嘿，大哥，其实啊，我是包了点儿地，种茶呢。”

“可以啊，有出息了，我就说嘛，天无绝人之路呀，你当年还哭着说没命活了，现在眨眼间都成大老板咯。”孙大打趣道。

“还是国家政策好啊，当年被抓进去之后也是蹲了几天班子。等我回家后我就越想越难受，我只是为了生计为了家人啊，我就托人给乡里最大的官写了封信，那是我做的最正确的事情了。”张大回忆起了信的内容……

“领导您好，感谢您百忙之中能抽出时间看这封信。现在的禁止捕鸟政策我十分能理解，为了集体的利益，为了我们的子孙有一个和现在一样美丽的地球。但是，我们这边有很多老人，或者说和我一样世世代代只会捕鸟、一点手艺都没有的人，大家没有学历，只能干点这种事情。希望领导们在做决策的时候，能考虑一下我们这种弱势群体，我上有老下有小，全家都张着嘴等我，希望领导能救救我，救救我们这处于水深火热之中的家庭。”

“可别吹了，一封信怎么就改变你的人生了？”

“大哥，你可别不信，还真就是一封信改变了我的人生。”

“那后来呢？”

“后来，乡里来了人，把我们村里好多人都纳入了贫困户，还是党好，他们是真真正正地做到了为人民服务。”

“贫困户，那有啥好的？”孙大不解。

“大哥你有所不知啊，真的是国家好。你知道我为什么会想到种茶不，是国家安排的啊，我当时哪有钱去搞那玩意。那些党员们三天两头往我们家里跑，分析我们的情况，最后决定让我们走上种茶这条道路，他们不仅免费发放苗木、营养液，还不厌其烦地教会我们种茶的技术和方法。在他们的帮助下，我终于把家里的债还清了，家里生活也好了起来。我说了，我真的不是懒，别人一教，给我这个机会，我就能养活自己。”

“你种那么多茶叶，你能卖给谁？”

“大哥，这你就有所不知了吧，他们不仅教我怎么种茶叶，还帮我卖茶叶，帮我积累客户。乡里有人来，他们把我们的茶叶放到网上卖，比我们自己吆喝卖可有用多了，每年销量可火爆了，都是供不应求。”说完，只见张大的脸上充满着得意和感激的表情。

“不仅是种茶卖茶，你还记得上次和我一起被你们抓住的那个老李吗？他现在可是风生水起，他开了一家占地100多平方米的农家乐，一楼是餐厅和厨房，二楼是客房。在乡政府的支持下，他们两口子从去年9月起开始干农家乐，平时老李老婆负责管理兼做饭。他们在屋旁的山坡上种有30棵桃树，屋旁的水田里养着几十只土鸡土鸭，还有鱼塘，供游客钓鱼。偶尔也卖只鸡或鸭，随便一只都值一二百元哩。现在，家家户户都盖‘小别墅’了，我们家这都算不上什么。”

“农家乐哪里来的客源呢？”孙大发出疑问。

“农家乐不是人人都能干的，虽然客源不如从前，但总归成本高、竞争小，几个僧分一杯粥，人人也都能吃得饱。”

“现在让你去打鸟你都不打了吧？”孙大和张大开玩笑。

“怎么可能还去啊，有钱了谁还干那伤天害理的事，而且你现在打了鸟，你都不知道卖给谁。之前把鸟卖给餐馆老板，那你现在看看，这街上还有谁敢卖鸟，别说鸟了，连根毛都见不到。现在跟以前不一样哦，以前抓得不严，你偷偷地吧，还能卖出去，现在不行咯。现在谁不知道捕鸟是不对的？这要搁十年前，谁会这么觉得啊，现在要是被抓到了，真的是得不偿失。”

“大哥，走走走，去我家附近，请你喝茶。”张大邀请孙大。

“好啊，走呗，尝尝你家茶叶味道咋样。”

和第一次两人见面时沉重的背影不同，当时一个人被家庭的重担压得喘不过气，一个则心痛对方该何去何从。而这次，一个带着对未来的憧憬，一个在感叹着国家的强大。

立下愚公志，打好攻坚战。SC县也打响了千年鸟道所处地区——SC县Y乡的生态经济之战，在生态与经济中找到互相促进的平衡点，也成了当地村民脱贫增收迫切的突破口。据当地乡政府介绍，偏僻、闭塞是导致SC县Y乡难以发展的两大困难。2013年开始扶贫搬迁试点之后，由县政府牵头将Y乡部分原住村民搬到了邻近县城的合适地区，村里形成了部分搬迁、青年人外出务工、部分留置的居住局面。随着扶贫政策的落实，村民有了较为稳定的收入来源，非法捕鸟的行径也自然而然大幅减少。

地处罗霄山片区的Y乡，植被覆盖率高，有河流经过且具有地势差，其雨量充沛、水资源丰富的自然条件为水电站的开发建设提供了良好的基础条件。基于此，SC县出台了扶持水电开发的政策以帮助Y乡贫困群众脱贫致富，并提出"以林蓄水、以水发电、以电生财、以财养林"的发展思路，实行"谁投资、谁受益、谁所有"的招商引资政策，多渠道、多层次、多元化地把水电开发与山区水利建设、生态环境建设、经济建设、扶贫开发有机结合起来。与此同时，小水电站的建设也大大改善了农村人居条件，村民用上了清洁的电能。正如Y乡的村民孙显辉所讲，自从小水电站建成以来，村里人不用为烧水做饭而上山砍柴，砍伐森林的现象得到了有效遏制，翠绿的山林可以涵养水源，反过来又促进了小水电站的发展。这种绿色低碳循环经济既为当地农民奔小康创造了优越的条件，又使生态效益得到了发挥，植被的完整性得到了保护，慢慢地鸟道的自然环境重新得以恢复。

五、再上台阶：人与鸟和谐共生

（一）拓展新思路

2020年6月，"HJ两省'千年鸟道'护鸟红色联盟"签约启动仪式在J省SC县Y乡举行。护鸟红色联盟引入"党建+生态文明建设"模式，护鸟站的性质上升到一个更高的层面，对护鸟员有了更高的要求，护鸟工作更为规范、有章可循。

护鸟红色联盟充分发挥两省三地基层党组织和党员在推进候鸟保护及生态文明建设中的示范引领作用，实现资源配置一体化和特色活动一体化，按照"政府主导、地域负责、内防为主、外联为辅、积极联防、相互配合、综合治理、依法保护"的方针，强化联防联治，进一步加强沟通合作。政府作为协同治理过程中的引导者，提供充分的环境信息与制度、法律法规保障，以及行政或司法程序等有效途径。在完善与治理相关的制度和法律的情况下，社会组织加入到宣传教育中，使参与主体能够充分了解治理情况并积极参与。在市场主体方面，政府的激励机制推动了企业的参与，企业在参与治理过程中能够享受到政府的税收优惠、政策扶持等帮助，此外，企业还带动了当地经济发展，推动护鸟目标达成。

SC县政府十分重视"千年鸟道"的发展，时常召开会议讨论如何打造"千年鸟道"这个品牌。L站长经常参与会议，并表达他对于打造品牌的想法。他建议当地在保护自然环境的同时，借助"千年鸟道"金字招牌，在Y乡打造"候鸟文化"的独特发展模式，发挥Y乡在"千年鸟道"区域品牌中的示范引领作用。如今，"千年鸟道"这个绿色品牌在Y乡逐渐打响，现在已有民宿及农家乐十余家，虽然数量不是很多，但是已经具有接纳小众群体、专业人士群体等的能力。

2021年9月，"千年鸟道"征文评比暨J省鸟文化沙龙活动在J省N市举办，多名专家学者就"千年鸟道"保护和建设积极建言献策。SC县政府借助"千年鸟道"

中独特的鸟文化，积极打造“千年鸟道”这个绿色品牌，同时也借此来促进乡村振兴。活动结束后，L站长作为此次活动的主要创意者接受了媒体的采访。当媒体问到L站长下一步将如何推动品牌的发展时，L站长表示：“如今，当地的经济有所改善，人们捕鸟的观念也日渐淡化，捕鸟的现象基本不存在。当地政府同样在想办法，如何更好地去推动当地的经济发展。2020年我们环志站联合当地政府举办了全国鸟类培训班，扩大SC县鸟类迁徙通道在全国的知名度。明年，我们环志站准备继续与当地政府合作搞一次全国观鸟的活动，主要面向专业人士，做自然教育、自然体验，考虑到自然环境的容纳度，届时将不面向大众开放，避免对自然环境造成破坏。”

（二）开创新格局

2021年10月20日，经国务院同意，国家发展改革委正式公布《HJ边区域合作示范区建设总体方案》（以下简称《方案》）。“千年鸟道”所处的三县恰好位于HJ边区域，《方案》提出支持HJ边区域深化改革、深度合作，为全国革命老区振兴发展探索新路径，为中部地区高质量发展探索新模式，为省际交界地区协同发展探索新经验，将HJ边区域打造成省际交界地区协同发展的样板区、绿色发展和生态文明建设的引领区。

《方案》公布后，南风面国家自然保护区管理局便召开会议讨论如何贯彻落实此方案。在会议中，L站长认为，《方案》的公布对于“千年鸟道”的发展是一个绝佳的机会，倘若“千年鸟道”抓住此次机会，其品牌效应将进一步扩大，后续的发展也会得到相应的保障。关于这一点，L站长和南风面国家自然保护区管理局的副局长达成了共识。副局长也表示：“单位将会加强对当地的护鸟站的管理，从而加大对南风面国家自然保护区的保护力度，落实保护生态环境的责任，更好地服务于国家战略。同时，J省也在大力打造井冈山国家公园，虽然目前将南风面国家自然保护区划入井冈山国家公园可能存在许多困难，但希望在大家的努力下能克服这些困难，以使南风面自然保护区能得到更好的保护。”

为了开创新局面，更多的力量参与守护“千年鸟道”金字招牌。2023年6月2日，“千年鸟道”司法保护基地在南风面自然保护区管理局Y乡保护管理站揭牌成立，环境资源审判生态文明法治教育基地和“千年鸟道”巡回审判点一并揭牌成立。环境资源审判生态文明法治教育基地在南风面自然保护区自然教育学校的基础上，将南风面自然保护区的生态优势和技术成果，与SC县人民法院环境资源巡回审判相结合，通过对具体、生动案例的巡回审理，充分发挥基地的教育引导和警示作用，增强百姓爱鸟、护绿的主动性和自觉性。

启发思考题

1.基于多源流分析理论，分析案例中的政策议程是如何建立的？

2.在协同治理过程中，遭遇了哪些困境，有哪些经验启示？

3.为进一步加强跨区域候鸟保护，有何改进措施？

第二节 案例说明书

一、课前准备

1.确定案例主题，明确本案例教学的具体目的

2.制订课堂教学计划

案例讲解；角色扮演；分组讨论；师生互动；总结交流。

3.资料收集与整理

收集"千年鸟道"候鸟保护的相关资料和报道，对收集到的视频资料和报道材料进行整理。准备好上课需要的PPT，方便导入案例时给学生讲解背景、播放视频，便于学生了解案例的始末，鼓励学生从多角度、多方面对案例进行思考，便于课堂上更好地进行案例探讨。

4.提前发放案例资料

将与案例有关的资料连同案例正文一起，提前发给全体学生研读，并把相关背景资料的查阅方法和获得途径告知学生，使学生尽可能全面理解与掌握案例的内容。

5.多媒体教室及案例演示时的道具和场景布置

二、适用对象

本案例主要适用于公共管理类专业本科生、公共管理硕士（MPA）和公共管理学术型研究生，也适合有一定工作经验的管理者、从事政策制定和执行的工作人员。另外，本案例还可以用于引导和激发学生对习近平生态文明思想、多源流分析理论和协同治理理论等相关理论知识的学习兴趣和研究热情。

本案例适合"公共管理学""行政管理学""公共政策分析"课程教学使用。

三、教学目标

本案例以纪录片《鸟之殇，千年鸟道上的大屠杀》为起点，讲述了"千年鸟道"上的当地人在资源匮乏情景下以"人抓鸟、买鸟和吃鸟"为表现的人与生态的矛盾问题，还原了两省三县政府为保护候鸟做出的共同努力，并以习近平生态文明思想、多源流分析理论、协同治理理论等为理论基础深入分析，为解决跨区域生态治理问题做积极有益的探索。

具体的教学目标分为以下几个方面：

1.知识目标

通过阅读案例、讨论分析与交流，让学生了解"千年鸟道"候鸟保护的艰难历

程和系列故事；通过文献阅读，使学生理解习近平生态文明思想、多源流分析理论和协同治理理论；通过讨论交流，引导学生思考该案例中政策议程是如何建立的，在协同治理过程中有哪些经验，遭遇了哪些困境，并针对如何进一步加强跨区域候鸟保护提出政策建议。

2.技能目标

提升学生发现问题、分析问题、运用所学知识和技能解决实际问题的能力；提升学生的逻辑思维能力；提升学生的组织、协调与领导能力。

3.思政目标

使学生拥有坚定的政治立场和正确的政治方向，增强“四个自信”；提升学生的生态文明素养，激励学生积极参与生物多样性保护，为美丽中国建设贡献应有之力。

四、教学内容及要点分析

（一）启发思考题

1.基于多源流分析理论，分析案例中的政策议程是如何建立的？

2.在协同治理过程中，有哪些经验启示，遭遇了哪些困境？

3.为进一步加强跨域候鸟保护，有何改进措施？

（二）理论要点解读

1.习近平生态文明思想及对本案例的适用性

党的十八大以来，以习近平同志为核心的党中央将生态文明建设提升到根本大计的战略高度，就“为什么建设生态文明、建设什么样的生态文明、怎样建设生态文明”等理论和实际问题作出了深刻论述，由此形成了习近平生态文明思想。习近平生态文明思想包括一系列科学论断：“自然与人是一种共生关系”[①]的科学自然观；“绿水青山就是金山银山”[②]的绿色发展观；“良好生态环境是最普惠的民生福祉”[③]的生态民生观；“山水林田湖草沙冰是生命共同体”[④]的系统治理观；“用最严格的制度、最严密的法治保护生态环境”[⑤]的严密法治观等。

习近平生态文明思想提出了许多新观点、新理念、新方法，对于建设美丽中国，推进经济向绿色经济、低碳经济发展有着重大的理论指导意义，是新时代中国生态文明建设的指导思想。习近平生态文明思想具有广阔的视野，不仅适用于区域内的生态环境问题，而且适用于跨区域的生态环境问题。“千年鸟道”及途径候鸟

---

① 中共中央宣传部．习近平总书记系列重要讲话读本［M］．北京：学习出版社，2016：134.

② 中共中央文献研究室．习近平关于社会主义生态文明建设论述摘编［M］．北京：中央文献出版社，2017：21.

③ 习近平．在省部级主要领导干部学习贯彻党的十八届五中全会精神专题研讨班上的讲话［N］．人民日报，2016-05-10（02）.

④ 中共中央文献研究室．习近平关于社会主义生态文明建设论述摘编［M］．北京：中央文献出版社，2017：47.

⑤ 中共中央文献研究室．习近平关于社会主义生态文明建设论述摘编［M］．北京：中央文献出版社，2017：110.

的跨区域保护涉及两省三县，且各地地理、环境、风俗、经济因素各不相同，所需要的政策及其执行力度和广度各有不同。只有凝聚两省三县爱护候鸟的各种力量，才能从容应对跨区域候鸟保护生态环境问题。

2.多源流分析理论及对本案例的适用性

多源流分析理论是约翰·金登（John Kingdon）以詹姆斯·马奇（James March）、迈克尔·科恩（Michael Cohen）、乔安·奥尔森（Johan Olsen）等人的“垃圾桶模型”为依据提出的，常被用来分析模糊状态下公共问题之形成以及政策议程之设定的过程。社会上每天都会出现各种各样的问题，如何确定某些问题比另一些问题更加重要？哪些问题能够成为政策问题并进入政策议程？金登认为，问题源流、政策源流、政治源流这三种源流的汇合是分析的关键（如图1-3所示）。这三种源流彼此独立运行，只有在某个关键时刻汇合，即政策之窗打开时，政治活动家才会利用这个机会，将漂浮在政府内外的政策建议、替代解决方案和方法结合起来，打开政策之窗，从而使问题进入政策议程。总之，只有三大源流成熟且彼此耦合，打开政策之窗，形成共同效应，才可以形成或修改一项政策。

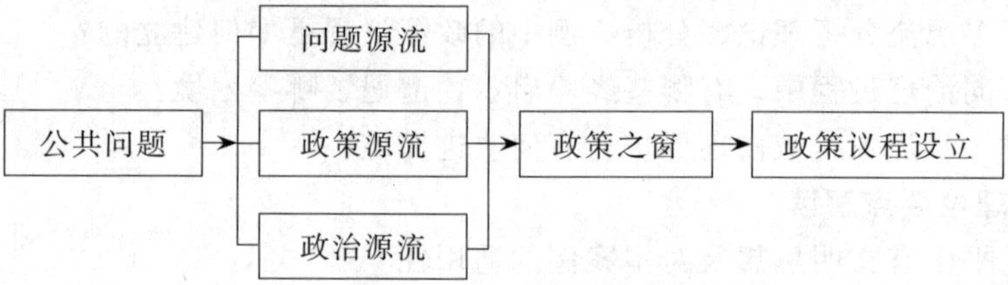

图1-3 多源流分析理论模型

《GD、YL、SC三县边界候鸟保护联防联保公约》是内外部一系列因素共同作用的结果。这种共同作用也就是问题源流、政策源流、政治源流三者的连接与交汇。具体而言：跨区域候鸟保护问题亟待解决；中国共产党与各地政府部门对生态文明建设的重视使这一问题的紧迫性形成高度的共识；政策源流作为政策过程的重要影响力量对政治源流产生重大影响；焦点事件是开启政策之窗的重要力量。简言之，制定《HJ边区域合作示范区建设总体方案》被提上政策议程，是问题源流、政策源流与政治源流的交互作用，加上焦点事件，使政策之窗全部打开，最终走向正式耦合的结果。《GD、YL、SC三县边界候鸟保护联防联保公约》的出台，是为了有效解决跨区域候鸟保护问题，是为了满足人民群众对美好生活的需要，是生态文明建设的必然要求。

3.协同治理理论及对本案例的适用性

协同治理的概念出现在20世纪90年代，与治理理论存在密切的关系。协同治理是应复杂跨区域问题需要建立起来的多层级（政府内部央地之间、上下级之间）、多区域（政府内部同级地方之间）、多主体（政府、企业和社会组织等）、多模式类型（基于规制和管治的政府治理、基于交易和价格的市场治理、基于契约和自治的社会治理等）的互动网络，是融合了科层治理和市场治理的一种网络式治理[①]。

“千年鸟道”候鸟保护，涉及政府内部央地多层级，两省三县多区域，政府、企业、社会组织、个人等多主体，需要政府治理、市场治理、社会治理等互动网络，是典型的跨区域环境问题，需要进行协同治理。只有厘清了多层级、多主体、协同治理机制等，才能更好地进行“千年鸟道”跨区域候鸟保护，实现人与自然的和谐共生。

4.中国情境下的跨区域环境治理：一个分析框架

案例分析部分以习近平生态文明思想为指导，阐明跨区域保护“千年鸟道”及途经候鸟的重要性和必要性；之后，在多源流分析理论和协同治理理论的框架下，探究“千年鸟道”及途经候鸟保护存续至今的问题，并提出可能的优化途径，具体如图1-4所示。

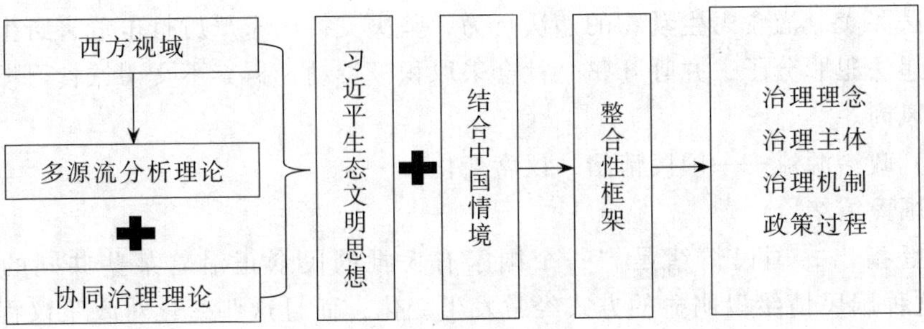

图1-4　分析框架

（三）分析过程

1.政策制定：基于多源流分析理论

（1）问题源流——“千年鸟道”上捕鸟屡禁不止

由于“千年鸟道”海拔高、地势险、气温低、云雾浓、空气稀，迁徙候鸟长途跋涉到此地时已精疲力竭，往往在此地休息或觅食，有些候鸟甚至在此迷失了方向。过去很长的岁月里，生活在这里的人都在打鸟的主意。他们在山岗上建起一个个捕鸟阵地，白天把捕鸟网安装好，晚上点燃火堆，利用鸟类的趋光性捕捉撞网的候鸟。甚至，在XH县当地会出现二三十个职业捕鸟人，这些偷猎者有些是随着南飞候鸟一路捕杀过来的，他们使用的设备先进，形成了一条“产业链”。于是经过这里的候鸟大都难逃厄运，“千年鸟道”成了“千年镣道”。

早在2010年10月初，媒体首次曝光了H省“千年鸟道”上候鸟被捕杀的现象，瞬间激起千层浪。2012年10月16日，纪录片《鸟之殇，千年鸟道上的大屠杀》提到，有的村落一年捕获的南迁候鸟超过150吨。

被捕到的候鸟，要么被制作成鸟干，要么迅速出现在各种餐馆里。捕杀鸟类危害极大，首先会破坏业已脆弱的生态环境，进而造成生态失衡，引发蝗灾等灾害。

① 陈润羊. 区域环境协同治理的内涵、特性与限度辨析［J］. 华北电力大学学报（社会科学版），2023（3）：28-36.

（2）政策源流——候鸟保护政策变迁

问题源流出现之后，包括政府官员、专家学者、企业家或智囊团等在内的政策共同体会提出许多解决问题的建议，这些建议的集合就形成了政策源流。

2010年10月，H省林业厅发布《禁止猎捕野生鸟类的通告》，规定从2010年10月22日起至2015年12月31日止，在全省范围内禁止猎捕野生鸟类。从2012年10月24日开始，H省、J省联合探索跨省联防，进一步加大对境内迁飞候鸟的保护力度，完善跨地区、跨部门合作机制。10月29日，来自H省林业厅野生动植物保护处和CS市林业保护部门的联合执法人员调查餐饮机构，禁止售卖野生动物。2013年3月，Y乡出台了《2013年野生动植物保护工作实施方案》，正式确定建设永久性候鸟保护站。

2012年11月29日，中国野生动物保护协会召开会议，强烈谴责非法猎杀、毒杀，非法买卖、滥食野生动物的违法行为，坚决支持国家严厉打击危害野生动植物资源的违法犯罪分子，并呼吁整个社会采取积极行动，摒弃不文明饮食习惯，树立文明新风尚。

（3）政治源流——国民情绪，议席变化

①国民情绪。

金登指出，国民情绪是“一个国家有大批的民众正沿着某些共同的路线思考”，这种国民情绪以明显的方式经常发生变化，而且这些变化对政策议程和政策结果具有重要的影响。在“鸟之殇”事件发生后，国内众多媒体都对此予以强烈的谴责，全国上下反思候鸟为何惨遭屠杀，国民情绪空前高涨，呼吁有力保护候鸟的正义声音此起彼伏。

②议席变化。

政府官员的更替以及执政理念的变化，对于新政策的出台起到决定性作用。2012年，正逢党的十八大召开之年，在以习近平同志为核心的党中央带领下，中国开启了生态文明建设的新篇章。党的十八大首次提出中国特色社会主义事业“五位一体”的总体布局。生态文明建设上升为“五位一体”总体布局中的“一位”。把生态文明建设摆在突出位置，就是从生态文明的高度审视经济建设、政治建设、文化建设、社会建设，这表明了中国共产党领导中国人民开拓文明发展道路的坚定决心。正是这种形势促使新的政策出台。

（4）政策之窗开启——以“鸟之殇”视频为代表的焦点事件

一般来说，问题源流和政治源流中的事件都有可能打开“政策之窗”。“鸟之殇”视频所引起的广泛关注，就是开启“千年鸟道”保护政策的重要推手。2010年H省日报发表文章《众鸟哀鸣遭截杀》，报道了XH县的非法捕猎候鸟行为。2012年10月16日，纪录片《鸟之殇，千年鸟道上的大屠杀》在网上引起关注，不到一天，在优酷网上的点击量就超过了15万。截至10月22日18时，被推荐到56网首页的该纪录片播放量已经超过30万次，残忍屠杀候鸟的行为令许多网友愤慨不已。正是这场焦点事件，让更多的人关注候鸟的命运，并引起政府重视，如何护鸟进入政府议程。

最终，问题源流、政策源流与政治源流交互作用，加上以“鸟之殇”视频为代表的焦点事件，使政策之窗全部打开，最终走向正式耦合的结果，促成两省三县于2012年签订《GD、YL、SC三县边界候鸟保护联防联保公约》（以下简称《公约》），完成政策制定。《公约》确定H省、J省边界候鸟保护联防联保的区域范围包括J省SC县G镇、T镇、Y乡，H省GD县O镇、L乡、Q乡、Z乡、X乡，H省YL县X乡、L乡，覆盖“千年鸟道”穿越的区域。同时，《公约》还提出建立国家级候鸟保护观光区，培育发展观鸟旅游产业，使候鸟保护工作与县域经济建设相互促进、共同发展。

2.政策执行：基于协同治理理论的分析

（1）协同治理过程

①协同治理的1.0版本。

在《公约》签署后，“千年鸟道”的生态治理开始走上协同治理之路，参与主体包括中央政府与地方政府、企业、科研机构、社会环保组织、媒体、公众等。

在原国家林业局的支持和指导下，位于我国候鸟迁徙中部路线的“千年鸟道”上的H省、J省开始探索跨省联防，从2012年开始，进一步加大对境内迁徙候鸟的保护力度，完善跨地区、跨部门合作机制。H省GD县、YL县和J省SC县3县成立了两省边界候鸟保护联防区，加大联合打击力度，共同出动警力，开展市场联合执法检查，严厉打击非法猎杀、运输、走私、贩卖、食用候鸟及其制品的各类违法犯罪行为，全面清缴鸟铳、捕鸟网、打鸟杆、LED灯等捕鸟工具，对市场、餐馆、酒店含有“野味”的广告、菜谱予以彻底清除，堵塞执法真空地带，不给违法犯罪分子以任何可乘之机。

2012年11月29日，中国野生动物保护协会召开会议，强烈谴责非法猎杀、毒杀，非法买卖、滥食野生动物的违法行为。除了政府的行动外，来自民间的环保力量也越来越多，H省候鸟营项目于2012年全面启动，是我国第一支候鸟保护专业队伍。大学生志愿者队伍也纷纷活跃起来。各县分别成立野生动植物保护协会等志愿者社团，发展会员和志愿者400余人，走村入户发放和张贴宣传资料，并充分利用新闻媒体、宣传栏、宣传长廊、手机通信等各种阵地广为宣传，营造浓厚的爱护鸟类和保护野生动植物的氛围。

②协同治理的2.0版本。

2020年6月，H省GD县、YL县和J省SC县以党建为引领，共同倡议成立两省“千年鸟道”红色护鸟联盟。红色护鸟联盟由SC县Y乡、GD县O镇和YL县X乡共同实施，通过签订共建协议，依托党组织和党员志愿者，围绕“护鸟组织联建、护鸟执法联管、生态教育联手、生态经济联谋”四项重点措施，充分发挥两省三县三乡在推进候鸟保护及生态文明建设、打造“千年鸟道”区域品牌方面的联动作用。[①]

一是护鸟组织联建。三个交界乡镇党委书记担任联盟中的“红色合伙人”，对红色联盟的机构运转、行动计划、经费保障等重要事项联合商议、共同负责。两省三县全面加强人防、物防、技防建设，健全岗位职责、巡护值守、应急处理等管理机制，在候鸟迁飞和越冬季节每班安排3人实行24小时值守和巡护，构建保护候鸟的铜墙铁壁。

二是护鸟执法联管。依托红色联盟合作框架，在每年9至11月候鸟迁徙的高峰期，两省三县的公安、综合治理、司法、林业等部门的工作人员和广大护鸟队员及志愿者联合开展候鸟保护巡逻与护鸟执法，严厉打击非法狩猎、运输、走私等各类违法犯罪行为，形成了“猎鸟必查、涉野必究”的护鸟护野高压态势，有效切断了跨乡镇、跨省域的捕猎贩卖候鸟犯罪链条。同时，在打击非法捕猎一线充分发挥共产党员的先锋模范作用，党员冲锋在前、齐心亮剑，避免出现“懒得管、管不严、不敢管”现象，锻造一支能打仗、打胜仗的党员队伍。

三是生态教育联手。将南风坳护鸟站这一红色联盟工作阵地打造为“红色议事厅”，在组织内推选3名共产党员担任红色联盟日常事务负责人。3名负责人定期召开联席会议，研究候鸟保护、联盟党建等工作，重大事项同时向“红色合伙人”报告。在除候鸟迁徙季外的日常时间，红色联盟定期开展候鸟保护科普、法治教育与生态文明教育等系列宣教活动，组织志愿者开展爱鸟护鸟、环境整治等志愿服务，引导边界群众牢固树立保护候鸟、保护生态的文明意识。

四是生态经济联动。建立红色联盟“轮值主席”制度，三个乡镇党委书记每年轮流任联盟主席，轮值乡镇每年至少组织召开一次“红色联席会”，在做实边界候鸟保护工作的同时，深化定期互访机制，相互谋划、交流发展之道，充分发挥三个乡镇各自在候鸟观赏、避暑旅游、乡村民宿、特色农产品开发等生态产业、生态经济方面的优势，实现优势互补和资源共享。依托红色联盟合作框架，由联盟内的党组织和党员架起桥梁，在招商引资、产业发展、旅游推介等方面相互合作、互通有无，以联盟党建助推生态环境保护、助力生态产业发展，推动乡村振兴。[②]

(2) 协同治理之困

①政府间配合力度不足。

一是两省政府间联合力度不足。南风面国家自然保护区位于两省三县交界处，产生了“三不管”空白地带，在这个区域出现了极为恶劣的捕鸟事件。自2012年“鸟之殇”事件后，两省逐步建立健全联防机制。近年来随着捕鸟事件的减少，管理有些松懈。在跨省保护范围内，一方若有松懈，必定产生管理漏洞，出现问题时，则会相互推诿。因此，应明确划定负责区域，坚持信息共享，加强交流与合

① 谭志文，谢植平．“两山论”护航下的“千年鸟道”［N］．郴州日报，2021-11-03（004）．

② 佚名．湘赣“护鸟红色联盟”守护千年鸟道［EB/OL］．［2023-11-25］．https：//www.hxw.gov.cn/content/2022/10/09/13973286.html．

作，相互监督，坚决抵制松懈之风。

二是上下级政府间缺乏有效沟通。为响应J省南风面国家自然保护区的建立，J省批复成立了南风面国家级自然保护区管理局（为J省林业局直属正处级单位），但其与当地乡镇政府、上级省政府之间缺乏一个交流的机制，不能有效地传递信息，影响政策的执行。

三是不同部门之间的联动不足。J省南风面国家级自然保护区位于J省SC县境内西部、两省交界处，西毗H省YL县，南邻H省GD县，北连J省JGS市，距SC县城69千米。保护区南北长31.69千米，东西宽9.26千米，总面积105.88平方千米。其范围较广，加大了管理的难度，仅靠林业部门来管理是远远不够的，还需要与市县政府、公安部门、环境保护部门等多个部门共享信息，加强交流，形成联动。

②政府与其他主体的联合力度不足。

一是政府与村民联合不足。村民作为生态保护中的重要一环，对环境有着极大的影响。村民从“捕鸟者”到“护鸟者”的成功转变为候鸟保护作出了极大的贡献。随着社会经济的发展，众多青壮年劳动力外出务工，越来越多的村民完成了易地搬迁，这削弱了候鸟保护的民间力量。

二是政府与志愿者组织联合不足。志愿者组织为候鸟保护宣传、志愿服务等提供了极大的帮助，但政府与志愿者组织合作时，未能有效规范其行为，同时没有提供足够的资金保障志愿服务，挫伤了志愿积极性，影响志愿服务合理高效地进行。

3.政策建议

（1）整合多种治理理念，实现理念赋能

①强化生态文明理念。

为了满足人民日益增长的优美生态环境需要，两省三县政府应在跨区域治理过程中加强贯彻“绿水青山就是金山银山”的生态文明理念，更加清楚地认识到“良好生态本身蕴含着无穷的经济价值，能源源不断创造综合效益，实现经济社会可持续发展”[①]。当前，两省三县政府对候鸟的保护工作已经基本完成，接下来应该更加关注如何将候鸟保护转化为候鸟经济，在习近平生态文明思想的指导下，实现“绿水青山就是金山银山”的理念转变，力争实现人与自然的和谐共生，实现环境保护与经济发展的共赢。

②构建协同治理理念。

一是要树立整体性理念。跨区域环境治理最大的问题就是地方政府各自为政，只关心本行政区域内的利益，缺乏整体意识和大局意识。跨区域环境治理要求区域内各个政府摒弃地方意识和片面思维，打破传统的行政区划限制，实现多主体有效合作共赢。二是要强化协同治理理念。跨区域环境治理必须强调多元主体的协同，要根据各主体的功能优势、行动偏好和资源状况进行有效整合，实现彼此间的功能

① 习近平．共谋绿色生活，共建美丽家园——在2019年中国北京世界园艺博览会开幕式上的讲话［N］．新华每日电讯，2019-04-29（02）．

互补、行动协同和资源共享。因此，各主体要加强对跨区域环境治理公共目标的认知与理解，强化协同治理理念，在此基础上采取积极的参与行为。①

（2）增强多元主体力量，发挥联动效能

①党委领导。

只有中国共产党领导多元主体协同治理，发挥党在治理格局中总揽全局、协调各方的核心作用，才能真正推进国家治理现代化。由此，必须切实加强党的领导，凝聚政府、企业、非政府组织等各种组织和团体的力量，将不同利益群体聚拢到生态文明建设中来。

②政府主导。

一是要明确政府部门在多元主体协同治理中的主导责任。要加强两省三县政府之间的协同，发挥统筹规划、协调组织等宏观作用，做好定跨区域多元主体协同治理的总体设计，引导其他多元主体共同参与跨区域候鸟保护。

二是加强政府内部各部门间的联系与沟通。在处理"千年鸟道"候鸟保护相关问题时，如果涉及其他部门职权范围，主管部门领导应牵头，积极征求相关部门的意见，认真协商与配合。主管部门应主持协调会议，并邀请相关部门参加。协办部门的责任伙伴必须参与，协商处理重要事项。

③企业主体、社会组织和公众共同参与。

一是要明确企业和非政府组织在多元主体协同治理中的重要责任。企业是"千年鸟道"发展候鸟经济的重要力量，要强化企业责任，提升企业生态环境保护建设能力。

二是发挥非政府组织的重要作用。政府应对环保组织的作用予以高度重视，欢迎和鼓励它们加入到候鸟保护队伍中来，不断壮大保护力量，拓宽保护视野，形成政府与社会团体协同作战、群防群治的良好局面。

三是要明确社会公众在多元主体协同治理中的基础责任。公众是候鸟保护和候鸟经济的建设者和得益者，应担负基础责任。公众应在不破坏生态环境的前提下，利用本地优势自然资源，大力发展生态经济，助力候鸟保护。

（3）完善跨区域协同机制，提供制度保障

鉴于协商沟通机制、信息共享机制已经建立，完善跨区域协同机制主要是建立发展生态经济的利益联结机制。为保护"绿水青山"，同时实现"金山银山"高质量发展，要构建利益相关者参与决策机制，"资源+资产+资本"的市场机制，基于污染者责任原则、受益人赔偿原则和保护人赔偿原则的生态补偿机制。"千年鸟道"两省三县要改变现有的资源型开发模式和粗放型生产模式，从生态资本化的角度创造新的发展模式，将生态资源保护与经济发展有效结合起来，以生态技术为核心，建立科学合理的利益联结机制，挖掘其社会价值。

① 董树军．区域生态环境府际协同治理：逻辑进路、现实梗阻与破解路径［J］．湖南行政学院学报，2023（1）：5-11．

（4）加强政策过程管理，实现过程增效

①关于政策制定的政策建议。

一是提升政策制定主体的素质。从目前公共政策运作的现实来看，虽然大多数公共机构特别是政府人员的素质都在不断提高，但是在大数据时代和全球化背景下，仍有部分政策制定者在制定和执行公共政策时不能适应新形势的需要。究其原因：一方面，他们自身的知识和技能存在不足；另一方面，他们还习惯于按主观意图行事而不是依靠科学方法决策。对于“千年鸟道”相关政策的制定，政府部门更应该保持高度警觉。当地居民、候鸟、环境因素等条件都应该被纳入考虑范围，若政策制定出现偏差，则“千年鸟道”这样环境脆弱的地方可能会毁于一旦。

二是加强政策咨询系统建设。为了弥补自身专业知识和技术方面的不足，政府或非政府公共机构在决策中有必要借助公共机构以外的专业人才及其智慧。在现代社会中，政策咨询机构应在政策制定中发挥积极作用。“千年鸟道”上涉及许多关于候鸟保护的知识，政府部门对于不能把握和不能轻易做出决策的方面，应该及时向政策咨询机构或专业人士寻求帮助。

②关于政策执行的政策建议。

一是横向上加强政府部门内部跨组织协同配合。这包括中央政府各部门之间的协同运行，“千年鸟道”两省三县政府之间的协同运行，政府部门与社会组织、村民之间的协同配合。“千年鸟道”两省三县协同治理，实现环境保护与经济发展的共赢。

二是纵向上加强央地政府的联动。纵向联动指中央政府与地方政府之间上下联动，形成整体上的协同执行。当然，协同执行在不同地区也会出现差异，但是协同的核心不能有差异，要有共同的目标和基本一致的行动。

③关于政策监控的政策建议。

为了保证“千年鸟道”政策的合法性及贯彻实施，应及时对政策的制定、执行、评估等活动进行监督与控制，从而保证相关政策系统能够顺利进行，提高有关政策的制定与执行的质量。

4.结语

2021年10月8日国务院新闻办公室发表的《中国的生物多样性保护》白皮书，再一次强调了生物多样性保护的重要意义。同时，生物多样性治理作为国家治理的不可或缺的组成部分，其治理能力的提升对推动国家治理能力与治理体系现代化具有重要价值。从“千年鸟道”候鸟保护探索中创新出的联防机制，实现了跨区域的候鸟保护，并逐步从生态合作发展到生态与经济合作。这种两省联防机制对全国跨区域的生态保护、经济发展有着极大的借鉴和推广价值。

完善候鸟保护机制是维护国家生态文明建设及生物多样性的必要举措，也是以“鸟”为媒，赏“千年鸟道”，畅谈鸟类文化，打造H省和J省生态品牌，唱响生态之歌的必要环节。

五、课堂安排

本案例按照3个学时（135分钟）进行设计：

1.导入案例

时间分配：10分钟。

由授课老师概要叙述将要讨论的案例背景。

2.讲解案例

时间分配：20分钟。

由一位学生将授课老师于课前收集到的“千年鸟道”候鸟保护相关视频资料和报道资料通过多媒体展示给同学们，老师对学生的概述和相关资料进行总结，提出案例分析的相关问题。

3.分组讨论

时间分配：60分钟。

将全班同学分成两个大组。一个大组主要运用多源流分析理论进行讨论，另一个大组主要运用协同治理理论进行讨论。

每个大组再分为2~3个小组，每小组4～6人。围绕大组分配的理论，小组内进行讨论，形成自己的看法。讨论的时候，小组成员轮流发言，其他成员给予补充。由小组长记录小组成员参与案例准备和发言情况，做总结，形成比较成熟的分析报告提纲。

4.课堂汇报

时间分配：30分钟。

每个小组对讨论成果进行汇报。

5.课堂总结

时间分配：15分钟。

教师结合案例讲解相关理论知识，点评各组讨论成果，将各组的讨论成果汇总，提出总体分析框架，并进行分析总结。

六、其他教学支持

1.相关案例的纸质材料

2.相关案例的视频资料

3.支持播放功能的多媒体教室，支持小组讨论的可拆分桌椅

七、参考文献

[1] 中共中央宣传部．习近平总书记系列重要讲话读本［M］．北京：学习出版社，2016：134.

[2] 中共中央文献研究室．习近平关于社会主义生态文明建设论述摘编［M］.

北京：中央文献出版社，2017.

［3］金登．议程、备选方案与公共政策［M］．丁煌，方兴，译．北京：中国人民大学出版社，2004.

［4］郑巧，肖文涛．协同治理：服务型政府的治道逻辑［J］．中国行政管理，2008（7）：48-53.

［5］黄德林，陈宏波，李晓琼．协同治理：创新节能减排参与机制的新思路［J］．中国行政管理，2012（1）：23-26.

［6］魏淑艳，孙峰．“多源流理论”视阈下网络社会政策议程设置现代化——以出租车改革为例［J］．公共管理学报，2016（2）：1-13；152.

［7］王文琪，吴婧，张一心．基于多源流框架的生态环境风险防范体系研究［J］．环境污染与防治，2019（9）：1132-1136.

［8］江月．区域内环境治理的多元共治模式研究——基于协同治理理论［J］．财富时代，2021（3）：135-136.

［9］郑建明，罗时樟．多源流理论视角下长江禁捕政策议程分析与展望［J］．中国农业资源与区划，2022（7）：125-131.

［10］陈润羊．区域环境协同治理的内涵、特性与限度辨析［J］．华北电力大学学报（社会科学版），2023（3）：28-36.

［11］董树军．区域生态环境府际协同治理：逻辑进路、现实梗阻与破解路径［J］．湖南行政学院学报，2023（1）：5-11.

八、补充材料①

（一）相关新闻

1.鸟之殇——千年鸟道上的大屠杀

https：//v.youku.com/v_show/id_XMzczOTQyNTcwNA==.html

2.千年鸟道上的杀戮：公安执法有生命危险

http：//hunan.sina.com.cn/news/b/2012-10-17/074421151_2.html

3.YL县千年鸟道屡遭“拦路劫”

https：//www.163.com/news/article/5MKAR5RK000120GR.html

4.中国“千年鸟道”上的“候鸟保卫战”

http：//news.sohu.com/20121015/n354885194.shtml

5.“千年鸟道”SC县观鸟

http：//www.xinhuanet.com/politics/2016-10/17/c_129324663.htm

6.J省SC县“千年鸟道万人签名平安护航”启动

http：//m.cnr.cn/news/20160830/t20160830_523098820.html

① 省份和市县名称作了隐匿处理，链接地址真实。

7. “HJ两省千年鸟道护鸟红色联盟”签约启动

http：//www.jxxw.com.cn/index.php/welcome/show_news？id=120555828&type=1

（二）部分政策文本目录

1.《GD、YL、SC三县边界候鸟保护联防联保公约》（2012）

2.《HJ边界候鸟保护SYG联防区2013年工作要点》（2013）

3.《HJ边界候鸟保护SYG联防区联合专项整治实施方案》（2018）

第二章

鄱湖滩上立徘徊，红蓼风前雪翅开

——基于J省白鹤保护的系列故事

摘　要

白鹤属于国家一级保护动物，其文化价值、生态价值极大。作为世界范围内为数不多符合白鹤苛刻生存要求的地区，全球95%的白鹤每年会在鄱阳湖栖息大约5个月，鄱阳湖地区的生态环境建设对白鹤保护具有重要作用。经过40多年的努力，白鹤保护取得了阶段性的胜利，白鹤保护体系逐渐完善，白鹤数量从刚开始濒危的不到100只，达到了如今的5 000多只。本案例既呈现了白鹤保护的40多年历程，也讲述了40多年间许多白鹤保护者的感人故事。其典型代表为白鹤女卫士周老师，通过描述她从“观鸟”“拍鸟”到“爱鸟”“护鸟”的华丽转变，生动展示了普通公众深度参与白鹤保护的10年。基于案例，本研究以习近平生态文明思想、多中心治理理论、政策工具理论为理论基础，从白鹤食物紧缺、栖息地萎缩等错综复杂的矛盾中抽丝剥茧，深入研究白鹤保护的有效路径，获取关键“密码”，提出深度参与候鸟保护的可行性建议，以期为美丽中国生物多样性保护提供一份可借鉴的范本。

关键词

白鹤保护；习近平生态文明思想；多中心治理理论；政策工具

第一节　案例正文

引言

白鹤是鹤形目鹤科鹤属鸟类，分布于中国的东北、长江下游、河北以及新疆等地，印度、俄罗斯也有分布。白鹤对浅水湿地依恋性强，主要栖息于开阔平原沼泽草地、苔原沼泽、大的湖泊岸边及浅水沼泽地带。白鹤繁殖期5～6个月，每窝产卵2枚，卵为椭圆形，一般寿命为70多岁。

古往今来，白鹤因一身自然天成的雅淡羽色、俊秀的形体，更因其文静、忠贞、长寿的特性，为中国历代文人所青睐、儒道名士所钟情，被赋予了形神俱美的文化内涵和多元审美的价值标准。

2022年11月，我们在J省鄱阳湖国家级自然保护区管理局（以下简称“鄱保局”）进行调研，了解到J省白鹤保护的系列故事……

一、湖纳千山水，鹤卷万里云

世界上15种鹤类中，白鹤数量不是最少的，但被世界自然保护联盟列为极危物种，濒危等级最高，这是由于栖息地的破坏和变化、迁徙路线单一、来自引入种群的竞争、自我繁殖的低存活率和国际环境污染等因素，其中人类对环境的破坏和狩猎是主要原因。国际鹤类基金会原副主席吉姆·哈里斯生前在接受新华社记者采访时明确表示：“白鹤之所以濒危等级最高，是因为迁徙路线单一。”

白鹤最初有三条迁徙路线。属于东部迁徙路线的白鹤从西伯利亚东北部的繁殖地向南飞行，途经俄罗斯远东和中国北部，在鄱阳湖越冬。属于中部和西部迁徙路线的白鹤都从西伯利亚西部的繁殖地向南飞行，经过俄罗斯后，在哈萨克斯坦境内分开，西部迁徙路线到达伊朗，中部迁徙路线到达印度。国际鹤类基金会联合创始人乔治·阿基博说：“不幸的是，中西部的两条迁徙路线现在几乎不存在了。”根据印度发行量最大的英文报纸《印度斯坦时报》2010年的报道，在2001年最后一次监测白鹤后，印度已经连续10年没有发现白鹤。乔治·阿基博还说，从那时起，国际鹤类基金会就没有再收到任何关于在印度发现白鹤的信息。伊朗迈赫尔通讯社的报道显示，当地时间2019年10月21日，有名为“OMID”的白鹤飞往伊朗过冬，这是连续多年在西部迁徙路线上监测到的唯一的白鹤。

我国的白鹤主要为冬候鸟和旅鸟。每年11月初至11月中旬，白鹤成群迁入我国，并在第二年春季3月末至4月初离开我国越冬地。截至2022年11月，我国在白鹤的越冬地、迁徙停歇地陆续建立了20多个自然保护区，并通过国际合作加强监测、保护和宣传。2022年的调查数据显示，白鹤的数量已增长到5 000只以上。1980年冬，科学家首次在鄱阳湖大湖池发现91只白鹤，多年的统计数据显示，最多的时候有4 000多只白鹤停留在鄱阳湖越冬。

40多年来，白鹤家庭聚集在鄱阳湖的100多个碟形湖里，“吃吃吃、睡睡睡”，偶尔嬉戏和警戒，过着温饱安逸、不设防的生活，优哉游哉。鄱阳湖区为白鹤提供了生存家园，也意味着白鹤对鄱阳湖区的过度依赖。“白鹤对鄱阳湖的依赖度太高了，一旦鄱阳湖出问题，白鹤最后一块家园可能就丧失了。”鄱阳湖国家级自然保护区管理局W副局长说。

我们向鄱阳湖国家级自然保护区管理局G副局长请教：为什么鄱阳湖能吸引90%以上的白鹤东部种群在这里过冬呢？G副局长告诉我们，主要是因为鄱阳湖有天然的良好的水环境，有白鹤喜欢的食物，同时，还得益于J省在白鹤保护中做的种种努力。

（一）要想抓住白鹤的心，就得抓住白鹤的胃

G副局长介绍道："白鹤是杂食性动物，主要以苦草、眼子菜、苔草等植物的茎和块根为食，也吃水生植物的叶、嫩芽，以及少量蚌、螺、软体动物等动物性食物。它们过冬需要辽阔的水域、较好的水环境、适宜的水深和丰富的食物来源。"

G副局长为我们介绍了白鹤越冬的觅食特点："白鹤用嘴挖掘植物根茎，觅食水域的水深一般在20厘米左右。白鹤很爱干净，它们喜欢清洁的湖水，挖到根茎或块茎后，用嘴衔着在水中洗净植物根、茎的泥沙后再吞咽。白鹤迁入鄱阳湖初期，湖水位较高，它们就在浅碟形内湖啄食营养丰富的苔草的嫩芽和蓼子草的嫩芽、地下茎；随着内湖水位的缓慢下降，它们由岸边过渡带到湖内，以苦草、马来眼子菜等沉水植物根茎为食；当碟形湖食物越来越少时，它们转到主湖区浅滩觅食。如果鄱阳湖区食物缺乏或难以掘取，白鹤将飞往其他地点觅食。"

G副局长说道："在自然保护区管理机构接管前，鄱阳湖的水位全凭自然调节，在枯水或洪水季节，白鹤过冬就很艰难。1992年冬季，鄱阳湖冬季干旱，由于气温高，水面蒸发量大，加上裸露的湖床枯竭开裂，鄱阳湖保护区只有726只白鹤过冬。1997—1998年冬春季，鄱阳湖一直处于高水位，白鹤只能在保护区外地势较高的湖汊——南湖越冬，数量最高只有960只。1998年，鄱阳湖遭遇特大洪灾，10月和11月上旬水位仍然很高，所有被淹没的植物都死了，保护区中找不到食物。白鹤只能到保护区外较高的树枝上觅食，数量也明显减少，只有762只。"

W调研员补充道："在2001年之前，白鹤的数量波动很大。从鄱阳湖的角度来看（可能与迁徙到越冬地过程中的其他因素有关），当时这些碟形的湖泊为当地村镇所有，为了捕鱼，农民们随意抽取碟形湖泊的水，使得白鹤无法找到食物。2000年，自然保护区管理机构接管了大湖和沙湖的使用和管理权，并租赁了朱市湖、象湖和常湖池3个湖泊20年的使用和管理权，根据候鸟越冬的需要管理这五个圆盘形湖泊的水位，最佳水位为14.5～16.5米（吴淞高程），并保证在人工控制下逐渐下降，最后不得低于14.2米。所以，2001年以来，白鹤一直稳定在2 000到3 000只之间。"他喝了口茶，补充道："但是，遇到丰水年持续时间太长，也还是会影响白鹤的食物，像2010年鄱阳湖是丰水年，高水位持续时间很长，11月份开展全湖植被调查时发现鄱阳湖没有沉水植被群落，白鹤只能在潮湿的洲滩水边寻找蓼子草群系、荸荠群系、牛毛毡、芫荽菊、肉根毛茛和卵穗苔草的嫩芽或根茎为食，甚至发现白鹤挖食下江委陵菜的根块。"

G副局长总结道："从鄱阳湖冬初、冬末的觅食地选择来看，白鹤对恶劣的环境具有一定的调节能力，对鄱阳湖的高水位或低水位也有一定的适应性，但适应性相对有限。所以，保证白鹤的食物供给是我们现在的头等大事，也是最艰难的一件事。"

（二）为了白鹤的长留，就得保护好白鹤的家

G副局长还介绍，为了保护候鸟，J省政府作出了诸多努力，具体包括：

1.成立鄱阳湖国家级自然保护区

20世纪80年代，600多名专家对鄱阳湖流域进行多学科综合考察，提出把鄱阳湖流域视为整体进行治理。1983年，J省人民政府批准建立省级自然保护区；1988年，经国务院批准，成为国家级自然保护区。鄱阳湖国家级自然保护区是保护野生动物类型的自然保护区，主要保护对象是白鹤等珍稀候鸟及其越冬地。

1992年，鄱阳湖国家级自然保护区被林业部和世界自然基金会（WWF）列为我国40个A级保护区之一，同年被列入《国际重要湿地名录》；1997年被纳入东北亚鹤类保护网络；2002年加入中国生物圈保护区网络；2006年加入东亚-澳大利亚鸻形目鸟类保护网络，在第十一届世界生命湖泊大会上被全球自然基金（GNF）授予“世界生命湖泊最佳保护实践奖”，被国家林业局确定为“全国自然保护区示范单位”。

2.颁布一系列有关湿地和候鸟保护的地方性法规

1996年，出台《J省鄱阳湖自然保护区候鸟保护规定》，目的是加强对鄱阳湖自然保护区候鸟的保护，改善候鸟栖息环境。该规定对主管部门及职责、各单位和个人的禁止学位、处罚等作出了具体规定。该规定分别在2004年、2014年、2019年经过修正。

2003年，出台《J省鄱阳湖湿地保护条例》。该条例第二十三条规定，每年10月1日至翌年3月30日为候鸟越冬期。候鸟越冬期间在湿地自然保护区内禁止捕捞。第二十四条规定，在湿地自然保护区内禁止猎捕候鸟以及其他珍稀水禽或者破坏候鸟以及其他珍稀水禽的生存环境的行为。第二十六条规定，湿地自然保护区管理机构应当建立健全珍稀水禽、水生野生动物救护机制。第四十七条规定了违反本条例第二十三条第一款、第二十四条第一款规定应受到的处罚。

2012年，出台《鄱阳湖生态经济区环境保护条例》。该条例第十七条规定，“候鸟主要繁殖地、栖息地，以及迁徙路线上的主要停歇地”应当建立湿地自然保护区。第二十一条第一款规定，省林业主管部门应当加强鄱阳湖候鸟保护区的建设和管理。第二十四条规定，湖体核心保护区内禁止行为包括“采用天网、投毒、强光、仿声等方式非法猎捕以及非法出售、收购、运输、携带候鸟及其他受保护的野生动物”，第五十一条规定了违反该款应受到的处罚，即“依照有关野生动物保护法律、行政法规的规定予以处罚”。

2012年，出台《J省湿地保护条例》。该条例第十五条规定，“候鸟主要繁殖地、栖息地，以及迁徙路线上的主要停歇地”应当建立湿地自然保护区。第三十条规定，禁止在重要湿地范围内从事的活动包括“采用天网、投毒、强光、仿声等方式非法猎捕以及非法出售、收购、运输、携带候鸟及其他受保护的野生动物”。第三十九条第一款规定，“每年10月1日至翌年3月31日为鄱阳湖候鸟越冬期。候鸟越冬期间，在鄱阳湖湿地区域内的国家级湿地自然保护区不得从事破坏候鸟栖息和觅食环境的活动”。第四十条规定了在候鸟越冬期，省人民政府林业、公安等部门和鄱阳湖湿地区域人民政府的职责。第四十一条规定了珍稀水禽、水生野生动物救护机制。第四十六条规定了违反第三十条的规定应受到的处罚；第四十八条规定了违反第三十九条第一款的规定应受到的处罚。

3.开展联合保护行动

2010年，鄱阳湖区越冬候鸟和湿地联合保护委员会成立，这标志着省级政府主导，地方政府主责，林业部门牵头指导，公安、渔政、市场监督管理等多个部门各负其责的联合保护机制正式建立。每年，联合保护委员会都会实施具体的联合执法行动，在湖区进行深入的拉网式和地毯式调查，打击涉嫌破坏湿地的非法活动，逐步形成共同大保护模式。后来，联合保护机制被写入相关法律法规。

4.支持其他主体参与保护白鹤的联合宣传活动

政府经常组织爱鸟人士开展一系列保护白鹤的联合宣传活动，通过进校园、进社区、家访等方式开展白鹤保护宣传教育活动，加强人民群众对白鹤的保护意识。同时，相继成立候鸟医院、候鸟保护剧团、保护协会等一大批爱鸟、护鸟机构，开展候鸟救助、保护宣传。如早在1999年，在J省林业部门的支持下，国际鹤类基金会与鄱阳湖保护区共同启动了鄱阳湖鹤类与湿地生态监测项目。该项目持续至今，所积累的监测资料为鄱阳湖湿地及白鹤等水鸟的保护提供了决策依据。自2003年开始，双方为做好鹤类保护宣传，结合当地社区实际，在公众和社区环境教育方面开展了大量卓有成效的工作。除了政府，企业也加入了白鹤保护的队伍，比如，2018年J省绿滋肴实业有限公司向全国首家民间白鹤保护小区献爱心，送去了近2 000千克螺蛳和玉米。

二、君心随鹤舞，爱铸赣鄱魂

我们问道：“政府做了这么多来保护白鹤，应该有更多的爱鸟人士也来参与保护白鹤吧？”

W科长介绍道：“那当然，有好多呢。其中，最有名的是周丫丫老师（以下简称周老师）。”

接着，W科长将周老师的事迹娓娓道来，我们了解到了周老师“藕”遇白鹤十年的感人故事。

（一）“藕”然发现新食地，呼朋引伴来聚餐

2012年某日清晨，停留在鄱阳湖区的几百只白鹤不约而同朝西南方向飞行，偶然来到NC县五星垦殖场（见图2-1）上空。它们发现此地有很多藕，且无人看

守，便快速俯冲至水塘大快朵颐。“偷藕”的鹤群吃饱后，快速飞离了藕塘。待藕农早上查看时，只见满池狼藉，心疼不已。

图2-1　五星垦殖场照片①

有一就有二，有二就有三，白鹤来五星垦殖场“偷藕”的次数越来越多；来觅食的白鹤数量也越来越多，一开始是几十只，后来是百余只。它们大胆“偷藕”，嚣张无比。2016年，鄱阳湖遭受夏汛，白鹤喜欢的传统食物大幅度减少，11月中旬，来五星垦殖场藕塘“偷藕”的白鹤数量达到了前所未有的800只。再多的藕田，也撑不起这么多白鹤日夜偷吃。藕塘的承包户无法赶走白鹤，也不敢投毒杀死白鹤，莲藕也不能收割，他们不得不要求退租或改种其他作物。但是，一旦退租或改种其他作物，因在鄱阳湖无法觅食而辗转此地的白鹤，将受到极大的生存威胁。

（二）一朝“藕”遇白鹤，从此扎根五星

2016年11月下旬，当J省电视台工作的周老师和一群爱拍鸟的同事们像往年一样巡湖拍鸟，偶然在五星垦殖场的一片藕田里发现了大量停留的白鹤，它们优哉游哉地吃着藕，场面蔚为壮观。

2016年12月，周老师从当地农民口中得知，自2012年秋起因冬候鸟在藕田取食造成减产，藕田主人决定从当年起改种水稻。当时该藕农在附近共承包三块藕田近2 000亩，均有白鹤、小天鹅以及雁鸭类冬候鸟来此觅食。

当大家得知三块藕田全部要改种水稻之后，提议由周老师向相关部门反映，希望能保住藕田，留下白鹤。周老师受委托前往J省科学院及J省生态研究会分别调取鄱阳湖近六年水文资料及沉水植物调查数据，发现愈加脆弱的鄱阳湖生态系统是导致鄱阳湖越冬候鸟出湖常态化的根本原因，全球近半数的白鹤不能再失去这块人工湿地。周老师先后向N市野保局、J省野保局、N市政府反映情况，但由于责任大、缺乏专项资金，无法达成目的。

① 作者调研时拍摄。

消息传回摄影师群体，有人提议：是否可以靠民间力量募集爱心资金租地种藕留下白鹤？此观点一出，得到很多人积极响应。经过初步摸底后，大家认为募集资金应该可以承担起当年的租金及藕种费用。如果成功留下白鹤，参照国内外其他拍鸟点的做法，可以通过收取拍摄费和观鸟费维持下一年的投入，如此循环下去，但也可能因周围藕田面积大幅减少导致白鹤不再回归。由于已是第七年种植，藕田已不能再出商品藕，一旦白鹤不回，将面临前期所有投入无法收回的巨大风险。又因为白鹤越冬期停留时间短，而观鸟、拍摄受天气状况影响大，因此这次“留住白鹤”行动被定性为纯公益行动，所有出资人都要有心理准备：投入资金可能无法收回。

知晓风险并达成共识后，周老师向N市野保局Y局长汇报。为更好地引导和规范“留下白鹤”行动，决定由N市野生动植物保护协会牵头与该地块使用权所有者（NC中原农业发展公司）洽谈合作。J省野保局T书记、N市野保局Y局长等非常重视并亲自参与合同的洽谈签订事宜。

2017年4月24日，经过三轮谈判，合同终于签订下来。由于时间紧迫，在合同签订当天周老师便前往查看承租藕田的情况。原先藕田田埂狭窄，由于白鹤刨食田埂上的莲藕，多处田埂垮塌，无法存水。农田需要整修，藕种也要尽快栽种下去，考虑到摄影效果，作为背景的大树也要尽快栽种。

当时已经是4月，气温持续上升，莲藕最佳栽种时间已过去大半月。经了解，此处藕田基本都是安徽藕农小马（白鹤藕田原承租人）一人承包，他手下仅有为数不多的几位工人掌握挖藕种及栽种技术。由于小马已决定轮种，几千亩藕田的莲藕早在春节前已大量销售，所剩无几，技术工人也返回安徽了。时间紧，藕种不够，任务艰巨，周老师一边委托小马在附近尽量收集藕种并从安徽调回工人，一边前往湖北寻找种源。

周老师到达湖北才发现，尽管当地种藕大户非常多，但由于莲藕已进入出叶期，此时没人愿意采取藕种。如果采取时碰断藕芽会导致大幅度减产。从湖北连夜赶回白鹤藕田后，周老师和其他志愿者驾车在附近不断寻找藕塘，辗转打听各个小藕塘主人，至5月初终于落实13万斤藕种。5月上旬N市气温已达34度左右，当天刚运来的两万斤藕种用手触碰已经温热，在炎热天气下，刚出水的藕芽若经过数小时暴晒将全部变质腐烂！

在附近找不到工人情况下，周老师只好自己动手，先将藕种全部转移至运送藕种的水沟，再将水沟里的藕种小心翼翼推散开，保证每节藕种全部接触水面。两万多斤藕种，烈日下穿着半身水裤不断重复着相同的动作，至下午两点多钟，周老师一阵眩晕，跌坐在水沟里，遮阳帽粘着泥水贴在脸上，眼睛难以睁开。

全球98%的白鹤来鄱阳湖越冬，周老师心想白鹤此时在西伯利亚肯定会对小白鹤说，天气冷了我们就飞去南方，那里气候温暖还有丰富的食物，你们将在那里继续快乐成长，我们直到春暖花开时再回来。

想到这次行动承载着白鹤的期望、承载着爱心人士的寄望，周老师打起精神，扔掉帽子、撸起袖子，再次斗志昂扬。秋风起时，白鹤回归，此地作为安全的“食堂”等着它们。美丽的白鹤在波光粼粼的水面轻舞欢唱，该是一幅多美的图画！

整整15天，周老师等人清理出了500米长的送藕水沟，加宽了3 400米田埂，建成了水位控制系统，栽种了6.5万千克藕种（后又补种1万千克，共7.5万千克）。15天，周老师克服洁癖吃住在农家，中午休息时就在车上吃点干粮打个盹儿。藕种抢种下去后，又移栽11棵大树，栽种1 600株芦苇，打下320根木桩固定摄影棚，调动大型水陆挖机39班次。其间，周老师每天早上五点起床赶在工人之前到达；晚上跟工人一起收工后再返回市区。初夏N市已经酷热难耐，下有水汽蒸腾，上有烈日炙烤，空旷田野无处躲藏，遮阳帽都能拧出水来。一段时间下来，乡亲们纷纷赞叹周会长好能吃苦，乡下女人不愿做的事她都能做下来。

2017年9月中旬，胡先生打来电话询问莲藕生长情况，当得知长势不错时他舒了一口气。胡先生强调，经过调查，鄱阳湖当年没有沉水植物，白鹤南归就指望这片藕田了。放下电话，周老师心中喜忧参半，喜的是留下白鹤的行动很有必要，忧的是周围藕田全部改种，一旦白鹤回来，这片藕田承压很大。

2017年10月下旬，为赶在秋收前把摄影棚安装完毕，周老师穿着水裤在现场指导工人施工。她脚下一滑，想伸手抓住木桩稳住身体，谁承想，木桩没抓住食指却被木桩上的铁丝划开一个大口子，鲜血落进藕田染红了一片水面。看到伤口周老师心里也慌了，快速脱掉水裤后从田埂狂奔向汽车。由于现场工人不会开车，周老师自己举着受伤的左手用右手掌握方向盘，当疾驰14千米来到五星垦殖场卫生院时，左边上衣和裤子几乎全部被血湿透。卫生院没有细线，周老师食指上至今仍有一道明显的伤疤和四个针眼。

2017年11月14日清晨，住在藕田边的农户打来电话：“周老师，白鹤回来了，白鹤落下来了！”周老师急忙驾车赶到藕田，当远远地看到白鹤安然地低头啄食时，她万分感慨，再次流泪。

孩子们回来了，孩子们回来了……

为保障长途飞行的白鹤能安心觅食补充体能，周老师同伙伴们并没有第一时间公布消息。一周后，白鹤数量增加到1 000多只！[①]

2017年冬天，周老师和伙伴们花费大半年时间、耗资100多万元保住的这300亩藕田，吸引了1 400多只白鹤聚集于此觅食越冬。藕田里那密密匝匝的白色身影、那灵动而飘逸的鹤舞，成为周老师及伙伴们眼中最美的风景。

在五星白鹤保护小区外，周老师建了一间简易板房。每年有近十个月，她在这里种养莲藕、管理农田，等待白鹤归来，接待前来观鹤的客人。

蓝顶白墙的板房外观简朴，室内却妙趣横生，墙上挂满了有关白鹤的摄影作

① 佚名．爱鸟人的守望——N市五星白鹤保护中心申请“中华白鹤保护地”[EB/OL]．[2023-11-25]．http：//www.cbcgdf.org/NewsShow/4855/5500.html.

品，其中不少出自周老师之手。她镜头下的白鹤，常孤傲独立在纯净的背景中，硕大的羽翼如白莲绽放，纤细的长腿俏立于明镜般的水面。

千鹤曼舞的盛景，吸引了近40个国家的观鸟、摄影人士和学者的目光。在J省林业局、N市林业局及N市高新区的努力下，五星白鹤保护小区被列入“鄱阳湖国家重要湿地生态效益补偿资金”试点。周老师深感振奋：终于可以理直气壮、名正言顺地保护白鹤了。

保护区运营不易。租地、种藕、巡护、管理、改善基础设施，每年开销不菲。有人建议周老师，可以让游客进入保护小区观鹤，这样也可以收取一些费用。周老师略一思忖，头摇得像拨浪鼓：不能让游客进入小区，要最大限度减少对白鹤的干扰。如此一来，账本上“只出不进”，这个“无底洞”谁都不愿跳进去，除了周老师！她咬咬牙，不顾亲朋好友的强烈反对，把自己一套老房子的拆迁补偿款悉数投了进去。

周老师知道，如果只靠自己，就算倾家荡产也无法让白鹤保护小区存续下去，但为了那些白鹤，她还想再坚持一下。①

2017年12月1日，CCTV13频道《新闻直播间》在N市五星白鹤保护小区连续进行两场直播，人民日报、新华社、中央人民广播电台、J省卫视、J省日报、腾讯新闻、新浪新闻、凤凰卫视等多家媒体予以报道。全国首例民间组织——“留下白鹤”行动——圆满成功！

白鹤藕田占地498亩（约合33.2万平方米），投放及补种藕种共7.5万千克，农田整理、新建机耕道及田埂、伪装棚等各项投入总计近130万元。另外，在附近荒地填土另建办公及住宿等配套板房27间，总投入近70万元（含三通一平及水泥路）。

媒体大量的报道令周边村民意识到保护白鹤及生态环境的重要性。2017年秋，白鹤保护小区周边再没见到兽夹、天网等危害候鸟的工具。

2018年春，“留住白鹤”行动入选2017年J省生态十件大事。J省人大代表、政协委员也分别向两会提交建议、提案，建议政府大力给予政策保障，保护白鹤不应只有民间行动。2018年4月，J省林业厅就省人大代表所提建议召开座谈会，将扩大及调整湿地保护范围的意见递交J省深化改革领导小组。周老师等志愿者无私奉献带动更多人参与进来，美籍华人摄影师梅慈敏在大洋彼岸为五星白鹤发起义卖，全部收入捐给五星白鹤保护项目，保护白鹤的志愿者队伍逐渐壮大。

全国首家民间白鹤保护小区的出现引起了政府相关部门、全社会对候鸟及鄱阳湖生态的更多关注。J省发展和改革委员会已经牵头省内各高校启动鄱阳湖生态调查。周老师说，由于白鹤藕田面积太小，用500亩（约合33.3万平方米）藕田承载以往2 000亩（约合133.3万平方米）藕田的来鸟量，不到一个月时间，莲藕就被采

① 徐亚平. 在白鹤翱翔的地方（逐梦）[N]. 人民日报，2022-05-11（20）.

食一空。加上N市秋冬雨水天气多，去冬今春拍鸟、观鸟收入非常有限。但周老师认为，现在有越来越多的人在关注白鹤，只要我们坚持下去，相信不久后情况会有所好转。[①]

（三）声断碧云外，影孤明月中

2018年冬季，北方气温偏高。到了11月下旬，白鹤的“侦察兵”才出现在保护小区上空。周老师又开始满怀期待。

谁料，一日深夜，阵阵刺耳的金属剐蹭声和巨大的轰鸣声将周老师从睡梦中惊醒。地震了？她披上棉衣冲出板房，眼前的景象令她呆住了：不远处竟有四辆平板车正在卸挖掘机！平板车司机告诉她，附近要建停车场。

周老师感到难以置信：“你们一定是卸错了地方！”第二天，更多工程车辆开了过来。周老师得知真的要在离保护小区不足两百米的地方修建大型停车场，顿觉气血涌上了头，不顾一切冲上去阻拦：“你们不能施工！白鹤已经回来了……”

一时间，各种鸟类四散逃去。望着空荡荡的水面和绕道而飞的鹤群，周老师坐在田埂上大放悲声，但她的哭声，被机器的轰鸣声掩盖、淹没了。

擦干眼泪，周老师立即向有关部门反映情况。有关部门非常重视，2019年1月，保护小区附近的作业活动被叫停。可令周老师痛心的是：白鹤差不多到了北归的时节，而它们也没有再回来。

明年，白鹤还会来吗？周老师心中从未感到如此无助和绝望。

（四）秋霄一田荷，声闻林外天

就在沮丧之际，意外和喜讯接连到来：

2019年1月17日，来自中国、俄罗斯、蒙古国三个国家的六个机构[②]在J省N市签订《白鹤研究与保护合作备忘录》（以下简称“备忘录”），就白鹤在越冬地、栖息地、度夏地的繁殖、生存状况等全方位的保护建立长期合作机制。根据备忘录，俄方主要负责调查繁殖地的白鹤，持续监测繁殖地的种群动态，并获取繁殖种群规模和繁殖状况的信息。蒙方主要负责调查度夏地的白鹤，持续监测度夏地的种群动态，获取度夏地的种群规模、集群和栖息地条件信息。中方主要负责调查越冬地白鹤，持续监测越冬地种群动态，获取越冬地种群规模、食物量估计、集群和栖息地条件等信息。各方通过合作旨在建立一个涵盖白鹤生命周期各个方面的保护共同体，为白鹤的保护提供科学依据。[③]

2019年8月，周老师因胃部息肉住院做了手术。术后第五天，躺在病床上打吊针的周老师接到通知：省里领导第二天要来小区调研鄱阳湖国际观鸟周准备情况。

---

① 佚名．爱鸟人的守望——N市五星白鹤保护中心申请“中华白鹤保护地”［EB/OL］．［2023-11-25］．http://www.cbcgdf.org/NewsShow/4855/5500.html.

② 六个机构分别是中国北京林业大学自然保护区学院、中国N市五星白鹤保护中心、俄罗斯科学院西伯利亚分部冻土区生物问题研究所、俄罗斯科学院远东分部水和生态问题研究所、蒙古国鸟类保护中心、蒙古国东方省保护区管理局。

③ 苏路程．中俄蒙三国六方签订白鹤研究与保护合作备忘录［EB/OL］．［2023-11-25］．http://news.iqilu.com/china/gedi/2019/0117/4169494.shtml.

周老师马上拔掉针头赶往小区。她深知：此次观鸟周对于小区的后续发展至关重要，其他事已经无暇顾及了。三周后，准备工作基本完成，她才回医院拆掉了缝合线。功夫不负有心人，乘上鄱阳湖国际观鸟周的东风，五星白鹤保护小区迅速走入更多人的视野，并接待了参会的国内外重要嘉宾。周密的安排令观鸟周组委会大加赞赏。

2020年春季，N市高新区投资5 000多万元，将五星级白鹤保护小区由300亩（合20万平方米）扩大到1 050亩（合70万平方米），并种植莲藕。同时，高新区还在保护区周围移植了芦苇等水生植物，引入了生态循环水系统，为候鸟过冬创造了理想的生态环境。为了方便游客拍摄鸟类，该地区还建立了几个鸟类观察棚。①

2020年冬，喜讯再度传来：藕田最新监控画面显示，白鹤前来五星白鹤保护小区越冬了，而且数量已超过了2 800只……

2020年11月，周老师终于从住了五年的板房里搬了出来：垦殖场为管理团队提供了翻新的宿舍。围绕保护小区，还建有一个占地800平方米的自然教育展厅和白鹤科普馆。管理团队的规模在扩大：新招了3名年轻大学生，冬季有了固定的保安、巡护人员。所有人员有了工资保障，管护队伍更加稳定了。

周老师的付出被越来越多的人看到。国内外专家学者纷纷赞扬她为白鹤搭建的“爱心食堂”，多家科研院所将五星白鹤保护小区列为科研基地。2021年3月，周老师被评选为J省三八红旗手。在第二届中国鄱阳湖国际观鸟周上，周老师被授予“鄱湖卫士”称号。

如今，这里已成为N市市民的网红打卡点——白鹤小镇。据不完全统计，白鹤小镇2021年冬季接待观鸟市民超过8万人次。在这里，鹤群自在翱翔，人与白鹤各得其乐、和谐共处。这对周老师来说是最幸福的事。②

三、鹤来湖有宴，人鹤两相宜

G副局长还介绍道：“在五星白鹤保护小区享誉海内外的同时，白鹤正遭遇空前的艰难时刻。全球气候变暖、极端气候事件频发，最为敏感的莫过于高原冰川和南北极冰盖，其次可能要数江河湖泊湿地了。2020年J省遭遇暴雨袭击，2022年又遭遇极其干旱天气，还好全省上下一心，用各种办法帮助白鹤渡过了越冬食物短缺难关。”

（一）鹤帐东岩夜，声悲不可闻

2020年6月下旬以来，J省九江经历了该年以来降雨强度最大、持续时间最长、影响范围最广的连续大到暴雨降水过程。修河下游永修站7月4日超警戒水位，11日达到历史峰值23.63米（原峰值为1998年的23.48米）；鄱阳湖星子站7月5日水位超警戒，12日达到历史峰值22.63米（原峰值为1998年的22.52米）；7月6日长江九江站水位超警戒，12日达到历史第二高水位22.81米（历史第一高位为1998年

① 朱文标. 全球白鹤“恋”上鄱阳湖［N］. 江西日报，2020-11-30（08）.
② 徐亚平. 在白鹤翱翔的地方（逐梦）［N］. 人民日报，2022-05-11（20）.

的23.03米)。7月6日,“鄱阳湖2020年第1号洪水”形成;7月17日,“长江2020年第2号洪水”形成;7月26日,“长江2020年第3号洪水”形成①……特大洪水使鄱阳湖区的水生植物遭到创伤。该年10月底至11月初,4 000余只白鹤分成三波,如约而至,停留在J省。其中,最多的一群约2 000只白鹤,停留在鄱阳湖传统鹤家;1 000余只白鹤继续投奔五星白鹤保护小区;还有1 000余只白鹤飞到鄱阳湖东岸余干县康山垦殖场插旗洲。在插旗洲驻扎的鹤群,吃起了农民们来不及收割的稻谷。

2022年6月下旬至11月中旬J省遭遇历史罕见的气象干旱。6月23日至11月21日,全省平均降水偏少六七成,排历史同期第一低位。受长江和五河流域降水持续偏少影响,J省气象干旱发展快、重旱持续时间长且覆盖范围广、旱情影响重,鄱阳湖主体及附近水域面积屡创新低。②水之不存、草何以生,传统鹤家的“粮仓”更加告急。白天,4 000多只白鹤相对分散在如同犄角的鄱阳湖区、五星白鹤保护小区和插旗洲3个地块觅食。夜晚,五星白鹤保护小区仅留一小股白鹤守夜值班(主要任务是守护阵地),其余大部分白鹤连同插旗洲的部分鹤群要回鄱阳湖区集群过夜,“鹤多力量大”,既可交流觅食心得,更是集体防御的本能需要。③

(二)鹤似闻琴至,人设宴镐还

2022年秋冬,站在鄱阳湖畔的J省N市高新区鲤鱼洲红旗联圩大堤上,周老师看着大堤两侧两种截然不同的景象:一侧的鄱阳湖因持续干旱变为大片“草原”;一侧的白鹤保护小区的藕塘中因提前留水,许多候鸟得以在田间嬉戏觅食。“这是我们在今年(2022年)鄱阳湖持续干旱下保护候鸟的一个新举措。”周老师说。N市高新区鲤鱼洲管理处党政办L主任说:“为确保五星白鹤保护小区里有水,前期从鄱阳湖能灌到水时,我们提前把藕塘灌满了水。后来鄱阳湖水位持续下降,我们又在保护小区里打了3口电机井,以地下水来保障藕塘用水。”“候鸟是自然生态系统的重要组成部分,保护候鸟就是保护生态,‘为鸟留水’是为了给未来留下更好的生态环境。”为保护越冬候鸟,以往鄱阳湖区不少地方都有“为鸟留食”“为鸟留水”的故事,五星白鹤保护小区就是其一。

2022年干旱少雨,鄱阳湖区的其他地方又上演着“为鸟留水”“为鸟留食”的故事。

DC县一些碟形湖水位不断下降。“我们马上购置了大功率抽水泵,将鄱阳湖主航道的水抽至碟形湖,不到20天水位就提升了28厘米,促进了碟形湖内鱼类、螺蚌的繁育和沉水植物的生长,为候鸟栖息觅食营造了适生空间。”DC县候鸟自然保

---

① J省水利厅. 砥柱中流——九江市水利局2020年防汛抗洪综述[EB/OL].[2023-11-25]. http://www.jiangxi.gov.cn/art/2020/10/26/art_14428_2875848.html? xxgkhide=1.

② 王琴红. 干旱超历史、高温强度前所未有2022江西十大天气气候事件发布[EB/OL].[2023-11-25]. http://www.ncnews.com.cn/xwzx/ncxw/jrnc/202301/t20230107_1919446.html.

③ 郭英荣,陈银霞,朱紫怡,等. 盼鹤回家 江西人40年的白鹤情[J]. 森林与人类,2023(5):110-121.

护区管理局L局长说。[1]为使候鸟的口粮更加丰盛，当地向湖里投放了大量小鱼，还修复培育了鄱阳湖区的原有生物物种，以缓解候鸟食物种源减少问题。

在PY县双港镇三汊村，老王种植的520亩（约合34.7万平方米）再生稻与鄱阳湖只有一堤之隔。这段时间，灰鹤、雁鸭等越冬候鸟经常到田里觅食，水稻损失不小。面对这种情况，当地相关部门通过与农户沟通，制定了一系列的补偿机制。对因候鸟觅食造成的农田损失，沿湖各地按照损失多少补多少的原则，开展生态补偿。此外，对于候鸟觅食相对集中的农田，沿湖各地采取按协议价购买，将农田转变为“候鸟食堂”，为候鸟留食物。在PY县，2022年作为“候鸟食堂”的稻田，再生稻每亩补贴价格大约是700元。[2]

YG县2021年专门为这些远道而来的候鸟预留了近700亩（约合46.7万平方米）水稻，未雨绸缪满足候鸟觅食需求。由于枯水期提前到来，水草枯老，外湖不够取食，候鸟会飞来内湖，争食这700亩水稻。“我们早就有预备，目前正在向上级申请增加水稻田购置经费，今年准备增加水稻购买面积。”林业局Z总工程师胸有成竹地说。此外，为了让候鸟吃到嫩草，当地林业局带队割草。“枯水期提前，水草老了候鸟没法吃，割了的草重新冒芽长嫩草，给候鸟提供吃食，减少对内湖插旗洲稻田造成的压力。”截至2022年9月，林业局带队已经割了近6 000亩（合400万平方米）水草。[3]

GQC市自然资源局积极搭建“候鸟食堂”，由政府出资金，农民出稻谷，对候鸟觅食相对集中的农田，按照协议价向农户购买后，不进行收割，以方便候鸟觅食，确保南湖湿地越冬候鸟食物来源充足。“计划在江益镇、苏家垱乡等候鸟觅食相对集中的农田投入20万元搭建‘候鸟食堂’，预计2023年1月前完成，从而缓解湿地周边区域‘人鸟争食’的紧张状况。”GQC市自然资源局林业股工作人员小J说。

（三）鹤本如云白，君心似我心

W调研员说：“从‘人鸟相争’到‘人鸟相亲’的可喜变化，其根本原因在于生态文明理念深入人心，在于J省生态文明制度建设又上了新台阶。”

1.白鹤成为J省“省鸟”

2019年9月28日，J省第十三届人民代表大会常务委员会第十五次会议审议了《J省人民政府关于提请审议J省“省鸟”的议案》，同意确定白鹤为J省“省鸟”，要求各级人民政府要深入贯彻落实习近平生态文明思想，牢固树立尊重自然、顺应自然、保护自然的生态文明理念，大力加强对“省鸟”的宣传，切实加强对鸟类资源的保护，进一步激发人们的环境保护意识，凝心聚力推进生态文明建设和环境保

① 郭强，陈毓珊．鄱阳湖畔的护鸟故事［N］．九江日报，2022-11-17（05）．

② 央视网．建立生态补偿机制 J省为候鸟打造“自助餐厅”［EB/OL］．［2023-11-25］．https：//m.gmw.cn/baijia/2022-10/24/1303176766.html．

③ 佚名．鄱阳湖“汛期反枯” J省多措并举为越冬候鸟打造“食堂”［EB/OL］．［2023-11-25］．http：//zx.dsww.cn/zixun/2022/0920/58889.html．

护，不断巩固提升绿色生态优势，更好地满足全省人民日益增长的优美生态环境需要。

2.确立湿地生态效益补偿制度

截至2019年底，鄱阳湖湖区12个县（市、区）共获中央财政补助资金1.37亿元，用于补偿因保护湿地和候鸟而遭受农作物损失的农民，受益人达到14万余人次。鄱阳湖国家级自然保护区探索推进“点鸟奖湖”活动，采取“智慧管湖”“以田补湖”等组合保护管理模式，补偿老百姓的损失。从2013年开始，鄱阳湖国家级自然保护区在13个湖池试行“点鸟奖湖”活动，根据湖池内候鸟数量为渔民发放奖金，总金额达50万元。①

2018年，J省林业厅对鄱阳湖国家重要湿地环境效益补偿基金出台了管理办法，主要用于补偿因保护鸟类等野生动物而造成的鸟类迁徙路线重要湿地损失。

2021年，J省林业局印发《J省湿地生态效益补偿项目管理办法》（2018年的《J省鄱阳湖国家重要湿地生态效益补偿资金管理办法》废止）。该办法规定湿地生态效益补偿项目坚持“谁保护、谁受益”“谁受损、补偿谁”原则，实施精准补偿。其中，第五条规定：“湿地生态效益补偿补助主要用于对候鸟迁飞路线上因候鸟保护造成湿地所有者或者使用者合法权益受到损害给予的支出。范围包括国际重要湿地、国家重要湿地和湿地类型国家级自然保护区以及鄱阳湖湿地周边的NC县、JX县、AY县、N市XJ区、N市GX区、XS县、WN县、DC县、HK县、PZ县、YX县、DA县、GQC市、LS市、JJ市CS区、JJ市LX区、WN县、YG县、PY县、FZ市DX区等20个县（市、区）的越冬候鸟重点栖息区域。”具体补偿补助对象包括耕地承包经营权人受损补偿，社区生态修复和环境整治补偿，对国际重要湿地、国家重要湿地和湿地类型国家级自然保护区以及越冬候鸟重点栖息地保护管理机构给予补助。

3.出台全国首部专门保护候鸟的省级地方性法规

2021年11月19日，J省十三届人大常委会第三十四次会议表决通过《J省候鸟保护条例》（以下简称《条例》）。《条例》规定了候鸟保护工作的原则、县级以上人民政府职责、县级以上人民政府林业主管部门及其他部门职责、单位和个人义务，栖息地保护，候鸟保护，白鹤保护的特别规定，保障与监督，法律责任等。这是全国首部专门保护候鸟的省级地方性法规，也是首次在省级立法中专门规定对白鹤这一旗舰物种的特别保护措施。

4.继续加强跨国合作

2021年12月8日，鄱阳湖国家级自然保护区管理局与俄罗斯“克塔雷克”国家公园签署合作备忘录。二者于2022年3月11日举办线上交流活动，共享两地白鹤繁殖与越冬监测成果。作为世界上两个重要的停歇地，鄱阳湖国家级自然保护区

① 沈洋，陈毓珊，张兆卿．鄱阳湖上白鹤飞——从白鹤迁徙路线之变看生态文明建设［N］．新华每日电讯，2019-12-16（03）．

和“克塔雷克”国家公园肩负了保护白鹤的重要使命。此次会议不但让社会对白鹤有了更深的理解，也为更好地保护白鹤提供了有力的科学支撑。

结语

不论“为鸟留食”还是“为鸟留水”，鄱阳湖畔一个个鲜活的护鸟故事，反映了从“人鸟相争”到“人鸟相亲”“人鸟相宜”的可喜变化。如今，不仅白鹤越来越多，得益于保护旗舰物种白鹤的种种措施，鄱阳湖的“老居民”也纷纷回归：刀鱼群、珍稀鱼类鲥、绝迹20余年的颌针鱼……鄱阳湖的生物多样性持续恢复，鱼跃鸟飞的情景得以重现。

随着生态文明理念的深入人心，白鹤“衔”来生态流量，让护鸟“包袱”变成生态财富，“候鸟保护”转化为“候鸟经济”，“候鸟经济”不仅使传统营生绽放新活力，更催生出诸多新业态。坚守绿色发展共识的湖区百姓终于迎来“绿”与“利”的双赢。这表明，生态文明理念在J省落地生根，J省绘就了人与自然和谐共生的美丽画卷，是美丽中国画卷中的一个美好缩影。

启发思考题

1.什么是习近平生态文明思想、多中心治理理论和政策工具理论？其对本案例的适用性如何？

2.J省白鹤保护有哪些宝贵经验？白鹤保护遭遇了哪些困难？

3.如何优化白鹤保护路径？

第二节 案例说明书

一、课前准备

1.确定案例主题，明确本案例教学的具体目的。

2.制订课堂教学计划

讲解案例+分组讨论+师生互动+课堂总结。

3.资料收集与整理

收集“J省白鹤保护”的相关资料和报道，对收集到的视频资料和报道材料进行整理。准备好上课需要的PPT，方便导入案例时给学生讲解背景、播放视频，便于学生了解案例的始末，鼓励学生从多角度、多方面对案例进行思考，便于课堂上更好地进行案例探讨。

4.提前发放案例资料

将与案例有关的资料连同案例正文一起，提前发给全体学生研读，并把相关背景资料的查阅方法和获得途径告知学生，使学生尽可能全面理解与掌握案例内容。

5.多媒体教室及案例演示时的道具和场景布置。

二、适用对象

本案例主要适用于公共管理类专业本科生、MPA和公共管理学术型研究生，也适用于有一定工作经验的管理者以及从事政府政策制定和执行的工作人员。另外，本案例还可以用于引导和激发学生对习近平生态文明思想、多中心治理理论和政策工具理论等相关理论知识的学习兴趣和研究热情。

本案例适合"公共管理学""行政管理学""公共政策分析"课程教学使用。

三、教学目标

本案例呈现了J省白鹤保护的40多年历程，也讲述了40多年间白鹤保护者的感人故事。基于案例，以习近平生态文明思想、多中心治理理论、政策工具理论为理论基础进行深入分析，并提出可行性政策建议。

具体的教学目标分为以下几个方面：

1.知识目标

通过阅读案例、讨论分析与交流，让学生了解和认识J省白鹤保护的过程；通过文献阅读，使学生理解习近平生态文明思想、多中心治理理论和政策工具理论；通过讨论交流，引导学生思考J省白鹤保护有哪些宝贵经验，又遇到了哪些困难；最后，提出改进白鹤保护的政策建议。

2.技能目标

提升学生发现问题、分析问题、运用所学知识和技能解决实际问题的能力；提升学生的逻辑思维能力；提升学生的组织、协调与领导能力。

3.思政目标

使学生拥有坚定的政治立场和正确的政治方向，增强"四个自信"；使学生加强对生物多样性保护的认知，提升生态文明素养，激励学生积极参与生物多样性保护，为美丽中国建设贡献应有之力。

四、教学内容及要点分析

（一）启发思考题

1.什么是习近平生态文明思想、多中心治理理论和政策工具理论？其对本案例的适用性如何？

2.J省白鹤保护有哪些宝贵经验？白鹤保护遭遇了哪些困难？

3.如何优化白鹤保护路径？

（二）理论要点解读

1.习近平生态文明思想及其适用性

习近平生态文明思想是习近平新时代中国特色社会主义思想的重要组成部分，

内涵丰富、博大精深。其在辩证唯物主义和历史唯物主义的科学指引下从基本立场、本质内容、价值旨归、规律总结等方面对生态文明进行了科学阐释，形成了坚持生态兴则文明兴、坚持人与自然是生命共同体、坚持良好生态环境是最普惠的民生福祉、坚持绿水青山就是金山银山、坚持山水林田湖草沙冰一体化保护和系统治理、用最严格制度最严密法治保护生态环境、坚持建设美丽中国全民行动、坚持共谋全球生态文明建设等内容，系统回答了“为什么建设生态文明、建设什么样的生态文明、怎样建设生态文明”等重大理论和实践问题。

习近平生态文明思想是新时代推进美丽中国建设、实现人与自然和谐共生的现代化的方向指引和根本遵循。从人与自然和谐发展的角度来说，我们应充分考虑白鹤保护对鄱阳湖区其他物种的保护，对J省生态战略和人民群众生产生活的影响，积极实施以保护生态促发展、发展反哺保护生态的良性策略，打造和谐共存的生态家园。我们必须深入贯彻落实习近平总书记的生态智慧与生态方案，以科学的辩证思维、高尚的人民情怀、宽广的国际视野，着力推进J省候鸟保护，为构建“美丽中国”文明图景增添浓墨重彩。

2.多中心治理理论及其适用性

多中心治理理论的集大成者当数奥斯特罗姆夫妇（Vincent Ostrom & Elinor Ostrom）。该理论源于公民社会意识的觉醒，侧重关注多元化的管理，主张形成一个蕴含“国家、社会和市场”的多元化架构协同运作，各主体上下联动、互相制衡的管理模式。具体而言，它包括三个方面的内容：第一，政府、市场、公众能各司其职，共同协作。政府只是多个主体中的一个，政府的管理方法应由以前的直接管理变成现在的间接管理，扮演中介的角色；市场也是公共事务处理的主体；公众要建立自己的组织，在社会中形成自己的影响力，成为“多中心”治理中的另一个主体。第二，多中心治理主体有共同的利益，正如作者本人所言：“多中心理论研究的中心问题是一群相互依赖的委托人如何才能把自己组织起来，进行自主治理，从而能够在所有人都面对搭便车、规避责任或其他机会主义行为诱惑的情况下，取得持久的共同收益。”[①]因此，应在治理过程中积极对话、协商以实现共同的目标。第三，需要相关制度保障不同主体在其中所扮演的角色。

多中心治理理论与白鹤保护的契合，主要体现在以下几个方面：一是与国家政策走向相符。多中心治理理论强调多主体协作。当前，不仅在中央层面的诸多政策中规定了环境治理的多主体协作，在《J省候鸟保护条例》中也明确了候鸟保护的多主体协作。二是治理对象上契合。多中心治理理论主要应用于公共事务的治理，白鹤保护属于公共事务的范畴。三是符合现实需要。受多方面因素影响，白鹤生存环境和迁徙路线都遭遇极大困境，仅靠政府保护无法满足实际需求。多中心治理理

① 奥斯特罗姆．公共事物的治理之道：集体行动制度的演进［M］．余逊达，陈旭东，译．上海：上海三联书店，2000：3.

论侧重于转变政府职能，引入市场机制，引导居民参与。这恰好能满足社会公众对美好环境的多样化需求。

3.政策工具理论及其适用性

政策工具一般是指，为了解决社会公共问题或者达成特定政策目标，政策主体据此选择的适用的具体路径或机制。

政策工具得到较多认可的分类方式有两种：一是豪利特和拉米什（Miehael Howlett & M. Ramesh）的分类方法。他们依据政府在提供物品与服务过程中的干预和强制程度，将政策工具分为非强制性工具、强制性工具和混合型工具三类①。二是罗斯韦尔（Roy Rothwell）和泽哥菲尔德（Walter Zegveld）的分类方法。他们将基本政策工具分为供给型工具、环境型工具和需求型工具三类。本研究侧重按照"主体+政府在提供物品与服务过程中的干预和强制程度"将政策工具分为规制性政策工具、市场性政策工具和社会性政策工具。

随着政策科学的发展，政策工具选择理论也在不断进步，在多学科视角的推动下，政策工具选择理论的视野越来越广阔。学者们逐渐发现，政策问题越来越复杂，影响政策问题的因素也变得多而复杂，很难有一种足够完美的研究途径能清晰地解释政策工具的选择。本研究关于政策工具选择的影响因素分析包括政策问题、政策目标、政策工具和政策环境四个变量，且在政策工具下分设三个次变量（包括工具特征、工具使用的惯性和工具之间的互相影响）。

对白鹤的保护，必须依靠政策工具来完成。实际上，J省政府选取了多种多样的政策工具来保护白鹤，需要对其进行探讨，找到不足之处并加以优化。

4.中国情境下的"白鹤保护"：一个分析框架

本案例的分析部分以习近平生态文明思想为指导思想，阐明白鹤保护的重要性和必要性，之后在多中心治理理论和政策工具理论的框架下，探究白鹤保护问题，并提出可能的优化途径。分析框架如图 2-2 所示。

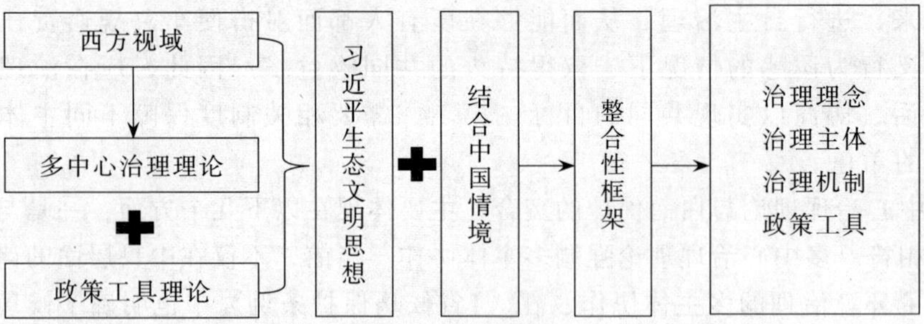

图 2-2 分析框架

（三）分析思路

1.J省白鹤保护有哪些宝贵经验？

---

① 豪利特，拉米什．公共政策研究：政策循环与政策子系统［M］．庞诗，等译．北京：生活·读书·新知三联书店，2006：144.

（1）从单一主体治理走向多元主体治理

从20世纪80年代开始，40多年来，J省白鹤保护的主体愈来愈丰富，已从单一走向多元，形成政府、企业和社会的多中心共同治理的模式，但政府仍处于核心地位。《J省候鸟保护条例》第三条规定："候鸟保护工作遵循政府主导、部门协作、社会参与、严格监管的原则。"该条例确立了候鸟保护的三类主体，即政府、部门、社会。在J省的白鹤保护中，政府处于主导地位，社会组织与爱鸟人士积极参与，企业相对而言参与较少。该条例第四条规定了县级以上人民政府在野生动物及其栖息地相关保护中的职责，还专门规定了鄱阳湖区域、候鸟迁徙通道以及其他候鸟集中分布区的县级以上人民政府的职责，表明政府仍然占据主导地位。第五条规定了县级以上人民政府林业主管部门、市场监管、公安、农业农村等多部门的职责，明确了部门协作。

（2）J省白鹤保护的政策工具

J省在40多年的白鹤保护中运用了多种政策工具。我们对相关政策文本进行检索后，将具体的政策工具整理在表2-1中。

表2-1　白鹤保护的政策工具

规制性政策工具	直接供给	禁止	环境资源规划	环境目标责任	划区保护	环境保护目录	环境监督检查	环境行政处罚	生态保护红线	环境考核评价	申报许可
市场性政策工具	环境税收	环境补贴	绿色信贷	生态补偿	环境保险	购买生态服务					
社会性政策工具	环境统计	环境监测	环境信息公开	环境标志	环境研究	技术开发	宣传教育	奖励号召	志愿服务		

①规制性政策工具。

一是直接供给。如政府通过提供扶持资金、补贴资金或是专项资金等，在候鸟保护方面给予支持。

二是禁止。如在禁猎（渔）区、禁猎（渔）期禁止或者限制人为干扰、威胁候鸟生息繁衍的行为，禁止猎捕候鸟，等等。

三是环境资源规划。县级以上人民政府应当在制定的野生动物及其栖息地相关保护规划中，明确候鸟及其栖息地保护措施。

四是环境目标责任。目标规划是指当地政府根据外部环境与内在条件提出的近、远期目标，及实现目标的方案和途径。

五是划区保护。省人民政府依法将候鸟重要栖息地、候鸟集中分布区划入相关自然保护区域。

六是环境保护目录。通过对濒危动物的探测，以保护为目的，为濒危动物制定《国家重点保护野生动物名录》。J省人民政府林业主管部门确定并公布候鸟集中分布区名录及范围，名录及范围可以根据实际情况进行调整。

七是申报许可。申报许可指的是申请主体在从事某种特定行为之前必须履行的法定义务。当地政府根据自然保护区规定，对计划在当地周围实施的可能影响当地生态的项目，进行生态影响评估，严把项目规划关和审批关，一律停止可能对鸟类迁徙和生存产生影响的项目建设。

八是环境监督检查。县级以上人民政府林业主管部门以及其他部门对候鸟保护进行监督检查。

九是环境考核评价。省人民政府林业主管部门建立健全评价机制，分析、评价候鸟保护效果，提出改进措施。

十是环境行政处罚。违反相关规定，要承担相应法律责任。

②市场性政策工具。

《J省湿地生态效益补偿项目管理办法》规定，耕地承包经营权人受损，按照每亩80元的标准进行补偿，可根据耕地受损程度及当年获得资金补偿额度等因素适当调整，调整幅度不得超过30%；对候鸟集中分布并造成农作物损失超过80%的区域给予重点补偿；社区生态修复和环境整治补偿，以乡（镇）为单位，每个项目总投资控制在50万元以内。该办法还规定了绿色金融贷款、购买生态产品和服务等市场性政策工具。

《J省候鸟保护条例》规定，鄱阳湖区域的县级人民政府可以通过政府购买等方式为白鹤补充食物；可以推动保险机构开展候鸟致害赔偿保险业务；鼓励金融机构发展绿色信贷、绿色债券、绿色保险等金融产品，为候鸟保护和绿色发展提供金融支持。

③社会性政策工具。

一是环境统计。鄱阳湖区域的县级人民政府林业主管部门以及有关自然保护地管理机构对白鹤进行调查、监测，及时掌握白鹤种群数量、分布动态以及生存环境状况，并将相关数据逐级报送。

二是环境监测。县级以上人民政府林业主管部门定期组织或者委托有关科学研究机构对候鸟及其栖息地状况进行调查、监测和评估。

三是环境信息公开。省人民政府林业主管部门负责建立白鹤越冬数据共享机制。

四是环境标志。采取环志标记等方式跟踪监测白鹤迁飞。

五是环境研究。鄱阳湖区域的县级人民政府林业主管部门以及有关自然保护地管理机构对白鹤生存环境进行保护和研究。县级以上人民政府林业主管部门应当会同有关部门和科研机构加强对候鸟分布、种群动态、生存环境等方面的研究。

六是技术开发。环志站通过布置红外探头进行常规鸟类种群出没监测，护林员通过在高风险违法打鸟场所及核心通道布置监控进行协助打击违法行为。

七是宣传教育。各级人民政府及有关部门加强候鸟保护的宣传教育和科学知识普及工作。教育主管部门、学校、新闻媒体均应积极开展候鸟保护的宣传。

八是志愿服务。政府部门应引导企业、公益组织和普通公民开展爱鸟护鸟、环境整治等志愿服务。

2.J省白鹤保护遭遇了哪些困境？

（1）理念方面的困境

一是生态文明理念有待进一步加强。党的十八大以来，生态文明理念逐步得到加强。但是，按照生态文明理念要求，在具体贯彻候鸟保护、绿水青山就是金山银山等方面还存在认识不够到位的问题，或者对如何落实存在疑问。

二是地方政府属地观念和全能型理念阻碍多中心治理。一方面，白鹤保护既限定在特殊区域（保护区）又不局限于特定行政区域（迁徙），与之相对应，常表现出跨区域的特点，需要迁徙路线上的地方政府有跨区域合作治理的理念。然而，迁徙路线上的地方政府，不是都会选择优先保护候鸟，或者仅在自己辖区范围内保护候鸟，缺乏跨域合作理念，因此，属地观念影响跨区域政府合作治理的顺利推进。另一方面，作为传统模式下的白鹤保护管理主体的政府，是全能政府的体现，发挥着权威作用，管辖涵盖了辖区的方方面面。尽管这种理念和模式在白鹤保护管理的早期阶段发挥了重要作用，但随着白鹤保护问题变得更加复杂，这种管理理念需要改进，需要引导和支持更多的主体参与到白鹤保护中。

（2）主体方面的困境

在政府方面，J省政府和省辖市级政府表现非常积极，对白鹤保护起到的作用也非常显著。J省政府主动出台了较多关于保护湿地和候鸟的政策法规，积极采取联合行动加强对白鹤的保护与管理；NC市政府在对社会组织和个人参与保护方面，给予了较大的支持。白鹤保护取得的成就，与政府的主动行为息息相关，但是，在县域政府间的协作、在国内白鹤迁徙路线上跨省政府间的协作、在跨国政府之间的协作则相对缺乏，这在一定程度上对白鹤保护的进一步发展起到了一定的抑制作用。

引入市场、社会主体和政府主体协作保护白鹤，将显著减少社会资源浪费，提高治理效率和效果。然而，由于自身原因，市场主体在保护白鹤方面的作用仍然不显著。与市场主体相比，社会主体在J省白鹤保护中态度更加积极，作用更大，但是社会主体参与白鹤保护的规模和程度仍有相当大的余地。之所以出现这种情况，是因为在保护白鹤的过程中，多主体的权力运行缺乏多方向性。政府主体的主导地位以及市场和社会实体的边缘化阻碍了多中心治理机制的良好运行；由于缺乏多方向的权力运作，无法实现多中心治理主体之间的有效监督，导致多中心治理机制未能充分发挥保护白鹤的作用。

（3）制度机制方面的困境

一是缺乏协作治理法律法规。当前，关于候鸟保护的法律法规主要有《中华人民共和国环境保护法》（2014）、《中华人民共和国野生动物保护法》（2022）、《关于进一步加强生物多样性保护的意见》（2021）、《中华人民共和国陆生野生动物保护实施条例》（2016）、《中华人民共和国水生野生动物保护实施条例》（2013）、《中华人民共和国野生植物保护条例》(2017)、《森林和野生动物类型自然保护区管理办法》(1985)、《国家重点保护野生动物名录》(2021)等，上述法律法规中，有的对多中心治理主体的规定非常少，有的虽然有相关规定但过于强调原则性，缺乏具体的操作细则，难以保障协作的有效实施。

二是沟通机制不健全。由政府主导、其他主体边缘化治理模式的改变需要一个过程。目前，发言权和主动权仍然属于政府部门，目前开展的白鹤保护活动，多数都是由政府组织的，由社会组织或个人发起的较少。尽管政府也在有意识地改变其管理理念，以服务取代管理，但多年来形成的习惯和积累的经验使企业和公众更多地以旁观者心态参与白鹤保护的各种活动，深度参与者非常少。政府、企业和社会还未真正平等地沟通和对话，沟通机制也不健全。

三是缺乏有效的激励监督机制。激励机制是公共服务领域的常用管理手段，有助于激发和调动主体的积极性。但是，在白鹤保护实践中，激励机制不够健全，目前的激励机制能到一定的激励作用，但是作用有限，而且，当前对白鹤保护的多中心治理中除政府以外的其他主体行为的监督还有待进一步提高，监督效果不明显。

(4) 政策工具存在不足

一是规制性政策工具仍然占据主导地位。虽然市场性政策工具和社会性工具的比例有所增加，但是规制性政策工具的比例并未下降，政府仍习惯使用规制性政策工具，使得诸多规制性政策工具的具体形式，如环境标准、申报许可、三同时、环境资源规划、环境行政处罚等如今仍然在环境治理中发挥着不可替代的作用。

二是市场性政策工具应用非常少且没有充分发挥作用。在现有的白鹤保护的市场性政策工具中，只有生态补偿是使用频率最高的。J省林业局专门印发了《J省湿地生态效益补偿项目管理办法》，对生态补偿的原则、对象、标准、资金安排、项目实施与监督等进行了详细的规定。这些规定在实际实施中取得了较好的效果，但是，环境保险、环境补贴、绿色信贷等的具体实施则不尽如人意。

三是社会性政策工具的使用有所增加，但在白鹤保护中的影响力还有待评估。其中，信息型政策工具的使用较多，这说明政府特别重视环境统计、环境监测、环境报告、环境信息公开等“自上而下”的信息传递，希望白鹤保护问题能够引起全社会的关注，激发社会全员参与保护的热情和积极性。然而，“自下而上”的公众参与则显得相对不足：从参与的主体来看，参与人数不够多，且公众自愿参与环保的积极性还有待提高。目前，关于白鹤食物的研究还未取得突破性进展，而造成此现象的原因，首先是相关科研人才数量少，其次是各机构之间缺乏联系，合作关系少，最后是国际视野不足，跨国交流机会少。

3.如何优化白鹤保护路径?

(1) 整合治理理念

一是强化生态文明理念。为了满足人民日益增长的优美生态环境需要，鄱阳湖区域以及其他候鸟集中分布区地方政府需要在跨域白鹤保护过程中加强贯彻“绿水青山就是金山银山”的生态文明理念，更加清楚地认识到“良好生态本身蕴含着无穷的经济价值，能源源不断创造综合效益，实现经济社会可持续发展”①。特别是要树立人鸟和谐理念。人鸟和谐理念是人与自然和谐共生理念的重要体现。白鹤保护要以人鸟和谐发展理念为指导，尊重人鸟和谐发展规律，走人鸟和谐发展之路。鄱阳湖区域以及其他候鸟集中分布区地方政府需要明确保护生态环境就是维系经济发展的潜力和后劲，在政府组织内部加强生态文明理念的宣传和贯彻，同时对公众和企业加强生态文明思想的宣传，特别是加强候鸟保护的宣传，营造浓厚的候鸟保护氛围。

二是树立多主体合作保护理念。要充分调动白鹤保护各主体的积极性，开展多主体协同合作，综合治理，充分发挥集体力量与集体智慧。这就要求政府、市场、社会等多主体要树立协作保护白鹤的理念。

（2）培育白鹤保护共同体

白鹤保护共同体是基于“生命共同体”理念，为促进人-社会-自然和谐共生、协调发展而形成的保护主体结构。

培育白鹤保护共同体分为三个层面。具体来讲：第一层面，在鄱阳湖区域，由区域内政府、社会组织、企业和公众构成鄱阳湖区域白鹤保护共同体，它并不是孤立、静止地存在于白鹤保护实践之上，或仅仅局限于白鹤保护的部分环节和个别内容，而是致力于既保护区域内白鹤这个旗舰物种，也保护区域其他物种，形成良性互动、多元共治的治理格局。第二层面，在国内，由国内政府、社会组织、企业和公众构成的国内白鹤保护共同体，致力于保护以白鹤为代表的候鸟，同时保护国内生物多样性，形成良性互动、多元共治的治理格局。第三层面，基于国际视野，由多国政府、跨国社会组织、跨国科研机构等共同加强白鹤栖息地和迁徙路线保护和管理，共同推进珍稀候鸟保护，对抗地球生物多样性退化，形成良性互动、多元共治的全球生物多样性保护和治理格局。

（3）完善制度机制

①完善法律法规。

一是明确各主体间关系，包含身份、监督、协作等关系。党委领导保证白鹤保护方向的正确性。政府主导即政府制定政策，提供政策支持，带头组织其他主体参与白鹤保护，保障协作的正常开展。市场协调即当政府与社会无法直接解决白鹤保护中出现的一些问题时，政府可以选择通过市场手段来解决，或者市场主体主动参与白鹤保护。社会参与即公众作为白鹤保护的利益相关人，既可以直接参与白鹤保护，也可以通过监督手段参与白鹤保护，同时需要主动提高自己参与白鹤保护的能力。政府应通过教育引导、提供资金支持、畅通参与渠道等多种手段，增强社会主体的参与意识和参与度。

① 习近平．共谋绿色生活，共建美丽家园——在2019年中国北京世界园艺博览会开幕式上的讲话[N]．新华每日电讯，2019-04-29（02）．

二是细化上级有关法律法规，确保法律法规在本辖区得到良好实施。中央层面的法律通常是具有普遍性的原则性规定，在不同地区和环境中实施时，应该就许多细节问题得到细化和标准化。因此，地方政府应根据自身实际情况制定相关的法律法规实施细则，提高法律法规的可行性，确保法律法规得到良好实施。

②完善合作治理机制。

一是建立合作机制。表达层面的协作是指在党委领导下，在政府主导下，市场、非政府组织、公众等其他主体通过特定途径，直接或者间接表达其与白鹤保护相关工作的偏好或者倾向性意见，并使这些偏好或者意见能被注意到。决策协作则是市场、非政府组织、公众等其他主体基于协同表达机制参与决策，政府可在其他主体提供信息的基础上进行筛选，吸纳正确的可行的意见作为决策参考或者直接采纳；其他主体在了解准确信息的基础上，选择自己认为合理的决策行为。

二是完善激励监督机制。可以根据不同主体采取灵活多样的激励和监督手段。针对政府主体，一方面要继续完善绩效考核，针对各层级政府的实际治理行为及结果进行客观评价，对考核优秀的予以奖励，对考核不合格的予以问责或惩罚；另一方面，继续加强环保问责机制建设，注重执法人员综合素质水平的提升，层层抓落实。针对其他主体，要继续加强激励。当前，针对爱鸟护鸟的“点鸟奖湖”“以田补湖”活动，对农民参与白鹤保护起到了积极作用，因此要继续加大奖励力度；同时，还要继续加大监督力度，针对违反相关法律法规的行为加大处罚力度。

（4）优化政策工具

①界定清楚政策目标。

一是在进行白鹤保护时要正确处理好发展经济与保护环境的关系，各级政府要在总目标的指导下确定合理的分目标。二是在已制定的鄱阳湖区生态建设目标基础上，在统一协调下，各级政府积极制定和实现自己辖区内的生态治理目标，也要积极配合区域间合作生态治理目标的实现。

②优化政策工具。

一是针对现有白鹤保护中的政策工具，应在充分发挥规制性政策工具作用的基础上，更多运用市场性政策工具和社会性政策工具，发挥它们的独特优势。例如，继续加强学校护鸟教育，将保护候鸟纳入学校教育之中，帮助学生们增强护鸟意识；继续加强社会护鸟教育，深入基层，对公众定期开展护鸟知识、技能和普法教育；继续加强白鹤保护的科学研究，特别是对白鹤越冬食物的研究，加强不同科研机构之间的合作，共享白鹤保护的资料与信息，共同协作。二是加强白鹤保护中三类政策工具之间的优化组合，取长补短、优势互补、发挥合力。三是在现有白鹤保护的政策工具基础上，勇于创造新的政策工具。

总之，白鹤保护工作仍然任重道远，希冀白鹤保护的工作能上新台阶，能以更加美丽、绿色、安全的生态环境，留下更多的白鹤，让白鹤在我国的大美河山自由翱翔！

五、课堂安排

本案例按照2个学时（90分钟）进行设计：

1.讲解案例

时间分配：20分钟。

授课老师将课前收集到的“J省白鹤保护”相关视频资料和新闻报道通过多媒体展示给同学们，对同学的概述和视频资料进行总结，导入案例中来。

2.分组讨论

时间分配：40分钟。

将全班同学分成若干小组，每小组4~6人。老师提出相关问题，小组内进行讨论，形成自己的看法。讨论的时候，小组成员轮流进行，其他成员给予补充。由小组长记录小组成员参与案例准备和发言情况，作总结。

3.课堂汇报

时间分配：20分钟。

每个小组对讨论成果进行汇报。

4.课堂总结

时间分配：10分钟。

教师结合案例讲解相关理论知识，点评各组讨论成果，进行总结。

六、其他教学支持

1.相关案例的纸质材料

2.相关案例的视频资料

3.支持播放功能的多媒体教室，支持小组讨论的可拆分桌椅

七、参考文献

[1] 奥斯特罗姆. 公共事务的治理之道：集体行动制度的演进 [M]. 余逊达，陈旭东，译. 上海：上海三联书店，2000：3.

[2] 豪利特，拉米什. 公共政策研究：政策循环与政策子系统 [M]. 庞诗，等译.北京：生活・读书・新知三联书店，2006：144.

[3] 何春光，宋榆钧，郎惠卿，等. 白鹤迁徙动态及其停歇地环境条件研究 [J]. 生物多样性，2002（3）：286-290.

[4] 顾建光. 公共政策工具研究的意义、基础与层面 [J]. 公共管理学报，2006（4）：58-61；110.

[5] 徐媛媛，严强. 公共政策工具的类型、功能、选择与组合——以我国城市房屋拆迁政策为例 [J]. 南京社会科学，2011（12）：73-79.

[6] 胡振鹏. 白鹤在鄱阳湖越冬生境特性及其对湖水位变化的响应 [J]. 江西

科学，2012（1）：30-35；120.

［7］李平原. 浅析奥斯特罗姆多中心治理理论的适用性及其局限性——基于政府、市场与社会多元共治的视角［J］. 学习论坛，2014（5）：50-53.

［8］李平原，刘海潮. 探析奥斯特罗姆的多中心治理理论——从政府、市场、社会多元共治的视角［J］. 甘肃理论学刊，2014（3）：127-130.

［9］甘黎黎. 我国环境治理的政策工具及其优化［J］. 江西社会科学，2014（6）：199-204.

［10］甘黎黎. 我国区域生态环境治理中的市场性政策工具研究［J］. 鄱阳湖学刊，2015（2）：109-114.

［11］甘黎黎，李睿. 区域生态治理中的政策工具选择——以鄱阳湖生态经济区为例［J］. 企业经济，2015（4）：168-172.

［12］汪泽波，王鸿雁. 多中心治理理论视角下京津冀区域环境协同治理探析［J］. 生态经济，2016（6）：157-163.

［13］刘红，张洪雨，王娟. 多中心治理理论视角下的村改居社区治理研究［J］. 理论与改革，2018（5）：153-162.

［14］甘黎黎，吴仁平. 改革开放以来农村自然资源治理政策变迁研究——基于政策文本的定量分析［J］. 江西社会科学，2018（10）：101-109.

［15］侯谨谨，王亚芳，金斌松，等. 鄱阳湖越冬白鹤在农业用地的食物组成［J］. 动物学杂志，2019（1）：15-21.

［16］杨秀林，江红星，邹畅林，等. 白鹤东部种群迁徙模式与重要中途停歇地的变化［J］. 林业科学，2020（2）：123-133.

［17］甘黎黎，吴仁平. 我国农村环境污染防治政策演进研究［J］. 江西社会科学，2021（3）：210-219.

［18］邵明勤，王剑颖，丁红秀. 中国白鹤越冬适宜生境模拟及种群扩张驱动因素［J］. 应用生态学报，2023（6）：1639-1648.

［19］郭英荣，陈银霞，朱紫怡，等. 盼鹤回家J省人40年的白鹤情［J］. 森林与人类，2023（5）：110-121.

［20］徐亚平. 在白鹤翱翔的地方（逐梦）［N］. 人民日报，2022-05-11（20）.

［21］郭强，陈毓珊. 鄱阳湖畔的护鸟故事［N］. 九江日报，2022-11-17（05）.

［22］沈洋，陈毓珊，张兆卿. 鄱阳湖上白鹤飞——从白鹤迁徙路线之变看生态文明建设［N］. 新华每日电讯，2019-12-16（03）.

八、补充材料[①]

1.爱鸟人的守望——N市五星白鹤保护中心申请“中华白鹤保护地”

http：//www.cbcgdf.org/NewsShow/4855/5500.html

2.中俄蒙三国六方签订白鹤研究与保护合作备忘录

http：//news.iqilu.com/china/gedi/2019/0117/4169494.shtml

3.建立生态补偿机制　J省为候鸟打造“自助餐厅”

https：//cj.sina.com.cn/articles/view/2381872931/m8df87f230330100pb

4.鄱阳湖旱情严重　提早行动保住候鸟“食堂”

http：//pc.yun.jxntv.cn/p/603834.html

5.鄱阳湖“汛期反枯”　J省多措并举为越冬候鸟打造“食堂”

http：//zx.dsww.cn/zixun/2022/0920/58889.html

6.干旱超历史、高温强度前所未有　2022J省十大天气气候事件发布

http：//www.ncnews.com.cn/xwzx/ncxw/jrnc/202301/t20230107_1919446.html

① 省份和市县名称作了隐匿处理，链接地址真实。

第二篇　城市管理

人民城市人民建、人民城市为人民。城市是人集中生活的地方，城市建设必须把让人民宜居安居放在首位，把最好的资源留给人民。要坚持广大人民群众在城市建设和发展中的主体地位，探索具有中国特色、体现时代特征、彰显我国社会主义制度优势的超大城市发展之路。要提高城市治理水平，推动治理手段、治理模式、治理理念创新，加快建设智慧城市，率先构建经济治理、社会治理、城市治理统筹推进和有机衔接的治理体系。①

——习近平

旧城改造的目的不是地产开发，而是要安置好百姓，特别是贫困的百姓。②

——习近平

发展旅游要以保护为前提，不能过度商业化，让旅游成为人们感悟中华文化、增强文化自信的过程。③

——习近平

① 习近平. 在浦东开发开放30周年庆祝大会上的讲话［N］. 人民日报，2020-11-13（02）.

② 邱然，黄珊，陈思. “习书记对棚户区改造倾注了很多心血”——习近平在福州（二十）［N］. 学习时报，2020-02-12（A3）.

③ 孙蕊，李婷婷，孟苗. 保护利用好历史文化遗产 增强中华民族共同体意识［N］. 山西日报，2020-05-19（04）.

第三章

城市拆迁的速度与温度

——N市H区D4、D6地块拆迁中的“苦”与“乐”

摘　要

在城市拆迁过程中，存在多方利益主体，其中最核心的三个分别是政府、拆迁人和被拆迁人。政府在城市房屋拆迁工作中占据主导地位，拆迁人拥有雄厚的资本，是拆迁过程中政府的合伙人，被拆迁人为了自身利益在拆迁过程中与二者展开博弈。城市房屋拆迁问题不仅关系到被拆迁人的切身利益，也直接影响到工程的进展，更关系到社会和国家稳定。拆迁问题如不妥善解决，必将影响正常的生活秩序和社会稳定，成为建设和谐社会的障碍。N市为了加快城市发展、改善旧城居住环境、促进社会和谐，这些年启动一大批城市拆迁改造项目，取得了一定的成效。但在进行大规模拆迁改造时，政府面临着征地拆迁冲突、安置补偿管理困难等诸多问题和挑战，引发了拆迁项目的各方利益相关者尖锐的利益冲突，导致政府工作举步维艰。N市H区D4、D6地块棚户区拆迁改造项目就是这样一个典型的例子。自2017年6月发布《H中心片区控制性规划D4、D6地块城市棚户区改造项目征收补偿方案（征求意见稿）》后，该项目因为各方利益冲突难以协调，其间兜兜转转、修修改改，拆迁改造迟迟未施工。本案例以N市H区D4、D6地块棚户区拆迁改造为例，运用利益相关者理论，对城市房屋拆迁过程中政府、拆迁人、被拆迁人三方的利益诉求，以及相互之间的利益冲突进行分析，并提出化解矛盾冲突、推进城市棚户区拆迁改造的对策建议。

关键词

棚户区；拆迁改造；利益相关者理论

第一节 案例正文

引言

随着各地经济的发展和城市化的推进，城市中的商业用地、建设用地需求激增，各地政府为了盘活土地资源、提高土地的利用率，提升城市功能，提高群众的生活品质，针对城市中的“老旧区域”进行大面积的拆迁改造。旧城拆迁改造是城市发展过程中不可避免的现象，在我国很多城市快速进行。由于在拆迁过程中被征收户对拆迁补偿及后期安置补偿不满等多种原因，房屋拆迁冲突不断上演，拆迁引发的社会问题及矛盾也成为一时的社会焦点。

城市要继续发展，旧城拆迁改造就不能停下脚步，城市管理者为避免此类冲突的继续爆发，需要对旧城拆迁改造的补偿安置政策进行深入研究和调整。2015年以来，N市按照中央和省委省政府的发展部署，全面启动旧城拆迁改造。通过广泛征集民意，N市制定了相应的实施方案，构建了推动拆迁改造顺利进行的一系列规章制度，但是由于拆迁面积大、拆迁改造成本高、市值评估较低、改造工作压力大等原因，在旧城拆迁改造中面临各方面的挑战，给拆迁改造工作的有序向前推进带来了巨大的阻力。

N市是J省的政治、经济、文化、科教和交通中心，长江中游城市群中心城市之一，鄱阳湖生态经济区核心城市，国务院命名的国家历史文化名城，辖三县六区，总面积7 195平方千米，常住人口643.75万人（2022年末）。N市自古以来就被誉为“襟三江而带五湖，控蛮荆而引瓯越”之地，是中国唯一毗邻长江三角洲、珠江三角洲和闽南金三角的省会中心城市，是连接三大重要经济圈（长江三角洲、珠江三角洲、海峡西岸经济区）的省际交通廊道。为推进城市化建设，N市将城市拆迁改造列为重点工作计划。

由于历史遗留问题，N市还有许多需要拆迁改造的区域，这些区域人口拥挤，道路狭窄，交通拥堵，有大量低矮破旧的楼房，人居生活环境差，阻碍了城市化进程。N市需要改造的旧城区域众多，主要原因有：

（1）计划经济时代，部分国营企业、事业单位一是为了发放福利，二是为了生产方便，在其办公场所附近建设单位宿舍楼，用来安置员工。经济体制改革后，生活在该区域的人仍然居住在这些宿舍楼里。随着时间的推移，城市在发展扩大，这些区域慢慢由郊区成为城市的中心区域，但是其房屋老旧破损、居住环境较差，影响市容市貌。

（2）随着城市的扩张，城市周边新盖的高楼大厦如雨后春笋般把老旧小区包围其中，开发商愿意在空地上建设楼房，而不愿意参与到错综复杂的拆迁改造中来。因此，被包围的居住地越来越破旧，演变成棚户区，只能等着政府的拆迁改造。

要想把N市打造成全国先进制造基地、全国重要交通枢纽、全国宜居城市，最重要的一项内容是大力实施民生工程，不断改善人民居住条件，提高人民生活水平，建立健全住房保障制度。2013年N市出台《N市旧城改造强攻计划》后，旧城拆迁改造提上日程，改造力度空前，改造成果显著，社会和谐稳定，居民生活环境得到改善。2013—2017年N市规划改造288个地块项目，总占地面积约4.7万亩（约合3 133万平方米），房屋建筑面积约2 058万平方米，涉及约9.6万户、36.5万人，计划总投资约1 778亿元。其中4个中心城区161个地块项目，总占地面积2.8万亩（约合1 867万平方米），房屋建筑面积1 439万平方米，涉及7.2万户，计划投资1 300亿元。2017年N市4个中心城区（东湖区、XH区、青山湖区、青云谱区）改造面积累计423万平方米……《N市国民经济和社会发展第十三个五年（2016—2020）规划纲要》中进一步提出：加快旧城改造工程，加快建设保障性住房（包括廉租住房、公共租赁住房、城市棚户区改造），进一步推动了N市旧城改造工作。2018年，为进一步做好城市拆迁改造工作，推动N市城市拆迁可持续发展，N市房屋拆迁改造涉及东湖区、XH区、青山湖区、青云谱区4个区共计11个地块。征收地块的总用地面积约6 724.26亩（约合448.3万平方米），征收房屋总建筑面积约431.58万平方米，征收总户数为29 054户。2019年，计划开工改造各类棚户区27.79万套，改造规模列全国第一位。截至4月底，J省棚户区改造已开工11.29万套，开工率为40.6%；已基本建成5.46万套，基本建成率为102.1%。基本住房保障稳步实施，截至3月底，全省公租房已分配69.92万套，分配率达96.6%，其中，政府投资公租房分配64.93万套，分配率达97%。2020年N市计划改造约3.4万户，改造面积约800万平方米，其中省里下达N市棚户区改造任务26 451户，中心城区21 751户，N县、新建区、进贤县、安义县4个县共4 700户，按照一、二季度做前期工作，6月份基本启动，11月份基本完成，12月份扫尾全面完成的计划推进。本案例讲述的就是在这一背景下发生的一个让人深思的故事。

一、居住环境脏乱差，小区改造迎希望

2017年6月15日，N市当地新闻网发布了一则新闻：

昨日，记者从H新区获悉，为加快我市旧城改造步伐，改善居民的居住环境，根据H新区建设规划的需要，H新区住房与城市建设局拟对中心片区D4、D6地块棚户区改造项目范围内的房屋实施征收。

据悉，该项目征收范围为H中心片区控制性规划D4、D6地块城市棚户区改造项目范围内的所有房屋及附属物。目前，《H中心片区控制性规划D4、D6地块城市棚户区改造项目征收补偿方案（征求意见稿）》正在征求公众意见。

看到这则新闻，家住D4、D6地块棚户区的张华和其他居民一样，兴奋之情难以言表。张华和其他居民多年来居住在N市D4、D6地块，一直为自己所处的环境

感到闷闷不乐。周围高楼林立，城市现代化景观韵味十足，而自己居住的地方与之格格不入。房屋矮小破损，年久失修，周边环境脏乱差，且地势低洼，一到下雨天就到处积水，出行极为不便，加上小区里私自乱搭乱建、开墙打洞、随意乱停车辆、物料乱堆乱放等问题屡禁不止，严重影响了居民的正常生活和城市的整体形象。

近年来，N市的经济快速发展，城市发生了翻天覆地的变化。然而，D4、D6地块作为城市的一部分，却一直没有得到应有的关注和改善。居民们日复一日地生活在这样宜居性差的环境中，感受着与城市现代化的差距。他们心中始终存有一份期望：有一天能够迎来属于自己的美好生活。现在，当他们得知市政府将对D4、D6地块进行拆迁改造，并高标准投入建设时，每个人的心里都充满了激动和喜悦之情。他们对未来生活环境的变化充满期待：高楼大厦拔地而起，宽敞明亮的街道上行人如织，绿树成荫的公园里孩子们欢笑嬉戏。这一系列的变化将为他们带来更现代化、更宜居的社区环境，使他们的生活质量得到极大提升。想想以后的生活环境，大家伙怎么能不激动呢？

不久，N市政府拆迁管理部门发布拆迁公告，开始对拆迁实施单位进行审核，在给符合条件的单位办理拆迁许可证的同时，及时向社会大众公示。公示的内容包括：拆迁实施单位、拆迁人、拆迁范围、拆迁期限等。小区现场也建起来了彩虹桥，到处呈现一片喜气洋洋的氛围（见图3-1）。

图3-1　小区通道的彩虹桥

与此同时，拆迁办工作人员也马不停蹄地开展相关政策的宣传和解释工作。王强是一名工作人员，上级领导向大家交代完各自的任务后，他和几个同事将手中的一份份小区拆迁改造的文件材料挨家挨户地发放到小区居民的手上，并耐心地回答大家的提问。王强和同事们走遍了小区的每一户人家，他们一遍遍地重复着相同的内容，细心地传递着政府的政策和意图。有些居民对于拆迁改造表示担忧，担心自己的利益会受到损害，王强总是耐心细致向他们解释，并通过实例和数据让他们明白政府的诚意和保障措施。

王强为了进一步让大家深入了解相关政策，打消一些居民对于政策细节和操作流程存在的疑惑，除了到每家走访交流外，还多次组织小区的集体宣讲会。他联系了相关部门的工作人员，邀请他们到小区来详细介绍拆迁改造的具体实施方案，并答疑解惑。在宣讲会上，相关人员详细解读了拆迁改造的政策文件。他们从拆迁安置、补偿标准、新社区规划等方面逐一进行解释，让居民们对整个改造过程有了更加清晰的认识。随后，另一位工作人员分享了一些成功的案例，展示了拆迁改造后居民们生活环境的巨大改善和社区的新面貌。王强和他的同事们知道，前期的政策宣传和解释工作非常重要，直接关系到后面接踵而来的搬迁工作能不能顺利推进。

二、补偿方案分歧大，小区改造笼乌云

张华手里拿着一份《H中心片区控制性规划D4、D6地块城市棚户区改造项目征收补偿方案》，他看了一遍又一遍，对里面的内容早已了然于胸。这份拆迁征收补偿方案规定了相应的拆迁补偿标准：在D4、D6区域拆迁补偿标准中，征收私房住宅的补偿方式为实行房屋就地产权调换与货币补偿两种，由被征收人自行选择。选择产权调换，按照“征一还一，就近靠档”的原则进行就地块安置，按照“套内对套内，公摊对公摊”的方法以套内建筑面积进行就近靠档安置并结算楼层差价。选择货币补偿，补偿款按市场评估价结算，即签即办。《H中心片区控制性规划D4、D6地块城市棚户区改造项目征收补偿方案》还对房屋室内装修、临时安置补偿以及其他奖励（提前签约奖、单元搬迁奖、税费减免）等做了详细的说明。张华的住房面积超过100平方米，对照自己的情况，张华认为自己的问题不大，自己选择房屋就地产权调换的补偿方式也没有吃多大的亏，关键是新区建成之后自己及家人再也不会面临过去那些生活中的种种不便，他其实挺高兴的。他心里甚至还默默计算，自己如果签订协议按要求搬迁，按照规定，“被征收人在补偿签约期限内签约并在搬迁期限内完成搬迁交房的，另按被征收房屋市场评估价的20%给予补助”，还有提前签约奖、单元搬迁奖、6个月的临时安置补助费、税费减免等一系列拆迁补助，林林总总加起来会带来不少好处。现在，张华只希望小区拆迁改造顺利推进，早日建设完工，然后搬进新居，彻底告别过去那种生活环境。

拆迁工作人员王强知道，除了像张华这样搬迁阻力小的住户之外，这个区域也有不少对补偿条款意见分歧较大的住户，这些住户可能是他和同事要经常打交道的对象，是他们的工作重点，以后说不定会发生争议和矛盾。

王强在前期的政策宣传和摸底工作中早就了解到，D4、D6地块拆迁实际情况复杂。该拆迁区域房屋年代久远，主要是20世纪90年代初期单位以福利的形式分配给个人的房子，涉及农业银行宿舍、交警大队宿舍、水厂宿舍等。以农业银行宿舍为例，建设初期，单位打算建设三栋宿舍楼，后期因为新的住房体制的建立，第三栋宿舍楼没有建设，最终遗留了一片空地，于是每户共同出资将该空地建设为篮球场、停车场、绿化娱乐场所。拆迁工作开始后，该区域的被拆迁人多次提及这块未建设的空地为该单位宿舍公共用地，是单位购买的建筑面积，应考虑给该宿舍职工一定的补偿。但是，能否补偿、怎么补偿和安置、补偿安置标准如何确定等事项全部由政府单方面决定，最终结果以公告的形式告知被拆迁人，被拆迁人只能提供“意见”，对补偿标准有争议的，也单方面由政府裁决。交警大队宿舍在20世纪90年代为了少交部分房产税，集体在房屋产权证上将房屋产权面积改小了10平方米，但2017年的拆迁政策明确标注：城市私房、单位产权房，凭N市房屋登记机构颁发的房屋所有权或者房屋确权凭证为补偿依据，以房屋登记本记载的实际面积为准进行拆迁。这些问题和矛盾都需要日后想办法去解决。

邓大爷是农业银行宿舍的住户，现已退休赋闲在家。邓大爷关心的还不仅仅是这片空地的补偿问题，这个问题不是单纯的私事，但自己的房屋搬迁补偿则是纯粹的私事。邓大爷的住房是一个小户型，建筑面积只有30平方米出头。实际上，住农行宿舍的72户居民中，只有8户的居住面积达到90.36平方米，其余的全部为小户型。从调查问卷的数据来看，该拆迁区域，房屋面积为30~60平方米的小户型占总数的40%，60~90平方米的户型仅占总数的11%。如按照房屋评估价格14 500元/平方米进行计算，前提是20%的补助和最高达20%的提前搬迁奖励全部得到，则30平方米的房屋赔偿款为435 000元。从对面的铜锣湾、世茂天城、富丽华庭等新楼盘的交易价格来看，该地段周边地区的房价每平方米达到20 000~23 000元，拆迁补偿价格无法达到周边区位相近的新楼盘均价，更何况现在的新楼盘面积都在100平方米左右，要想重新购买一套新住宅，拆迁补偿款仅足够支付一套新住宅的首付款，后期的房贷压力、重新装修的问题都使得被拆迁人今后的生活得不到保障。想到这些，邓大爷看到小区拆迁补偿条款就气不打一处来。他心里已经打定主意，拆迁补偿的事，没那么容易。

不少住户还认为室内装修及地表附着物评估价格偏低。房屋拆迁评估的主观性过大，评估的结果具有很大弹性，评估价格有时相差很大。房屋评估机构对房屋地表附着物的评估空间更大，有的评估机构可以认定4万~5万元的装修费用补偿，有的可以认定为5 000~8 000元的装修费用补偿……可以看出，在同一地域、同一小区、同一户型的拆迁房内，仅仅因为装修的问题，评估基数就不尽相同。

此外，该区域住户中，65岁以上的老年人占比较大。他们适应这个区域的居住环境，不愿意搬迁，而且，不少家庭年收入主要集中在2万～6万元，拆迁无形中会增加了他们的生活成本。

交警大队宿舍的住户顾奶奶就说："自己响应国家计划生育政策只有一个女儿，现在女儿结婚成家了，自己跟老伴又要响应城市建设政策进行搬迁。租房子便宜的地方又远又差，也不方便女儿过去照顾他们，条件好的地方租金又高，无形中增加了女儿的压力。两个将近70岁的老人还要去投靠女儿家，跟女儿住在一起，女儿家也有五口人，也不知道这种投靠的日子什么时候是个头?"

像顾奶奶这种情况的住户特别多，这个区域是30多年前建设的老旧小区，退休老年人的数量比较多，他们不在乎房屋质量，也不在乎生活环境，只是愿意生活在熟悉的圈子里，跟亲朋好友、街坊邻里住在一起。因此，他们一般愿意选择就地还房，但是就地还房存在很多不确定因素，对住户来讲也有许多不利之处。

拆迁对不同的被拆迁人来说影响不同，从而导致各自的利益难以协调一致。比如，有的被拆迁人在N市其他区域有房产，拆迁是对他们的生活做加法，所以他们非常支持拆迁工作；有的年纪大的被拆迁人，只靠这一套房子生存，拆掉了房子他们的生活失去了保障，生计成了问题，又怎么会痛快地签订搬迁协议呢？在D4、D6区域的拆迁中，相关利益主体包括政府、开发商和被拆迁人各方的利益冲突难以避免，势必会给小区拆迁改造带来困难。

三、利益纷争起波澜，改造计划暂搁置

H区域是N市委、市政府为拓展城市规模，构建"一江两岸"城市发展格局而设立的城市新区。H区成立于2002年5月成立，其开发建设聚焦了全省上下的目光和全市人民的期待，成为J省最具开放活力、创业激情、繁荣潜质的一片沃土。经过这些年的发展，H区已经成为N市打造核心增长极的重要载体和展示N市综合实力与水平的标志性区域。H区D4、D6地块处于红谷中大道以西、庐山南大道以南、丰和中大道以东、飞虹路以北，位于N市H区的中央商务区（CBD）。H区D4、D6地块改造后将提高城市形象，改善H区八一桥周边居民生活环境，同时打通江报路"断头路"。因此，该区域的拆迁改造计划备受重视。

H区D4、D6地块棚户区改造项目涉及区域占地面积约90亩（合6万平方米），其中计划用于商品房开发的面积为37亩（约合2.5万平方米）。该地块需征收国有土地房屋建筑面积约3.5万平方米，被征收户约596户，被征收的土地后期主要作为公共用地、绿化用地和回迁安置楼建设用地。被征收地块于2017年6月12日开始拆迁改造。

这本来是一件既有利于城市发展又有利于老住户的利民工程，但谁都想不到，从2017年6月正式启动拆迁工作后，因诸多问题和矛盾没有解决，拆迁工作还停留在原地，迟迟没有动工，已经同意拆迁的业主签订的3年回迁的合同也如同废纸一

张。从2017年6月开始征迁到2021年1月为止，仍然有38户未完成签约。直到2022年2月D4、D6地块棚改区完成最终征迁清零和房屋拆除工作之前，仍然有56户已签约未搬离住户，还有18户未签约住户，导致D4、D6地块棚改项目拖延了4年之久，成为N市的一个有名的“胡子工程”项目。

究竟何以至此？主要原因还是搬迁合同的谈判过程并不顺利。政府、开发商和住户之间出现了许多分歧和纷争。由于各种原因，一些住户在补偿方案和搬迁条件上存在较大的分歧，导致谈判陷入僵局，小区改造计划被迫搁置。

在各方的利益纷争中，政府态度一直是明确的，相关部门始终在极力推动改造项目的顺利进行，此举符合政府的利益，当然也符合城市发展的需要。拆迁办工作人员王强对我们说：“D4、D6区域地理位置好，但是居住环境太差，影响市容市貌。政府为了盘活这块土地，进行收购，对这块区域的现状资源进行整合改造，后期大力实施招商，引入有实力的开发商和资金，实现土地资源合理配置。这样，既改善了城市面貌，政府又可以从开发商那里得到土地出让金，增加税收，还有招商引资带来的其他潜在利益，何乐而不为呢？”

王强的这段话实际上也是N市相关政府部门希望顺利推进D4、D6地块棚改项目的原因和动力。因此，在拆迁工作中，政府部门全程参与，成立拆迁工作领导小组，从拆迁协议的签订、钉子户的思想工作，到房屋地表附着物的评估，再到后期的回迁安置楼的建设和被拆迁人的分楼安排，政府一直在努力协调解决各项问题。即便是在项目搁置期间，政府部门也在为重启小区改造计划殚精竭虑，不断调整改造方案，希望引入新的力量重启项目。

站在开发商的一面来看，开发商作为企业，是被征迁土地的开发者，一方面通过对征迁土地的有效开发利用，推进城市化建设、改善城市基础设施，另一方面就是追求利益最大化。开发商要想实现利益最大化，无非有两种方法：要么提高房屋的售价，要么降低拆迁的成本。在拆迁项目中，开发商具有雄厚的经济基础和广泛的人际关系，想通过尽量降低土地出让金和压缩成本来实现利益最大化。降低土地出让金是政府与开发商之间的博弈，开发商会通过各种“公关”“暗箱操作”的办法，在土地出让、房屋价格评估、搬迁补助、后期安置补助等方面压缩成本，从而实现征收成本的最小化。在这种情况下，处于弱势地位的被拆迁人的利益根本无法保障。在现实的拆迁工作中，开发商有时并不会直接参与拆迁，而是委托政府拆迁部门或者拆迁公司来实施。在D4、D6区域的拆迁工作中，开发商委托H区住房与城市建设局作为征收部门，H区房屋征收补偿办公室作为征收实施单位，拆迁办由沙井小区街道办、庐山南大道社区临时抽调工作人员组建。开发商明确了征地补偿标准后，按照协议数量、拆迁数量、拆迁时长等确定拆迁办工作人员的劳务报酬，工作人员只有在最短时间内完成拆迁任务才能获得最高的报酬。当拆迁区域出现“钉子户”，拆迁工作难以推进时，拆迁办为了在短时间内完成任务，也有可能会提高拆迁补偿标准，从而促成拆迁协议的签订，这也就是为什么不配合拆迁的“钉子户”反而可以得到更多的补偿。

在D4、D6区域的拆迁工作中，拆迁冲突和矛盾日益显现：随着已经签订搬迁协议的住户相继搬离并上交门锁钥匙给开发商，开发商便开始入户拆除门框、防盗门之类的物件进行变卖，小区的环境变得脏乱不堪；“搬离一户拆掉一户”的做法使得其他被拆迁人内心忐忑不安，大家开始随波逐流，陆续到拆迁办签署拆迁协议，但是仍有一部分家庭条件确实比较差、需要租房或者政府救助的住户不同意其补偿条款。拆迁办与街道办便开始实施“软暴力”：小区的拆迁垃圾堆积如山，挡住道路；个别单元开始断水断电，住户投诉时，拆迁办便以其他住户拆迁损毁电线为由进行搪塞；小区的绿化也随之任之，无人打理的草丛一米多高，严重影响了人们的正常生活……

在D4、D6区域的拆迁工作中，由于拆迁价格迟迟没有达成共识，在住户不同意签订拆迁协议时，出现了不同程度的变相强拆情况：街道办不再维护小区绿化环境，小区内垃圾也没人处理，垃圾站臭气熏天，甚至断水断电等。这导致被拆迁人从最开始起诉，到后期围堵拆迁人员，甚至双方有语言、肢体冲突，都对该地区的社会稳定工作形成了严峻的考验。

在拆迁过程中，除了和住户的利益冲突，开发商从参与项目开始就与政府进行利益博弈。在城市征地拆迁中，政府通过出让土地获得财政收入，而开发商最希望通过降低土地出让金和成本投入与政府讨价还价。政府给予开发商越多的优惠政策，开发商的利润空间越大，因为政府与开发商在某种程度上存在互斥性，一方的利益增加必将导致另一方的利益减少。所以，开发商在参与征地拆迁规划时，尽可能地要求政府少建或者不建公共设施，或者通过增加回迁建设房的楼层高度、降低楼房建设标准等减少开发建设成本，从而破坏政府对该区域的规划和布局。开发商的这些做法与政府希望改善城市环境、完善公共设施和基础设施、获得更多的土地增值和财政收入的想法相违背。当政府部门和开发商的利益关系难以调和时，原有改造项目的计划就很容易进行调整。比如，D4、D6区域征地拆迁后的规划，就已经做了多次调整。在原规划中，D6地块被划分为两块：D-6-1地块为商住用地，兼容办公、酒店等高端设施，为八一桥头地标；D-6-2为公园绿地。调整后，D6地块被细分为4个地块：D-6-1-01地块为商务、商业用地，容积率为2.1；D-6-1-02地块为二类居住用地，容积率≤3.0；D-6-1-03地块为幼儿园用地，规划12个班，容积率≤0.8；D-6-2为公园绿地。

为什么会做这样的调整？调查中有业内人士告诉我们，该区域多次调整主要是因为政府与开发商在利益方面存在分歧，细分板块明确增加了商务、商业用地，政府给了开发商有利的政策，开发商看到“有利可图”就会加快建设的步调。

被拆迁人也就是原有住户的要求和妥协是拆迁顺利进行的另一个关键因素。H区D4、D6区域的拆迁工作开始后，随着一户户住户的搬离，小区里逐渐留下了两种类型的住户：一种是已经签了拆迁补偿协议却一直没有搬离的住户；另一种是既没有签协议，也不肯搬离的住户，俗称“钉子户”。前面提到的邓大爷就是一个一直未签订协议不肯搬离的“钉子户”。邓大爷久拖不签协议，主要是认为补偿标准太低。D4、D6区域的拆迁安置补偿标准，沿用N市统一的拆迁补偿价格，但是在H区这块寸土寸金的地段，开发商给出的拆迁补偿标准明显低于房地产市场价格。D4、D6拆迁区域评估机构给出的拆迁补偿费为11 800元/平方米，“被征收人在补偿签约期限内签约并在搬迁期限内完成搬迁交房的，另按被征收房屋市场评估价的20%给予补助”，另外可以全部得到提前签约奖、单元搬迁奖、6个月临时安置补助费、税费减免等一系列拆迁补助，拆迁补偿费合计14 500元/平方米。这个拆迁补偿的价格根本无法达到周边区位相近的新楼盘的均价，从对面的铜锣湾、世茂天城、富丽华庭等新楼盘的交易价格来看，该地段周边地区的房价每平方米达到20 000 ~ 23 000元，更何况现在的新楼盘的住宅面积都在100平方米左右，要想购买一套新住宅，拆迁补偿款仅够支付首付款，后期的房贷压力、装修等问题都使得被拆迁人今后的生活得不到保障。而且，这里所说的补偿只是代表房屋所有权的补偿，还没有包括因房价上涨和生活改变而增加的生活成本，例如D4、D6是城市中心老旧小区拆迁改造的“黄金地段”，周围没有价格便宜的临时安置房，被拆迁人往往会被安置到城市周边的小区，给就业、就学、就医等造成了极大的不便，这些不便无疑加大了拆迁的阻力。D4、D6地块上的“钉子户”分为两种情况：一是提出合理合法的诉求，但是开发商无法满足，因而拒绝签订拆迁协议；二是漫天要价，提出的要求超出了开发商的能力范围，双方达不成一致，因而未签订拆迁协议。

还有一种未搬离的住户是已经签了拆迁补偿协议的。他们签了协议后，发现后期的安置补偿低于现在的生活成本，后期生活难以保障，于是就选择滞留在原处。按照H区公布的《房屋征收补偿方案（征求意见稿）》，H区给予的临时安置补偿标准是：在规定或约定的临时安置期限内，按建筑面积每平方米每月13.5元结算；户结算后少于600元的，按600元结算。临时安置期限为36个月，安置期限延长的，从逾期之月起增加临时安置补偿费。其中，逾期12个月以下的增加50%，逾期12个月以上24个月以下的增加100%，逾期24个月以上的增加150%。考虑到H区房屋租赁市场的实际情况，被征收人在规定时间前签约并在搬迁期限内完成搬迁交房的，H区再给予每户3.6万元一次性租房补助。此外，还有提前签约奖、单元搬迁奖等奖励。但是，在那些已经签订协议却未搬离的住户看来，这一临时安置补偿标准不足以维持他们搬离后的各种生活开支。这也是他们一直未搬离的主要原因。

自从H区2017年6月公布《房屋征收补偿方案（征求意见稿）》以来，部分被拆迁人对补偿方案不满，甚至起诉至法院。中国裁判文书网显示，D4、D6地块的被拆迁人不服房屋行政征收及行政复议决定，曾于2018年向N市铁路运输中级人民法院提起过行政诉讼（如图3-2所示）。这也直接导致该地块的上线延后。

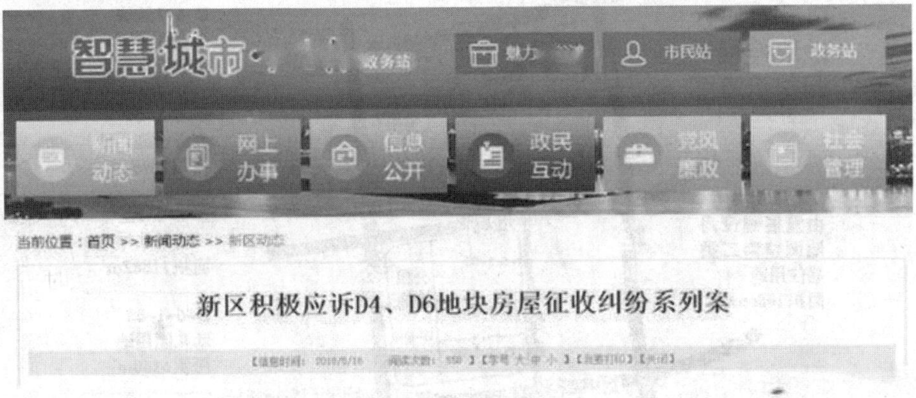

图3-2 行政诉讼网络截图

2021年1月，仍有个别居民在问政平台反映拆迁慢，相关部门回复称部分被征收户对提供的房源期望值过高，且想要未在该工作批次内的房源中解决等（如图3-3所示）。

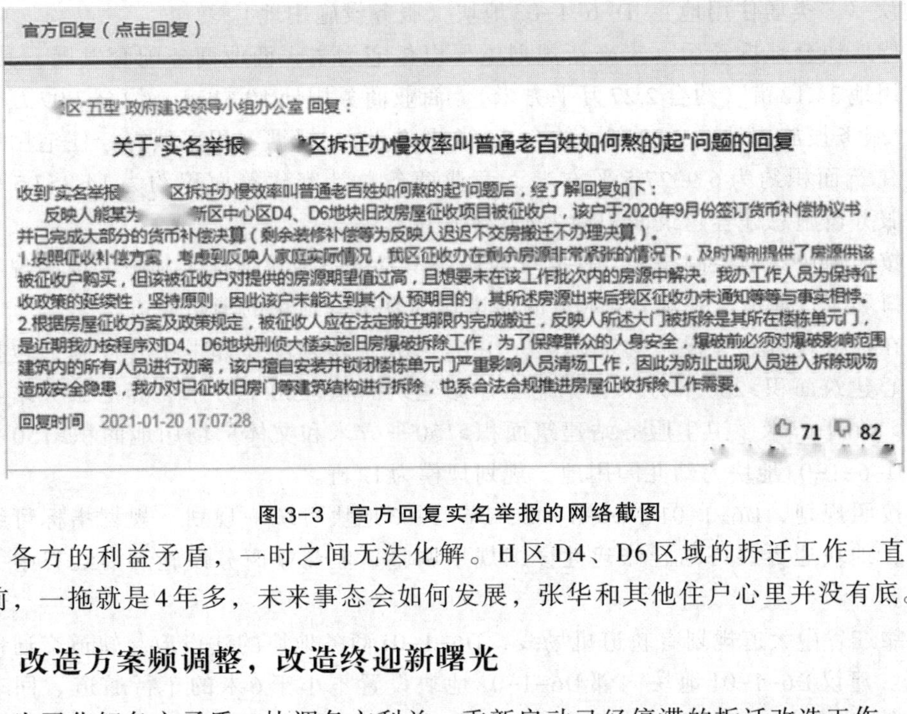
官方回复（点击回复）

区"五型"政府建设领导小组办公室 回复：

关于"实名举报 区拆迁办慢效率叫普通老百姓如何熬的起"问题的回复

收到"实名举报 区拆迁办慢效率叫普通老百姓如何熬的起"问题后，经了解回复如下：

反映人熊某为 新区中心区D4、D6地块旧改房屋征收项目被征收户，该户于2020年9月份签订货币补偿协议书，并已完成大部分的货币补偿决算（剩余装修补偿等为反映人迟迟不交房搬迁不办理决算）。

1.按照征收补偿方案，考虑到反映人家庭实际情况，我区征收办在剩余房源非常紧张的情况下，及时调剂提供了房源供该被征收户购买，但该被征收户对提供的房源期望值过高，且想要未在该工作批次内的房源中解决。我办工作人员为保持征收政策的延续性，坚持原则，因此该户未能达到其个人预期目的，其所述房源出来后我区征收办未通知等等与事实相悖。

2.根据房屋征收方案及政策规定，被征收人应在法定搬迁期限内完成搬迁，反映人所述大门被拆除是其所在楼栋单元门，是近期我办按程序对D4、D6地块刑侦大楼实施旧房爆破拆除工作，为了保障群众的人身安全，爆破前必须对爆破影响范围建筑内的所有人员进行劝离，该户擅自安装并锁闭楼栋单元门严重影响人员清场工作，因此为防止出现人员进入拆除现场造成安全隐患，我办对已征收旧房门等建筑结构进行拆除，也系合法合规推进房屋征收拆除工作需要。

回复时间 2021-01-20 17:07:28

71 82

图3-3 官方回复实名举报的网络截图

各方的利益矛盾，一时之间无法化解。H区D4、D6区域的拆迁工作一直停滞不前，一拖就是4年多，未来事态会如何发展，张华和其他住户心里并没有底。

四、改造方案频调整，改造终迎新曙光

为了化解各方矛盾、协调各方利益，重新启动已经停滞的拆迁改造工作，2019年12月，N市自然资源局发布了关于《N市H中心区D-4、D-6地块控规局部调整方案》的批前公示。调整后的D-4、D-6地块图显示，区域内规划有中小学、幼儿园、公园绿地等（如图3-4所示）。

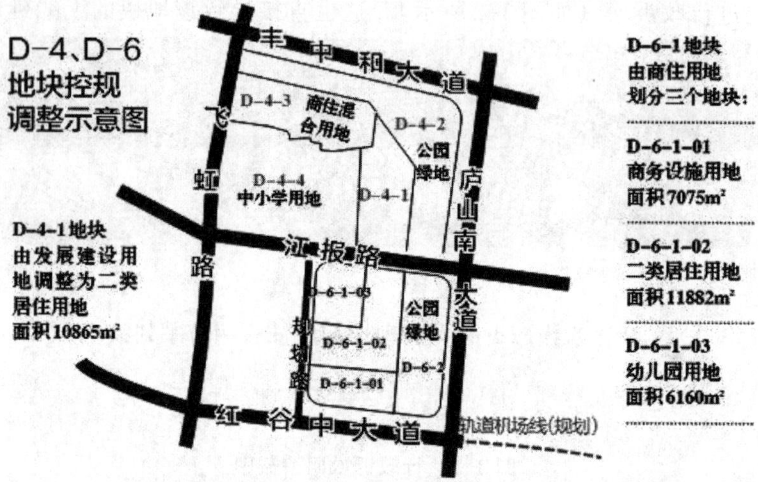

图3-4　调整后的D-4、D-6地块图

从调整方案来看，D-4-1地块由发展建设用地调整为二类居住用地，D-6-1地块由商住用地划分三个地块，分别为D-6-1-01地块（商务、商业用地）、D-6-1-02地块（二类居住用地）、D-6-1-03地块（服务设施用地）。

待地块全部拆迁后，未来新规划主要以住宅为主，商业商务配套发展。其中，住宅用地34.12亩（约合2.27万平方米），商业商务用地10.61亩（约合7.07万平方米），服务设施用地约9.27亩（约合6 180平方米）。根据容积率核算，住宅用地总计容建筑面积约为6 9327.5平方米，商业商务总计容建筑面积约为14 857.5平方米，服务设施总计容建筑面积约为4 928平方米。

按照地块规划控制条文，D-4-2地块保留D-4-3地块通往丰和中大道的现有车行入口和车行通道，并规划4米宽的通道作为D-4-1地块的消防通道。

在社区现有邻里设施的基础上，D-6-1-02地块须配建邻里中心设施，包括文体中心建筑面积≥200平方米、党建工作站建筑面积≥220平方米、养老服务站建筑面积≥100平方米、卫生服务站建筑面积≥150平方米和文体广场用地面积≥150平方米；D-6-1-03地块为幼儿园用地，规划规模为12班。

按照规划，D6-1-01、D6-1-02、D6-1-03地块可统一规划，规划指标可综合平衡，地块边界线可结合修建性详细规划调整，但商业商务设施须沿红谷中大道布局。

靠红谷中大道规划有轨道机场线，D6-1-01商务地块的建设应与轨道交通部门协调。建议D6-1-01地块内邻D6-1-02地块设置不小于6米的车行通道、回车场地，允许D-6-1-02地块机动车出入。

从整体规划布局来看，整体以住宅为主，同时将配套扩建红谷第一小学，新建幼儿园，补充中心区目前存在的教育资源不足等问题；另外，打通江报路“断头路”部分，拓宽庐山南大道等；D-6-1-01商业商务地块主要布局在红谷中大道旁。

可以预见的是，未来，这里将续写H中心区的繁华，连同庐山南大道商圈，形成一个标志性的十字路口！

方案调整后，政府在向社会公布新方案的同时，也敞开了政府和民众的沟通交流渠道，主动接受大家的监督和意见反馈。

新的方案无疑极大地提升了原来地段的市场价值，这是一件让被拆迁人感到欢欣鼓舞的事情。长期关注该地块拆迁改造工作进展的原住户张华，甚至还为进一步优化还建房户型设计，综合大家的意见，作为代表在网上为政府建言献策，官方也对此做了回复（如图3-5所示）。

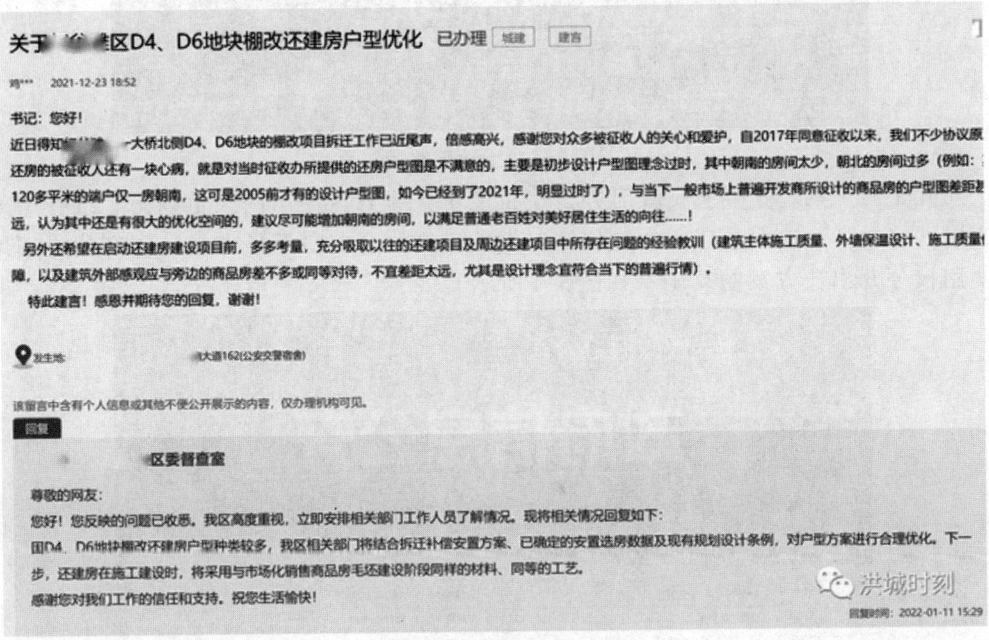
关于 区D4、D6地块棚改还建房户型优化 已办理 城建 建言

鸡*** 2021-12-23 18:52

书记：您好！

近日得知 大桥北侧D4、D6地块的棚改项目拆迁工作已近尾声，倍感高兴，感谢您对众多被征收人的关心和爱护，自2017年同意征收以来，我们不少协议原还房的被征收人还有一块心病，就是对当时征收办所提供的还房户型图是不满意的，主要是初步设计户型图理念过时，其中朝南的房间太少，朝北的房间过多（例如：120多平米的端户仅一房朝南，这可是2005前才有的设计户型图，如今已经到了2021年，明显过时了），与当下一般市场上普遍开发商所设计的商品房的户型图差距远，认为其中还是有很大的优化空间的，建议尽可能增加朝南的房间，以满足普通老百姓对美好居住生活的向往……！

另外还希望在启动还建房建设项目前，多多考量，充分吸取以往的还建项目及周边还建项目中所存在问题的经验教训（建筑主体施工质量、外墙保温设计、施工质量障，以及建筑外部感观应与旁边的商品房差不多或同等对待，不宜差距太远，尤其是设计理念宜符合当下的普遍行情）。

特此建言！感恩并期待您的回复，谢谢！

发生地： 大道162(公安交警宿舍)

该留言中含有个人信息或其他不便公开展示的内容，仅办理机构可见。

回复

区委督查室

尊敬的网友：

您好！您反映的问题已收悉。我区高度重视，立即安排相关部门工作人员了解情况。现将相关情况回复如下：

因D4、D6地块棚改还建房户型种类较多，我区相关部门将结合拆迁补偿安置方案、已确定的安置选房数据及现有规划设计条例，对户型方案进行合理优化。下一步，还建房在施工建设时，将采用与市场化销售商品房毛坯建设阶段同样的材料、同等的工艺。

感谢您对我们工作的信任和支持，祝您生活愉快！

洪城时刻

回复时间：2022-01-11 15:29

图3-5 网上建言献策截图

与此同时，相关政府部门加大了工作力度。面对影响项目建设的顽疾，H区委、区政府主要负责人高位推动、靠前指挥，一线结算、验房、搬迁等工作人员现场办公，80多人把征迁办公室设在了现场，在一线发现情况、在一线调度工作、在一线解决问题；指挥部每天召开调度会，有问题分析问题，有困难解决困难，逐户分析，分个督导。经过一年多的推进，2022年2月初，D4、D6地块棚改项目搁浅4年之后，56户已签约未搬离住户在3天内全部清场搬离，18户未签约户在8天内全部动迁到位，最终基本完成安全拆除，整个征迁清零和房屋拆除工作快速、有序、平稳推进。这个拖延了4年之久的“胡子工程”，最终被成功“剃掉”。从最新的地块实景来看，征收地块范围内已经基本完成了房屋拆除，地块内的建筑垃圾也正在清理，完成了初步的土地平整（如图3-6所示）。这也意味着地块已经具备前期开发条件，等待出让。

图 3-6　土地平整后

几个月之后，N市人民政府办公室批复了关于H区庐山南大道以南、红谷中大道以西（D-4-1地块、D-6-1地块）46.903亩（约合3.13万平方米）国有建设用地使用权公开出让方案的复函（如图3-7所示）。

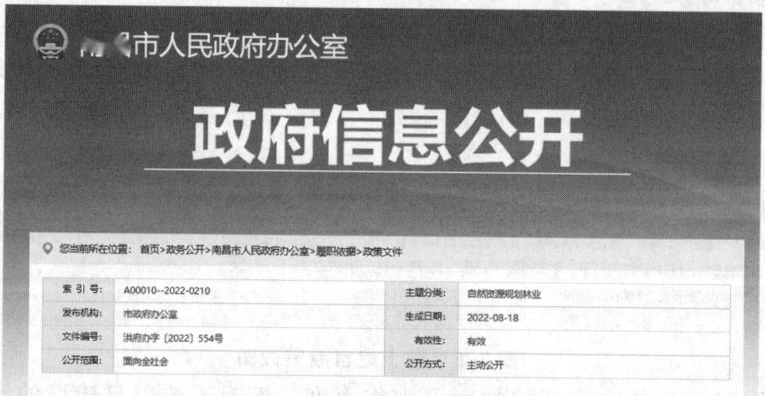

市人民政府办公室

政府信息公开

您当前所在位置：首页>政务公开>南昌市人民政府办公室>履职依据>政策文件

索 引 号:	A00010--2022-0210	主题分类:	自然资源规划林业
发布机构:	市政府办公室	生成日期:	2022-08-18
文件编号:	洪府办字〔2022〕554号	有效性:	有效
公开范围:	面向全社会	公开方式:	主动公开

市人民政府办公室关于　区庐山南大道以南、红谷中大道以西（D-4-1地块、D-6-1地块）46.903亩国有建设用地使用权公开出让方案的复函

访问量：190

市自然资源和规划局：

你局《关于批准　南大道以南、红谷中大道以西(D-4-1地块、D-6-1地块) 46.903亩国有建设用地使用权公开出让方案>的请示》(洪自然规划文〔2022〕291号)收悉。经市政府研究，同意你局拟定的宗地出让方案。

此复

附件：　庐山南大道以南、红谷中大道以西(D-4-1地块、D-6-1地块)46.903亩国有建设用地使用权公开出让方案

2022年8月13日

图 3-7　市政府复函截图

不久后，有细心的原住户发现，即将开建的还建房与原公示的规划有诸多不符之处，主要表现在：一是建房位置变动；二是户型及公摊面积与当年公示的不符；三是配套设施和车位无规划等。这一发现立即在被拆迁人群里炸开了锅，大家你一

句我一句表达着心中的不满。有住户以网名“东东”向当地主流媒体大江新闻反映了此事，表达了所有被拆迁人的集体诉求，强烈要求严格按照2019年12月24日至2020年1月22日公示的规划图来选择建造还建房的位置，户型及公摊面积按原协议进行。东东在帖子里说：

为了响应政府号召，建设美丽N城，2017年我们D4、D6地块的住户陆续搬离了自己经营多年的爱屋，积极支持政府的拆迁工作。按当年区拆迁办公示的就地安置房还建位置，户型结构及周边配套各方面都比较好，所以我们大多数人都选择就地还房，怀着期待的心情一年一年地等待……

5年来我们多次向有关部门反映、诉求，希望能尽早解决我们就地安置被拆迁人的房子问题，但一直没有落实（原承诺3年内解决）。直至近期我们发现D4、D6地块已经由开发商接手开发，从区拆迁办等部门惊讶得知即将开建的还建房与原公示的有诸多不符，主要表现在以下几点：

1.建房位置变动。原定于D-6-1-02地块临庐山南大道建安置房的，现开发商改在D-6-1-03地块（原公示该地为公共服务设施及幼儿园用地）。

2.户型及公摊面积与当年公示的不符。基本上每种户型公摊面积增加10平方米左右，令人无法接受。

3.配套设施和车位无规划等。

所以，我们集体反对在D-6-1-03地块建造还建房，强烈要求严格按照2019年12月24日至2020年1月22日公示的规划图来选择建造还建房的位置，户型及公摊面积按原协议进行。

相关部门看到这些反馈意见后，十分重视，区住房保障和房地产服务中心先后两次对网友提到的问题做出了解释，以消除大家心头的疑虑。事情总还是朝着好的方向在发展。

结语

在各方的关注和推动下，2023年2月2日，H区生态环境局发布了D-4-1、D-6-1地块土壤环境调查报告：本地块当前和历史上不存在明显污染源，周边相邻区域现在及历史上不存在对本地块潜在的污染行为；土壤快速检测结果表明各因子符合《建设用地土壤污染风险管控标准（试行）》（DB36/1282-2020）第一类用地筛选值。本地块不属于污染地块，第一阶段调查可结束，无须开展第二阶段调查。这也意味着，N市H区D-4、D-6地块的拆迁改造将翻开新的一页，5年来各方的利益冲突和各种纷争终将尘埃落定。D4、D6地块上棚户区的原住户翘首以盼的新家园即将展现在大家的眼前。

启发思考题

1.什么是利益相关者理论？其对本案例的适用性如何？

2.N市H区D4、D6区域拆迁过程中有哪些利益相关者？他们有哪些利益诉求？

3.N市H区D4、D6区域拆迁的利益相关者冲突如何？

4.你对化解矛盾冲突、推进城市棚户区拆迁改造有哪些对策建议？

第二节 案例说明书

一、课前准备

1.确定案例主题

N市H区D-4、D-6地块的拆迁改造案例。

2.收集案例相关资料

收集与该地块拆迁改造相关的文件、报告、新闻报道、政策文件等资料，并对其进行整理和归档。

3.明确本案例教学的具体目的

让学生了解拆迁改造背后的动机和目标，探讨政府、居民和开发商在拆迁改造过程中的角色和责任，分析拆迁改造对社会经济和居民生活的影响等。

4.制订详细的教学计划

根据案例教学的时间安排，制订教学计划，包括案例讲解、分组讨论、师生互动和总结交流等环节的时间分配。

5.资料阅读

将与案例有关的资料提前发给学生，让学生在课前阅读，对拆迁改造的背景、政策和实施情况有一定的了解。同时，告知学生相关资料的查阅方法和获得途径，以便他们进一步深入了解案例内容。

6.角色分配

根据案例中涉及的各方角色，提前将角色分配给学生，包括政府相关部门、居民代表、开发商代表等。学生可以在课堂上以各自扮演的角色进行情节演示和讨论，加深对案例的理解和参与感。

7.准备教学素材

准备相关的PPT、图片、视频等教学素材，以便在课堂上使用，引导学生对案例进行讨论和分析。

8.分组安排

将学生分成若干小组，便于课堂上进行小组讨论和交流，营造合作学习的氛围。

9.多媒体教室及演示道具

确保教学场所具备多媒体设备，以便在课堂上展示相关图片、视频等教学素材。另外，根据案例需要，准备相应的演示道具，如地块规划图、建筑模型等，以便让学生更直观地了解案例。

通过以上的课前准备，教师可以为学生提供一个系统而有针对性的案例教学环境，帮助他们更好地理解和参与到N市H区D-4、D-6地块拆迁改造的案例分析中，并促进他们的思维发展和综合能力提升。

二、适用对象

本案例是为学习公共管理相关课程的MPA学生设计的教学案例，适用于公共管理类专业的本科生和研究生。学生可以通过本案例深入研究拆迁改造对社会经济和居民生活的影响，探讨多元主体间的关系和治理方式。

本案例也适用于城市规划部门、土地管理部门、房地产开发管理部门等政府部门的相关从业人员，他们可以通过本案例了解拆迁改造政策、管理流程和政府的角色与责任，提升相关领域的专业知识和工作能力。

本案例还适用于对城市发展和社会治理感兴趣的学生和研究人员。无论专业背景如何，对城市发展、社会变迁和治理模式感兴趣的学生和研究人员，都可以通过本案例了解拆迁改造背后的社会问题和挑战，深入思考城市发展的可持续性和社会公正性。

直接受到拆迁改造影响的居民和相关社会团体代表，可以通过本案例了解拆迁改造的程序和规定，了解权益保护途径，并参与对相关政策和决策的讨论和反馈。

总之，本案例能够为学习者提供一个深入了解和思考城市拆迁改造问题的机会，激发大家对利益相关者理论的学习兴趣与研究热情，促进学习者的知识积累和综合能力提升。

本案例适合“公共管理学”“行政管理学”“公共政策分析”课程教学使用。

三、教学目标

本案例以N市H区D4、D6地块棚户区改造中的利益纷争为背景，基于利益相关者理论进行分析，旨在达到以下教学目标：

1.了解案例的相关背景、知识和问题

通过阅读案例，讨论分析与交流，让学生了解和认识N市H区D4、D6地块棚户区改造的背景和意义；掌握和熟悉拆迁改造的程序、政策和法律法规，了解相关的管理机构和责任主体，掌握拆迁改造过程中的关键环节和操作要点；分析拆迁改造的影响和挑战，即D4、D6地块棚户区拆迁改造对居民、社会和环境等方面的影响，探讨其中可能存在的问题和挑战，思考如何解决和应对。

2.理解和掌握利益相关者理论

让学生理解利益相关者理论的基本概念、原理和应用，了解利益相关者在城市改造中的重要性；能够识别和分析N市H区D4、D6地块棚户区改造涉及的各类利益相关者，包括政府部门、居民群体、开发商、社区组织等，理解他们的利益诉求和相互关系；能够分析不同利益相关者之间可能存在的冲突和矛盾，探讨利益平衡和合作的机会，思考如何化解冲突、实现共赢。

3.培养批判思维和解决问题的能力

通过利益相关者的利益冲突与协调分析，让学生提升批判性思维和解决问题的能力，提出合理的解决方案和政策建议，促进城市可持续发展和社会和谐发展。

四、教学内容及要点分析

（一）启发思考题

1.什么是利益相关者理论？其对本案例的适用性如何？

2.N市H区D4、D6区域拆迁过程中有哪些利益相关者？他们有哪些利益诉求？

3.N市H区D4、D6区域拆迁的利益相关者冲突如何？

4.你对化解矛盾冲突、推进城市棚户区拆迁改造有哪些对策建议？

（二）利益相关者理论概述

利益相关者理论由美国斯坦福研究所在20世纪60年代提出，原本是企业管理领域的一项理论。随后，弗里曼（Freeman）、唐纳德森（Donaldson）等学者进一步发展了该理论，形成了一套完善的框架。该理论不仅在企业管理中有广泛的应用，也被引入到公共管理、公共政策分析等领域中。它因为对各种问题具有强大的解释能力而受到广泛关注和应用。该理论的核心观点是，一个组织的生存和发展不仅依赖于股东，还取决于各种利益相关者的支持和参与。利益相关者可以是股东、员工、消费者、政府以及整个社区等与组织活动相关的个人或群体。

在利益相关者理论的发展过程中，不同学者从不同角度对利益相关者进行了定义和分类。弗里曼在1984年提出了一种代表性的定义，他认为利益相关者是那些能够影响组织目标实现或受到组织目标实现过程影响的个体和群体。这一定义使得利益相关者概念得到了进一步的完善和丰富。此外，美国学者米切尔（Mitchell）和伍德（Wood）在1997年提出了米切尔评分法，该方法将利益相关者的界定与分类结合起来，认为利益相关者必须具备合法性、权力性和紧迫性中的至少一种属性。这种评分法为判断和界定企业的利益相关者提供了一种全面、简单且实用的方法，是利益相关者理论的一大进步。除了弗里曼的贡献外，其他学者也对利益相关者理论进行了深入研究和拓展。唐纳德森和普雷斯顿（Preston）提出了多方利益相关者模型，强调多利益相关者之间的权衡和合作关系。该模型突出了组织与利益相关者之间的复杂互动。这些理论和研究对于理解和管理组织与利益相关者之间的关系提供了重要的理论基础。

以最具代表性的学者弗里曼为例，他把利益相关者理论用于分析和管理组织与其利益相关者之间的关系。该理论主张，组织的成功不仅取决于满足股东利益，还要考虑和平衡各种利益相关者的利益和诉求。弗里曼认为，组织应该将利益相关者的利益视为同等重要，通过积极的管理和合作，实现共同利益的最大化。在利益相关者理论中，弗里曼提出了几个核心概念和原则：

一是利益相关者识别。组织需要确定并识别所有与其决策和行为有关的利益相关者。这涉及广泛的利益相关者分析，包括识别利益相关者的权力、利益、期望和需求。二是利益相关者权力。利益相关者可以通过各种方式对组织施加影响，包括投票权、经济权力、知识专长、声誉和社会影响力等。弗里曼强调，组织应该认识到利益相关者的权力，并与他们建立积极的合作关系。三是利益相关者参与。利益相关者应该参与组织的决策过程和表达自己的意见。这有助于增加决策的合法性和可接受性，并确保各方利益得到平衡和满足。四是利益平衡。组织应该在追求自身利益的同时，考虑和平衡各个利益相关者的利益。这意味着组织需要在决策和行为中权衡不同利益相关者之间的关系，寻找共赢的解决方案。五是利益共创。利益相关者理论强调组织与利益相关者之间的合作和共创价值。通过与利益相关者合作，组织可以创造共同利益和共同价值，促进长期的可持续发展。这种共创的过程可以加强利益相关者之间的信任和合作关系，提高组织的声誉和社会责任感。

此外，弗里曼还提出了一个理性层面、过程层面和交易层面的分析框架。

理性层面分析是利益相关者理论中的一个重要概念，它强调了在决策和行动过程中利益相关者的理性思考和决策行为。在理性层面分析中，利益相关者被认为是理性的行动者，他们在追求自身利益的同时也考虑其他相关利益相关者的利益。理性层面分析主要关注以下几个方面。其一是利益识别：关注利益相关者对其自身利益的识别和界定。这包括利益相关者对所追求的利益的认知和价值判断，以及他们对自身利益与其他利益相关者利益之间的关系的理解。其二是利益协商：强调利益相关者之间的协商和交流过程。在决策和行动过程中，不同利益相关者的利益可能存在冲突，通过理性的协商和沟通，利益相关者可以寻求使共同利益最大化的方案。其三是决策制定：关注利益相关者在决策制定中的角色和权力。利益相关者可以通过参与决策制定过程来表达自己的利益诉求，并对决策结果产生影响。其四是绩效评估：在理性层面分析中，绩效评估是一个重要的环节。利益相关者会评估决策和行动的结果对其自身利益的影响，并据此作出进一步的调整和决策。理性层面分析强调利益相关者的理性思考和行动，以及他们在决策和行动过程中的相互作用，可以帮助我们更好地理解利益相关者之间的利益关系和行动逻辑，为组织和决策者提供更全面的参考和指导。

过程层面分析关注的是利益相关者之间的相互作用和冲突解决过程。利益相关者在决策和行动中可能会面临各种挑战和冲突，过程层面分析强调利益相关者之间的互动、协商和决策过程，包括各方的沟通、信息共享、冲突解决和合作等方面的考量。过程层面分析可以帮助我们更好地理解利益相关者之间的互动模式和冲突解决策略，以促进共同利益的实现。

交易层面分析关注的是利益相关者之间的交换和互利关系。利益相关者之间的交易包括物质和非物质方面的资源、权益和利益的交换。交易层面分析强调利益相关者之间的合作、协商和权衡，以实现互利共赢的结果。在交易层面分析中，利益相关者需要考虑彼此的需求和利益，通过交换和互动来实现各方的利益最大化。

理性层面、过程层面和交易层面的分析提供了不同的视角和框架，帮助我们理解利益相关者理论在实践中的应用。这些分析层面相互关联，共同构建了对利益相关者行为和决策的综合理解。综合运用这些分析层面，可以更全面地分析和管理利益相关者关系，实现组织和利益相关者的共同利益。

利益相关者理论不仅在企业管理领域得到广泛应用，也逐渐渗透到公共管理和公共政策分析等领域。该理论反对传统的股东至上原则，主张企业的生存和发展与各种利益相关者的目标实现相互依赖。因此，组织在发展过程中需要综合平衡各利益相关者的利益诉求，并依靠他们的参与和支持来解决问题。

（三）利益相关者理论在本案例分析中的适用性

利益相关者理论认为企业的决策行为受到各种利益相关者的共同影响。在城市房屋拆迁等行为中，不同利益主体之间的利益关系和逻辑行动也会对最终结果产生影响。因此，利益相关者理论可以应用于识别城市拆迁中的不同主体，并理解他们之间的利益关系和行动逻辑。

在本案例中，城市老旧小区拆迁改造涉及的利益相关者众多，包括政府、开发商、拆迁人、被拆迁人、社区居民等，利益相关者理论有助于识别和分析各方的利益、需求和关切，从而制定更加全面的决策和解决方案。城市老旧小区拆迁改造涉及各方利益之间的冲突和竞争，利益相关者理论提供了一种协商、合作和平衡各方利益的方法，通过充分了解和尊重各方的权益，寻求共同的利益点和解决方案，可以减少冲突和阻力，促进改造项目的顺利进行。利益相关者理论强调信息共享和沟通的重要性，在城市老旧小区拆迁改造中，及时、透明地与各方沟通和共享信息，可以增进各方的理解和信任，减少误解和不满，提高项目的可接受性和支持度。利益相关者理论强调可持续发展的概念，在城市老旧小区拆迁改造中同样适用：通过平衡社会、经济和环境方面的利益和需求，可以实现改造项目的长期可持续发展，包括确保拆迁人和被拆迁人的利益得到合理的补偿和安置，同时保护和改善社区的生活环境和公共服务设施。城市老旧小区拆迁改造还涉及权益保护和社会认可的问题。利益相关者理论关注各方利益的合法性和道德性，强调合法程序和决策的必要性，通过依法进行拆迁改造，确保决策的透明性和公正性，从而提高项目的合法性和社会认可度。

综上所述，利益相关者理论在本案例分析中具有广泛的适用性。它能够帮助识别和分析各方的利益和关切，促进利益协调与冲突解决，加强信息共享和沟通，增强风险管理和决策制定的效果，推动可持续发展和社会责任，确保合法性和社会认可度，以及促进各方参与和授权。利益相关者理论有助于更好地管理和推动城市老旧小区拆迁改造项目，实现各方的共赢和可持续发展。

（四）N市H区D4、D6区域拆迁过程中的利益相关者分析

拆迁过程错综复杂，涉及的利益相关者众多，如政府、开发商、拆迁人、被拆迁人、房地产评估方、社会公众、媒体等，他们有着不同的利益诉求，其中涉及利益最大的主要是政府、拆迁人、被拆迁人这三类。在拆迁过程中，他们的利益诉求既有共同之处，也有不同的地方。

1.利益主体

（1）政府

作为主导拆迁改造过程的主体，政府扮演着重要的角色。政府的利益在于实现城市更新、提升城市形象和改善居民生活条件等方面。政府的职责是确保拆迁改造符合相关法律法规，并协调各方利益，保障公共利益的实现。政府需要平衡各方的利益，并采取合适的政策和措施，确保拆迁过程公正、透明，并提供合理的补偿和安置安排。在城市老旧小区拆迁改造中，政府的职责涵盖政策制定、规划管理、资源配置、法律监管和社会调节等方面。

第一，政府作为拆迁改造的主导者，承担着政策制定和规划管理的责任。政府通过相关部门和机构制定拆迁改造的法律法规、政策指导和规划方案，明确拆迁的目标、范围、程序和标准。政府的规划和决策要考虑经济、社会、环境等多方面的因素，平衡各利益相关者的权益。

第二，政府负责资源的配置和协调。在拆迁改造过程中，政府要统筹安排资金、土地、人力等资源的分配，确保拆迁和安置工作的顺利进行。政府在资源配置中要考虑公平性和效率性，确保拆迁补偿的合理性、住房安置的可行性，以及相关配套设施和公共服务的完善性。

第三，政府承担着法律监管和社会调节的角色。政府通过相关法律法规和规章制度，对拆迁改造过程进行监督和管理，确保拆迁补偿、安置和重建工作的合法性和合规性。政府要解决拆迁过程中可能出现的纠纷和冲突，维护社会稳定和公共秩序。此外，政府还要进行社会调节和舆论引导。政府在拆迁改造中需要与居民、利益相关者和公众进行沟通和协商，解释政策、回应关切，确保信息透明和公开，提升决策的公正性和可信度。政府通过有效的沟通和参与机制，确保各方的利益得到充分考虑和保护。同时，政府要确保拆迁改造过程中的合法性和公正性。政府要建立健全监督机制，加强对开发商、建设商和其他相关方的监管，防止滥用权力、腐败和违法行为的发生。政府还要保障居民权益，确保拆迁补偿的公平和及时性，提供必要的社会保障和协助。

总的来说，政府在城市老旧小区拆迁改造中承担着政策制定、规划管理、资源配置、法律监管和社会调节的重要责任。政府的角色是确保拆迁改造过程的合法性、公正性和可持续性，平衡不同利益诉求，促进城市的发展和居民福祉的提升。

（2）开发商

开发商在老旧小区拆迁改造中通常是主要的投资者和执行者。他们的利益在于

获得土地资源，并通过重新开发获得经济回报。开发商要与政府合作，遵守相关规定和程序，确保拆迁过程合法合规，并承担相应的社会责任。同时，他们也要关注被拆迁人的权益，提供合理的补偿和安置方案，以避免社会不稳定因素的产生。

首先，开发商在拆迁改造项目中负责项目策划和规划。他们对老旧小区的现状进行评估和分析，制定项目的发展蓝图和实施计划。开发商要考虑市场需求、土地利用、设计方案等因素，确保拆迁改造项目的可行性和可持续性。其次，开发商在拆迁改造中承担资金投入和资源调配的责任。他们要投入大量的资金用于购买土地、提供拆迁补偿、进行建设等方面。开发商要与政府协商并合理分配资源，确保项目的顺利进行。再次，开发商要寻求金融支持和合作伙伴，确保项目的融资需求和资金流动。最后，开发商还负责项目的施工管理和运营。他们要组织施工队伍、监督施工质量、控制工期和成本，确保项目按计划进行。一旦项目完成，开发商还要进行物业管理和运营，提供良好的居住环境和相关服务设施，以满足居民的需求。

总的来说，开发商在城市老旧小区拆迁改造中承担着项目策划、资金投入、施工管理和项目运营等多重责任。开发商以营利为目的，以实现利润最大化为终极目标，在征地拆迁项目中通过对征收土地的开发建设实现自身的盈利及生存发展，这时，开发商是最大的受益者。开发商从政府处拍得土地，对土地进行开发，增加对公共设施和基础设施等公共产品的提供，满足市民出行、休闲需要，改善城市环境，打造魅力城市，因此，开发商扮演着城市开发建设者、征地拆迁活动推动者的角色。

（3）被拆迁人

被拆迁人是指从被拆迁区域搬迁出去的居民。在D4、D6棚户区拆迁项目中，整个片区涉及被拆迁人约590户。城市房屋拆迁的目的是加强城市建设，提高城市内土地的利用率，在一定程度上改善城市面貌，优化居民的居住环境，提高居民的生活水平。被拆迁人是拆迁中的重要主体，他们更关心的是自己的合法权益能得到保障。简单来说，就是自己将被拆除的房屋到底可以获得多少补偿。这里所说的补偿并不仅仅是对房屋所有权的补偿，还应该包括因房价上涨和生活的改变增加的生活成本，例如D4、D6地块的老旧小区，位于H区中心、“黄金地段”，地段周围没有价格便宜的临时安置房，被拆迁人往往会被安置到城市周边的小区，这样就会给就业、就学、就医等造成极大的不便，拆迁也因此会受到很大的阻力。

在现实的城市房屋拆迁过程中，由于政府没有组织被拆迁人积极参与到拆迁工作中，被拆迁人对拆迁政策、补偿标准不满，导致拆迁纠纷的现象时有发生。在拆迁过程中，一方面，被拆迁人在政府的权威性和公信力面前处于弱势地位，无法与政府、开发商博弈，只能配合拆迁工作的展开，而政府为了加快拆迁进度、实现拆迁目标，可能滥用职权，危害被拆迁人的知情权、财产权和生存权，甚至引发群体性纠纷事件。另一方面，也有被拆迁人不支持拆迁工作，认为拖得越久得到的利益反而越多，从而出现“钉子户”、暴力抗法等问题。这些情况若没有得到妥善处理，就会对社会和谐发展造成影响。

2.利益诉求

政府、开发商和被拆迁人在征地拆迁过程中的利益诉求各不相同，而且部分利益之间存在天然的冲突。

（1）政府的利益诉求分析

政府的利益诉求主要体现在以下方面：

第一，政府的首要利益诉求是城市更新和改善。随着城市的不断发展，老旧小区可能存在建筑老化、基础设施陈旧、环境污染等问题，给居民的生活带来不便和安全隐患。政府希望通过拆迁改造来实现城市的更新和改善，提升城市的形象和品质，为市民提供更好的居住环境和公共设施。这有助于提高城市的整体竞争力和吸引力，吸引更多的人才和资本，推动城市的可持续发展。

第二，政府关注社会稳定与和谐。老旧小区可能存在安全隐患、环境污染、交通拥堵等问题，容易引发社会矛盾和冲突。政府通过拆迁改造解决这些问题，提高居住环境的安全性和舒适度，减少社会不稳定因素，维护社会的稳定与和谐。这有利于提升市民的幸福感和满意度，增强社会凝聚力。

第三，政府关注经济发展和土地利用。城市老旧小区往往位于市中心或重要发展区域，土地资源具有重要的战略价值。政府通过拆迁改造可以释放土地资源，促进城市经济的发展。拆除老旧建筑，建设新的商业、住宅或办公用地，有助于推动产业升级和城市更新，吸引更多的企业前来投资，增加税收收入和就业机会。同时，政府也需要合理规划和利用土地资源，避免浪费和过度开发，保持城市的可持续性和环境质量。

第四，政府有责任确保拆迁改造过程合法合规、按规划执行。在拆迁改造中，政府必须遵守相关法律法规，保障市民的合法权益，维护社会秩序和公平正义。政府要制定拆迁政策和规定，确保拆迁程序的透明性和公正性。政府还要与相关部门和社会组织合作，进行规划和协调，确保拆迁改造的顺利进行，并妥善处理可能出现的争议和纠纷。政府在这一过程中的利益诉求是维护社会秩序、保护市民权益和推动法治建设。

第五，政府还要考虑与利益相关者的协商和沟通。城市老旧小区的拆迁改造涉及多方利益相关者，包括居民、开发商、社区组织等。政府要倾听各方的意见和诉求，尊重他们的合法权益，通过协商和沟通解决利益分歧，达成共识。这有助于政府与民众建立良好的关系，提高政策的可接受性和执行效果。

第六，政府还需关注财政可行性和风险管理，确保拆迁改造项目的可持续性和顺利进行。

通过综合考虑上述利益诉求，政府可以更好地推动城市老旧小区拆迁改造，实现城市的可持续发展和社会的共同繁荣。

然而，在城市老旧小区拆迁改造中，政府的利益诉求也面临一系列挑战和限制。第一，政府要在平衡各方利益的同时，确保拆迁改造过程的公平性和合法性。居民可能担心失去家园和生计，社区组织可能关切社区文化和凝聚力的流失。政府要在推动城市更新的同时，尊重并保护居民的合法权益，提供合理的安置和补偿方案，以减少冲突和抵触情绪的产生。第二，政府要解决财务和资源方面的问题。拆迁改造需要大量资金投入，包括拆除费用、重建费用及基础设施建设费用等。政府要合理分配财政预算，寻求资金支持，确保拆迁改造项目的可行性和可持续性。政府还要协调和整合各方资源，包括土地资源、人力资源和技术资源，以确保拆迁改造的高效进行。第三，政府要应对社会影响和舆论压力。城市老旧小区拆迁改造通常引起公众广泛关注和争议，政府要积极沟通和解释政策意图，回应公众关切，防止信息不对称和误解的产生。政府可以通过建立健全信息公开和参与机制，增加居民和社区的参与度，建立互信和合作的关系。第四，政府要考虑拆迁改造对居民社会保障和公共服务的影响。拆迁改造可能导致居民生活发生变动，政府要提供适当的社会保障措施，确保居民在拆迁过程中的基本生活需求得到满足。政府还要规划和提供足够的公共设施和服务，如学校、医院、交通设施等，以满足新建小区居民的需求。第五，政府要关注环境保护和可持续发展。拆迁改造涉及土地开发和建设活动，可能对环境产生影响，政府要制定环境保护政策和措施，确保拆迁改造项目不会破坏环境可持续性和生态平衡，减少对生态环境的负面影响，推动绿色、可持续的城市发展。

（2）开发商的利益诉求分析

开发商的利益诉求主要涉及利润回报。他们还关注政府政策支持、施工进度和项目可行性等因素。开发商的利益诉求主要体现在以下方面：

一是通过拆迁改造项目获取可利用的土地资源。老旧小区往往位于城市核心区域或有潜在的商业价值区域，拆迁改造可以为开发商提供更大的土地开发机会。拆迁后的土地可以用于商业、住宅或混合用途的建设项目，从而实现土地的最大价值和回报。

二是通过拆迁改造项目获得建设项目的开发权，然后进行规划、设计和建设新的建筑物和设施。这些新的建筑物和设施包括商业中心、写字楼、住宅楼等。开发商可以将这些项目销售或出租，获得利润和回报。

三是通过拆迁改造项目提升品牌形象和市场竞争力。参与拆迁改造项目可以显示开发商的实力和专业能力，增加其在市场中的知名度和声誉。这对于开发商来说是一种市场推广和业务发展机会。

四是争取政府的合作与支持。开发商在城市老旧小区拆迁改造中与政府密切合作，享受政府的支持和优惠政策。政府可能提供土地出让、税收减免、融资等方面的支持，以鼓励开发商参与拆迁改造项目。政府的合作与支持可以降低开发商的成本压力，提高项目的盈利能力。

五是通过拆迁改造项目获得市场扩张的机会。通过参与拆迁改造，开发商可以进入新的地理市场，拓展业务范围。这对于开发商来说是一种业务扩展和市场多元化的战略，有助于提升其发展潜力和市场份额。

总的来讲，开发商作为被征迁土地的开发者，一方面通过对征迁土地的有效开发利用，推进城市化建设、改善城市基础设施，另一方面追求利益最大化。开发商要想实现利益最大化，要么提高房屋的售价，要么降低拆迁的成本。在拆迁项目中，开发商通过尽量降低土地出让金和压缩成本来实现利益最大化。

在现实的拆迁工作中，开发商有时并不会直接参与拆迁，而是委托给政府拆迁部门或者拆迁公司来实施。在H区D4、D6区域的拆迁工作中，开发商委托N市H区住房与城市建设局作为征收部门，N市HGT区房屋征收补偿办公室作为征收实施单位，拆迁办由沙井小区街道办、庐山南大道社区临时抽调工作人员组建。

值得强调的是，开发商在实现自身利益最大化的同时，也要与其他利益相关者进行协调和平衡，以确保拆迁改造项目的顺利进行和可持续发展。

（3）被拆迁人的利益诉求分析

被拆迁人的利益诉求在于获得公平合理的补偿，并得到合适的安置安排，确保其基本生活需求和权益得到保障。被拆迁人通常关注自身的利益，政府和开发商要与被拆迁人进行充分沟通和协商，确保他们的合法权益得到尊重和保护。

为了分析和说明被拆迁人的利益诉求，本研究采用调查问卷和实地访谈相结合的方法，共发放200份调查问卷，主要涵盖了三个方面的内容。首先是被拆迁人的基本情况，包括性别、年龄、收入情况和拆迁面积等。其次是被拆迁人的利益诉求，包括补偿标准、临时安置标准、回迁政策以及对政府监管的期望等方面。最后是被拆迁人对拆迁政策的认知和满意度，包括对拆迁过程的满意度、拆迁政策的透明度、对回迁补偿的满意度以及对日常生活的影响等方面。整个问卷共包含19个问题。最终收回176份有效答卷，有效回收率达到88.5%。调查对象的基本情况见表3-1。

表3-1　**调查对象的基本情况**

调查项目	调查内容			
性别	男		女	
	48%		52%	
年龄	18岁及以下	19～40岁	41～65岁	65岁以上
	9.4%	27%	21%	42.6%
收入来源	外出打工收入	个体经营收入	本地职工工资收入	其他
	53%	17%	23%	7%
年收入	2万元及以下	2万～5万元	6万～10万元	10万元以上
	14.7%	43.2%	36.3%	5.7%
拆迁面积	30～60平方米	60～90平方米	90平米方以上	
	41%	47.1%	11.9%	

从样本的分布情况来看，在性别比例方面，男性占总人数的48%，女性占总人数的52%，呈现相对平衡的状态。关于年龄分布，65岁以上的老年人占总人数的42.6%。这表明在城市拆迁改造区域，老年人的比例相当高，他们对该区域的居住环境比较适应，不愿意搬迁。在调查样本中，家庭年收入主要集中在2万~10万元之间，与H区的平均工资水平相符合。收入水平的高低会影响被拆迁人对补偿标准的接受程度，从而影响拆迁工作的进行。调查问卷还涉及对拆迁房屋面积的调查。数据显示，拆迁房屋面积为30~60平方米的占总数的41%，为60~90平方米的占总数的47.1%，而90平方米以上的仅占总数的11.9%。这说明在该区域的拆迁房中，小于90平方米的小户型占很大比例，大部分被拆迁人的房屋面积较小且补偿金额较少。这在一定程度上也解释了该区域居民不愿意参与征地拆迁的原因。通过问卷调查和深度访谈，我们发现，在本区域的拆迁中，被拆迁人的利益诉求主要体现在拆迁补偿、临时安置补偿、按时回迁、改善生活条件、政策公开透明、政府搭建沟通平台、法律援助、政府加强监管等。

对被拆迁人利益诉求的多重响应分析也表明（见表3-2），拆迁补偿、改善生活条件、临时安置补偿等的响应频率最高，100%的被拆迁人对拆迁补偿有着强烈的诉求，92.6%的被拆迁人希望通过拆迁改善目前的居住环境，84.7%的被拆迁人关注临时安置补偿标准是否能满足拆迁后的生活水平。

表3-2 被拆迁人利益诉求响应频率

被拆迁人利益诉求	响应		个案数的百分比
	N	百分比	
拆迁补偿	176	19.6%	100%
临时安置补偿	149	16.6%	84.7%
改善生活条件	163	18.2%	92.6%
按时回迁	118	13.2%	67%
政策公开透明	103	11.5%	58.5%
搭建沟通平台	75	8.4%	42.6%
法律援助	36	4%	20.5%
政府加强监管	63	7%	35.8%
其他	14	1.5%	8%
总计	897	100%	

表3-3体现了被拆迁人在利益诉求上的基本态度。

表3-3 被拆迁人利益诉求情况

调查内容	调查选项				
补偿标准	非常满意	比较满意	不满意	比较不满意	非常不满意
	21%	42.4%	25.3%	8.4%	2.9%
临时安置标准	非常满意	比较满意	不满意	比较不满意	非常不满意
	15.9%	48.9%	26.3%	6.3%	2.6%
拆迁透明度	非常透明	比较透明	不透明	比较不透明	非常不透明
	19%	44%	29%	6.2%	1.8%
拆迁满意度	非常满意	比较满意	不满意	比较不满意	非常不满意
	10%	59%	26%	3.2%	1.8%
对生活的影响	生活水平提高	维持平衡	生活水平降低		
	23%	50%	27%		

表3-3中的数据表明，对于被拆迁人而言，有63.4%表示对政府提供的补偿标准感到满意。他们认为这些补偿标准不仅可以改善他们现有的生活，还能使他们在未来获得新的安置房，从而获得更大的经济利益。然而，仍有36.6%的被拆迁人对目前的补偿标准表示不满意。主要原因包括：补偿标准低于被拆迁人的预期值；临时安置补偿标准低于现阶段的生活成本，从而难以保障他们未来的生活。此外，37%的被拆迁人认为拆迁过程缺乏透明度，被拆迁人没有参与权，导致制定的拆迁政策缺乏公正性。对于现行的拆迁补偿标准，有10%的被拆迁人表示非常满意，59%的被拆迁人选择比较满意，31%的被拆迁人表示不满意。这表明政府、开发商和被拆迁人的利益诉求未达成一致，这可能是导致拆迁工作出现冲突和矛盾的主要原因。

（4）小结

归纳总结D4、D6拆迁项目中政府、开发商和被拆迁人三方的利益诉求，见表3-4。

表3-4 征地拆迁利益主体诉求

利益主体	利益诉求
政府	1.促进城市经济发展，提高财政收入
	2.盘活土地，优化城市土地利用率
	3.改善居民居住环境，提高生活质量
	4.推进城市化发展
	5.降低征地成本
	6.完成上级城镇化目标

续表

利益主体	利益诉求
开发商	1.获得土地用来开发，获得高额利润
	2.降低征地成本，实现利益最大化
	3.委托政府拆迁部门进行拆迁，避免冲突
	4.明确征地补偿标准
	5.尽快通过政府对建设用地的审核
被拆迁人	1.获得拆迁补偿
	2.改善居住环境，提高生活质量
	3.能够按时完成补偿、回迁工作
	4.按照合同按时发放临时安置补偿费用
	5.补偿标准制定过程公开、透明，获得被拆迁知情权和参与权
	6.希望政府可以为各方利益搭建沟通的平台
	7.合法权益受到侵害时，希望政府可以提供法律援助
	8.希望政府加强监管，保证拆迁环节公平公正

从表3-4中我们不难看出，城市拆迁核心利益相关者关系可以简化成“政府-开发商-被拆迁人”的三角关系，各利益主体的诉求存在差异，这是导致各方利益出现矛盾冲突的根源。

（五）N市H区D4、D6区域拆迁的利益相关者冲突分析

城市拆迁中存在三个核心利益主体，即政府、开发商和被拆迁人，他们相互之间展开利益博弈，当中间的利益分配不一致时就会引起利益冲突，进而阻碍该区域拆迁项目的顺利推进。

1.政府和被拆迁人的利益冲突

在棚户区改造中，政府和被拆迁人之间常常存在利益冲突。引发利益冲突的因素主要有两方面：一方面是财产权和补偿问题。被拆迁人通常拥有被拆迁房屋的产权，因此他们关心拆迁补偿的公正性和合理性。政府在拆迁过程中需要确定补偿标准、房屋评估价值以及搬迁安置方案，而这些决策可能导致被拆迁人对补偿额度和安置条件不满，引发利益冲突。另一方面是公共服务和设施的问题。政府在拆迁改造过程中会做出提升公共服务和设施的承诺，如改善交通、教育和医疗设施等。如果这些承诺未能真正得到落实，以及改造后的公共服务未能满足被拆迁人的需求，则可能引发利益冲突和不满情绪。

在拆迁工作中，政府占据主导地位。政府的权威性和发展主义使其在拆迁过程中的职能最大化。当政府的职能过大时，手中有大量的资源，如果未受到制约，就可能出现贪污腐败的现象。政府既要管理城市建设又要想方设法增加财政收入，在很大程度上可能依赖开发商，在这种情况下，如果出现被拆人与开发商无法达成拆迁协议的情况，政府的天平可能就会倾向开发商。

在H区D4、D6区域的拆迁过程中，随着工作的开展，拆迁冲突和矛盾日益显现。已经签订搬迁协议的住户相继搬离并上交门锁钥匙给开发商后，开发商开始入户拆除门框、防盗门之类的物件进行变卖，而小区的环境开始变得脏乱不堪。“搬离一户拆掉一户”的做法使得其他被拆迁人内心忐忑不安，大家开始随波逐流，陆续到拆迁办签署拆迁协议，但是仍有一部分家庭条件确实比较差，需要租房或者政府救助的住户不同意其补偿条款，拆迁办与街道办便开始实施“软暴力”：小区的拆迁垃圾堆积如山，挡住道路；个别单元开始断水断电，住户投诉时，拆迁办便以其他住户拆迁损毁电线为由进行搪塞；小区的绿化也随之任之，无人打理的草丛一米多高，严重影响了人们的正常生活……

2.政府和开发商的利益冲突

政府通常是推动城市改造的主要力量，而开发商则是参与具体项目实施的主体。他们在利益追求和角色定位上存在一定的差异，可能导致利益冲突。

在城市征地拆迁中，政府通过出让土地获得财政收入，而开发商为了降低土地出让金和成本投入而与政府讨价还价。政府给予开发商越多的优惠政策，开发商的利润空间越大，因为政府与开发商在某种程度上存在利益互斥性：一方的利益增加必将导致另一方利益的减少。所以，开发商在参与征地拆迁规划时，会尽可能地要求政府少建或不建公共设施，或者增加回迁建设房的楼层高度等，来减少开发建设成本，从而破坏政府对该区域的规划和布局。开发商的这些做法与政府希望改善城市环境、完善公共设施和基础设施从而获得更多的土地增值、财政收入的想法相违背。

H区D4、D6区域征地拆迁后的规划经过了多次调整。在原规划中，D6地块划分为两块：D-6-1地块为商住用地，兼容办公、酒店等高端设施，为八一桥头地标；D-6-2为公园绿地。调整后，D6地块细分为4个地块：D-6-1-01地块为商务、商业用地，容积率为2.1；D-6-1-02地块为二类居住用地，容积率≤3.0；D-6-1-03地块为幼儿园用地，规划12个班，容积率≤0.8；D-6-2地块为公园绿地。

在调查中，有业内人士告诉我们，该区域的规划被多次调整主要是因为政府与开发商在利益方面存在分歧，细分板块明确增加了商务、商业用地，政府给了开发商有利的政策，开发商看到“有利可图”就会加快建设的步调。

3.开发商与被拆迁人的利益冲突

在城市棚户区改造中，开发商和被拆迁人之间的利益冲突主要体现在拆迁补偿问题和安置问题两方面。首先，被拆迁人往往关注的是拆迁补偿的公平性和合理性。他们希望得到适当的补偿，包括房屋补偿、经济补偿和安置安居等。然而，开发商往往希望以最低的成本完成拆迁，并试图压低补偿标准，导致双方在补偿金额和方式上产生分歧。其次，对于被拆迁人而言，能否得到合适的安置是一个关键问题。他们希望得到符合自身需求和生活习惯（如面积、地理位置和配套设施等方面）的住房安置。然而，开发商可能面临地域资源有限和成本等问题，导致安置方案与被拆迁人的期望不符，引发利益冲突。

在城市拆迁中，开发商与被拆迁人之间的利益诉求实际上是非常清晰的，即追求自身的利益最大化。开发商为了追求经济利益往往会降低其开发总成本，这主要体现在降低拆迁补偿费上。被拆迁人则为了个人利益最大限度地追求补偿费。开发商与被拆迁人难以达成协议的最主要原因就是利益方面的分歧，即开发商给出的安置补偿款与被拆迁人的期望值存在较大差距。本案例中提到的拆迁“钉子户”的情况，从本质上来讲就是这样一种利益冲突没能调和的结果。

4.利益冲突的原因分析

首先，各自的利益诉求不同，这是产生利益冲突的根本原因。政府通常关注城市发展、社会稳定和公共利益，开发商追求经济利益最大化，而被拆迁人则关注个人住房权益和生活质量。这些不同的利益诉求可能导致彼此之间产生冲突和矛盾。

其次，决策过程不透明和民众参与度不高。如果拆迁改造项目的决策过程缺乏被拆迁人的参与和意见反馈，将导致拆迁政策无法满足被拆迁人的期望，被拆迁人感到权益受损和利益被忽视，产生不满和敌对情绪，进而引发利益冲突。政策制定过程缺乏透明度和公开性还会导致被拆迁人对政府的决策产生怀疑和不信任。

再次，政府职能错位。政府在拆迁改造过程中应该起到公平公正的监督和调节作用，维护整体利益最大化和公平正义。如果政府在拆迁工作中依赖开发商，以追求政绩和经济利益为导向，政府在权衡被拆迁人和开发商的利益时，则会倾向于支持开发商，造成利益不平衡。

最后，缺乏有效的监管。如果政府在拆迁工作中缺乏强力监管，将导致拆迁过程中的违规行为得不到及时发现和制止。例如，政府管理人员与房屋评估机构、开发商之间可能存在违规操作，政府对开发商在回迁过程中出现的延期、质量问题等缺乏有效监督，都将损害被拆迁人的利益。

综上所述，政府职能错位、缺乏民众参与和缺乏有效的监督是政府、开发商和被拆迁人之间在拆迁改造项目中产生利益冲突的主要原因。为缓解冲突，政府应加强公平公正的监督和调节作用，增加民众参与度，建立有效的监督管理机构，确保各方利益得到平衡和保护。

（六）化解矛盾冲突、推进城市棚户区拆迁改造的对策建议

城市房屋拆迁工作能够得到被拆迁人的理解与支持并顺利进行，一定是因为拆迁政策、补偿安置标准符合当地的经济发展水平，可以使被拆迁人的生活水平和居住环境得到极大的改善。各城市在房屋拆迁工作中应该以国家政策为基础，结合当地的实际情况，通过完善拆迁政策、提高补偿标准、规范拆迁行为等，保证政府、开发商、被拆迁人之间的利益不受损害，推进拆迁工作和谐开展。

1.政府正确定位，树立服务型政府理念

政府应意识到自身的角色是公共利益的维护者和社会稳定的保障者，树立服务型政府的理念。服务型政府以服务为宗旨，这意味着政府与公众的关系将转化为服务供给者与消费者的关系。政府行使权力的主要目的，不再是为了管制，而是为公众提供更好的服务，主要包括维护性的公共服务和社会性的公共服务。维护性的公共服务主要包括维护市场经济秩序、保护财产权利和公民权利、保卫国家安全和社会安全，这是服务型政府的基石；社会性的公共服务主要是指完善的社会福利体系和健全的社会保障制度，包括教育、医疗、卫生、环境保护、公共事业和社会保障等，这是服务型政府的主要体现。在城市拆迁工作中，政府既是“掌舵者”，又是“划桨者”，例如在D4、D6地块拆迁项目中，拆迁办是由政府管辖的各街道办、社区抽调工作人员组成的，在拆迁区域附近的店面挂一个牌子就开始拆迁工作，等该项目完成得差不多，新的拆迁项目成立时，这个“拆迁办”便会换一个牌子换一个办公地点继续开展拆迁工作，在这种情况下，很难保证拆迁工作的公平性。要想规范城市拆迁工作中政府的行为，就需要从转变政府职能开始，重新定位政府在城市拆迁工作中的角色和职能。因此，政府应加强职能定位，明确责任和义务，以公平公正的立场对待拆迁改造工作，坚持依法行政，确保政策制定过程和执行过程公开透明，使被拆迁人和开发商对政府产生信任和依赖。

2.制定科学合理的拆迁决策

政府应制定科学合理的拆迁决策，确保各方利益得到平衡和保护。在制定决策时，应广泛征求民众的意见和建议，通过民主参与的方式，增加被拆迁人的参与度和满意度。政府应综合考虑经济、社会和环境等因素，科学评估，制定符合实际情况的拆迁方案。

政府应提高房屋评估机构的准入标准，保证评估公平与透明。这是保障城市拆迁工作顺利开展的重要手段，也是维护被拆迁人合法权益的主要保障。同时，政府要在国家政策指导下，考虑本市的实际情况，结合人均基本收入以及相关的房地产均价、物价等指标制定科学的、经得起公众监督的补偿标准和安置措施。

政府还应加强与民众的互动和沟通，充分尊重被拆迁人的合法权益，提高决策的民主化水平。政府可以通过召开听证会、开展问卷调查等方式，广泛征求民众的意见和建议，使被拆迁人能够参与到决策过程中。政府要及时向民众公开相关信息，保持透明度，加强对民众的解释和引导，提高民众对拆迁改造工作的理解和支持。

3.健全拆迁监督管理机制

政府应健全拆迁监督管理机制，加强对拆迁工作的监督和管理。这包括建立专门的监督机构或部门，加强对拆迁决策的审查和监管，确保政策的公平性和执行的合法性。同时，要加强对拆迁资金流向、新建房质量等关键因素的监督，防止腐败和违规行为的发生，保障被拆迁人的合法权益。

4.协调好利益相关者之间的利益冲突

政府应促进各利益相关者之间的协调与沟通。例如，政府可以组织召开利益相关者座谈会，促进各方的交流和理解，解决存在的分歧和冲突。政府要客观公正地对待各方利益，确保各方在拆迁改造过程中得到公平待遇，推动各方形成共赢的局面。

首先，要确保政策的公平性。政府手中有公共权力，开发商手中有资金并与政府建立合作关系，而被拆迁人相对处于弱势地位，无法形成强大的组织力量来与之博弈。要确保政策的公平性，政府就要把人民群众的根本利益作为制定城市拆迁政策、开展动迁工作的出发点和落脚点，广泛听取民意，高度重视人民群众的切身利益，避免损害被拆迁人的利益。其次，政府要加强法律和制度建设，防止因为法律和制度本身存在的弊端，被"有心之人"钻空子。如果发现一方主体利益受损，要及时进行合理有效的沟通和调整。当出现漫天要价扰乱正常拆迁秩序的"钉子户"时，政府要通过合法程序上升为执法意志，以维护法律的尊严和公众的利益。

本案例中，加强D4、D6区域拆迁项目的利益协调可以通过以下途径进行：一是政府搭建平等对话的平台，使政府、开发商、被拆迁人都有参与项目研讨的机会，虽然各方利益诉求不同，但各方对拆迁相关程序和事项进行理性的讨论和沟通，有助于找到一个利益的平衡点。二是政府尊重被拆迁人的意愿，倾听被拆迁人的诉求，引导与被拆迁人之间建立相互信任的关系。政府与被拆迁人之间不是对立的关系，双方加强互信感，有利于减少利益矛盾和冲突，实现各方利益共赢，促进和谐拆迁。

在城市拆迁工作中，被拆迁人、政府、开发商的利益交织在一起，涉及方方面面，体现在拆迁的各个环节。政府要综合考虑各方利益，兼顾效率和公平，协调各利益主体的关系，化解利益冲突，推动经济社会可持续发展和高质量发展。

五、课堂安排

本案例按照3个学时（135分钟）进行设计：

1.导入案例和引导讨论

时间分配：25分钟。

授课老师介绍案例背景，即N市H区D4、D6地块棚户区改造的利益纷争，提出相关问题引发学生思考。

授课老师采用角色扮演的形式，通过邀请学生上台扮演案例中的利益相关者角色，展示D4、D6地块棚户区改造的实际情景。这样的演示能够让学生更加贴近案例实情，加深对案例的理解。

学生以小组形式进行讨论，分享对于利益相关者概念的理解以及案例中可能涉及的利益相关者。

2.理论讲解

时间分配：20分钟。

授课老师介绍利益相关者理论的基本概念、原理和应用，解释其在城市拆迁改造工作中的重要性和分析框架。

授课老师利用示意图或案例分析图表，说明利益相关者之间的相互关系和可能存在的利益冲突。

3.利益相关者分析

时间分配：15分钟。

学生根据案例材料，识别和分析N市H区D4、D6地块改造中的各类利益相关者，包括政府部门、居民群体、开发商、社区组织等。

学生讨论不同利益相关者的利益诉求、关注点和立场，并归纳总结利益相关者之间可能存在的冲突和合作机会。

4.角色扮演和小组讨论

时间分配：30分钟。

将学生分成不同的小组，每个小组扮演不同利益相关者的角色。

学生通过角色扮演，模拟利益相关者之间的互动和利益博弈，表达各自的诉求和立场，并讨论如何协商、合作解决利益冲突。

5.师生互动和讨论

时间分配：30分钟。

授课老师对各小组的表演和讨论进行点评，引导学生思考各种利益冲突的解决方案，提出合理的解决策略。

学生与授课老师进行互动，深化对利益相关者理论和案例分析的理解。

6.总结和课堂反思

时间分配：15分钟。

学生进行总结发言，分享小组的观点和讨论结果。授课老师对学生提出的多元主体参与城市治理的观点进行总结，强调相关理论的重要性和应用价值，同时，总结案例讨论中的亮点和问题，鼓励学生思考如何应对老旧小区改造中的挑战并提出改进建议。

授课老师总结利益相关者分析的重要性和方法，并强调多元主体治理的实践意义。

学生发表个人观点和体会，总结本次课堂学习的亮点和收获，反思自身在小组合作和讨论中的表现。

通过以上课堂安排，学生将在授课老师的引导下深入了解利益相关者理论，并通过案例分析和角色扮演的实践活动，掌握利益相关者分析的方法和技巧，培养批判性思维和解决问题的能力。课堂反思环节可促使学生对学习过程进行回顾和总结，提高对于利益相关者理论的理解和应用水平。

六、参考文献

［1］赵峥．对城市房屋拆迁中的公共管理问题的思考［J］．改革与开放，2004（8）：16-17.

［2］刘耀臣．公共管理案例：滨海市老城拆迁［J］．天津行政学院学报，2006（2）：31-34.

［3］崔霁，方耀楣．城市房屋拆迁管理部门的机构属性及其职能［J］．中国房地产，2006（5）：49-51.

［4］鲁钊阳．浅谈政府在城市房屋拆迁中的角色定位——基于公共管理的视角［J］．华东经济管理，2007（11）：61-63.

［5］孙其昂，杜培培．城市空间社会学视域下拆迁安置社区的实地研究［J］．河海大学学报（哲学社会科学版），2017（2）：67-71；91-92.

［6］蒋笑．城市房屋拆迁中商业性拆迁存在的问题及解决对策［J］．劳动保障世界，2018（26）：55-56.

［7］梁振华，呼丽荣．城中村拆迁过程中的利益相关者分析——以山西省太原市Z村为例［J］．太原学院学报（社会科学版），2019（5）：62-68.

［8］宋辉．新型城镇化推进中城市拆迁安置社区治理体系重构研究［J］．中国软科学，2019（1）：62-71.

［9］李章琴，刘志辉．我国城市拆迁政策中政府行为的价值冲突及应对［J］．生产力研究，2020（11）：107-109；137.

［10］刘志杰．“象鼠博弈”：城市拆迁中的官民策略性互动逻辑——以Q市“里院”改造项目为例［J］．领导科学论坛，2020（7）：56-72.

七、附录

附录1　　　　H区D4、D6征地拆迁情况调查问卷

亲爱的居民：

您好！随着H区D4、D6征地拆迁工作的启动，出现了许多问题和矛盾。为解决当前拆迁问题提供基础资料，特向您做一份问卷调查。该调查采取不记名方式，不会侵犯您的隐私，调查结果只用于科学研究，感谢您的配合。

1.您的性别：A.男　B.女

2.您的年龄：

A.18岁及以下　B.19～40岁　C.41～65岁　D.65岁以上

3.您的家庭年收入：

A.2万元以下　B.2万～5万元　C.6万～10万元　D.10万元以上

4.您家庭收入的主要来源：

A.外出打工收入　B.个体经营收入　C.本地职工工资收入　D.其他

5.您家被拆迁房的面积：

A.30～60平方米 B.60～90平方米 C.90平方米以上

6.您家选择的补偿方式：

A.货币补偿 B.产权置换 C.未签约

7.如选择产权置换补偿方式，您对临时安置每月13.5元/平方米的补偿标准是否满意：

A.非常满意 B.比较满意 C.不满意 D.比较不满意 E.非常不满意

8.如选择货币补偿，您对货币补偿标准是否满意：

A.非常满意 B.比较满意 C.不满意 D.比较不满意 E.非常不满意

9.您觉得拆迁对您的家庭生活水平是否有所改善：

A.生活水平提高 B.维持平衡 C.生活水平降低

10.您对拆迁补偿标准不满意的原因是（可以多选）：

A.补偿标准低 B.生活没有保障 C.影响出行、子女教育等其他问题

D.拆迁侵犯了自身利益 E.其他

11.您觉得该区域能否按照约定时间完成拆迁并顺利回迁：

A.能 B.不能

12.您知道该区域在拆迁过程中发生过下面哪些事情（可多选）：

A.断水 B.断电 C.集体信访 D.政府门口静坐

E.拆迁办与被拆迁人发生肢体冲突 F.无人处理拆迁垃圾，环境变差

13.当合法权益受到侵害时，您是否希望政府提供法律援助：

A.非常希望 B比较希望 C.不希望 D.比较不希望 E.非常不希望

14.您是否知道该区域的拆迁政策和拆迁流程：

A.非常清楚 B.比较清楚 C.不清楚 D.比较不清楚 E.非常不清楚

15.您觉得该区域的征地拆迁过程是否公开透明：

A.非常透明 B.比较透明 C不透明 D.比较不透明 E.非常不透明

16.您是否参加过政府拆迁部门召开的听证会：

A.参加过 B.没有参加过

17.您是否希望政府为各方利益搭建沟通的平台：

A.非常希望 B比较希望 B.不希望 D.比较不希望 E.非常不希望

18.您认为拆迁过程中出现矛盾冲突的原因是（可多选）：

A.补偿标准偏低 B.拆迁过程中存在违法乱纪行为 C.群众蛮横无理

D.群众对补偿不满意 E.补偿面积认定不统一 F.回迁安置不到位

G.老年人担心住不上回迁新房 H.回迁后生活成本升高 I.其他

19.作为被拆迁人，您的主要利益诉求是（可多选）：

A.获得拆迁补偿 B.改善居住环境，提高生活质量

C.能够按时完成补偿、回迁工作 D.按照合同按时发放临时安置补偿费用

E.补偿标准制定过程公开、透明，获得被拆迁知情权和参与权

F.希望政府可以为各方利益搭建沟通的平台

G.当合法权益受到侵害时，希望政府可以提供法律援助

H.希望政府加强监管，保证拆迁环节公平公正　I.其他要求

附录2　关于H区D4、D6拆迁区域的访谈提纲

一、访谈目的

了解H区D4、D6区域拆迁存在的问题。

二、访谈方式

面对面访谈。

三、访谈对象

H区D4、D6拆迁区域被拆迁人、拆迁办工作人员。

四、访谈内容

（一）访谈对象：被拆迁人

1. 您家是在被拆迁区域内吗？家中有几口人？涉及被拆迁的房屋面积是多少？

2. 您是什么时候知道该区域要进行拆迁的？是政府制定拆迁政策的时候还是公示确定开始征地拆迁的时候？您是怎么知道征地这件事情的？

3. 在征地拆迁过程中，街道办是否召开过听证会，或者挨家挨户征求过居民关于“征迁方案”和“补偿方案”的意见？您是主动去了解“征地方案”和“补偿方案”的吗？

4. 您知道周围邻居对该区域的拆迁补偿标准及方案有什么具体的意见和想法吗？房屋拆迁的补偿有没有一个统一的标准？如果您的想法和政府拆迁方案有冲突，或者政府的补偿安置方案不能达到您要求的标准，您会怎么办？

5. 从签订拆迁协议、完成搬迁到回迁，在这一过程中您是怎样解决住宿问题的？政府给到手的临时过渡安置费是多少？您对这个标准满意吗？能不能满足您的租房要求？

6. 您家选择的是货币补偿还是原地还房？如果是原地还房，那么在还房的时候您还需要补钱购买吗？公摊面积又是多少呢？在购买公房的时候，超出的部分是按照什么价格购买的？

7. 您认为在城市房屋拆迁过程中，政府拆迁部门是一切为住户着想，维护被拆迁人的利益，还是侵犯了被拆迁人的利益？在拆迁过程中，除了拆迁办的工作人员外，您还跟哪些人接触过（开发商、政府）？

（二）访谈对象：拆迁工作人员

1. 您作为拆迁工作人员，对H区D4、D6区域的拆迁政策是否清晰明了？您认为政府为什么要对该区域进行拆迁？这对该区域的发展有什么好处？

2. 在拆迁办成立之前，您在哪个单位工作？主要从事哪方面的工作？从事拆迁

工作后，您认为拆迁的最大难题是什么？

3. 成立拆迁办后，你们有没有组织起来共同详读拆迁政策和补偿政策？是否召开过居民听证会，听取群众的意见？如果有被拆迁人不同意拆迁政策，你们是怎样做工作的？

4. 如果被拆迁人对补偿政策有异议，你们有什么相应的对策？

5. 在拆迁过程中，拆迁办有没有充分考虑被拆迁人的合法权益？被拆迁人的想法有没有被及时反馈到政府拆迁部门？

6. 在拆迁过程中，如果有暴力抗拆的情况发生，你们是怎样协调应对的？如果该区域内出现“钉子户”，你们准备怎样做好疏通工作？

第四章

“精诚”所至，“金石”为开

——基于N市老旧小区铁路三村改造的调查

摘　要

2020年7月，国务院办公厅出台《关于全面推进城镇老旧小区改造工作的指导意见》。7月17日，N市XH区人民政府发布了2020年XH区老旧小区改造设计采购施工总承包招标公告。随后，XH区社区改造工作逐渐落实。本案例以N市具有代表性意义的老旧小区铁路三村的改造为例，讲述了XH区人民政府如何依据国家政策，坚守“保基础+X”改造原则，攻克改造中的各类难题，建设惠及广大人民的“1+5+X”社区的系列故事。本案例在客观分析铁路三村改造面临的问题和困难的基础上，以协同治理理论为基础，运用SFIC模型分析框架，从起始条件（starting conditions）、催化领导（facilitative leadership）、制度设计（institutional design）、协同过程（collaborative process）四个基本要素和协同结果等方面，对铁路三村改造过程中多方利益主体参与协同治理进行分析和解读，总结了SFIC模型分析框架下铁路三村改造的协同治理对策。铁路三村改造的案例说明，通过有效的协同治理，可以实现社区改造的公正性、可持续性和社区参与，最终实现改善社区环境、促进社区发展的目标。

关键词

老旧小区改造；铁路三村；协同治理理论；SFIC模型

第一节　案例正文

引言

2019年12月召开的中央经济工作会议，将“加强城市更新和存量住房改造提升，做好城镇老旧小区改造”列入2020年重点工作。2020年4月17日召开的中共中央政治局会议强调，要积极扩大有效投资，实施老旧小区改造。2020年的《政府工作报告》提出，“新开工改造城镇老旧小区3.9万个”——涉及居民近700万户，比2019年增加一倍。

N市XH区是老城区，在社区改造层面有着较为典型的代表性。XH区人民政府为落实国家政策要求，切实满足人民需求，提高人民群众生活水平，起好社区改造的带头作用，迅速制定并发布了社区改造项目总承包招标文件、社区改造要求和目标相关规定。

XH区铁路三村居委会在收到政府下发的社区改造相关文件时，立即组织居委会干事共同商议社区改造的具体实施方案，落实社区改造工作，由此引发了下面的故事……

一、欲善其事，先利其器：铁路三村召开会议备改造

（一）社区改造重要性和工作要求的说明

根据1956年联合国《人口老龄化及社会经济后果》确定的划分标准，当一个国家或地区65岁及以上老年人口数量占总人口的比例超过7%时，意味着这个国家或地区进入老龄化。1982年维也纳老龄问题世界大会确定，当一个国家或地区60岁及以上老年人口数量占总人口的比例超过10%时，意味着这个国家或地区进入严重老龄化。

根据2018年《JX晨报》的报道，N市2004年就已经进入老龄化社会，且随着老年人口的逐年增加，老龄化形势日益严峻，呈现高龄化、失能化、空巢化、未富先老化“四化叠加”趋势。截至2016年9月底，N市60周岁及以上户籍老年人口数为85.4万，占全市总人口的16.3%。截至2018年3月底，N市60周岁及以上户籍老年人口数已达92.95万，占全市总人口的17.3%。可以看出，两年间N市老年人口增长速度快，老龄化现象越来越突出。

社区改造可以减少老旧设施的安全隐患，保护老人的人身安全，还可以为老人提供医疗保障，丰富其精神娱乐活动，显著提高人民的幸福感。所以，作为一个老年型城市，老旧社区改造是必需的。

XH区是N市的老城区，位于XH区的铁路三村是典型的老旧小区。小区里道路坑坑洼洼，违规建筑较多，电线乱搭，医疗机构缺乏，娱乐设施不足，更没有任何文娱活动，这些都是困扰着居民的难题。铁路三村还是一个典型的老年村，住户中60岁及以上老人占比较高，这些老人的人身安全保障需求、医疗保障需求、娱乐需求都需要通过社区改造来满足。

所以，XH区人民政府把铁路三村设定为XH区社区改造的重点对象。考虑到铁路三村的社区改造情况将会影响人们对社区改造工作的印象，也会给其他村起到示范性的作用，在收到上级通知之后，铁路三村居委会立即召开落实社区改造工作安排的会议。

居委会干事陆陆续续到场后，居委会赵主任清了清嗓子，说道：“各位，我们铁路三村是XH区的重点改造老旧小区之一，遵照上级指示，我们居委会需根据自

身情况制订适合的工作计划。上级对于我们村的重视，我们村的工作成效对于N市社区改造工作的重要意义，我们村现状问题之多、问题之严峻，无一不在提醒我们，现在我们身上的任务之多、肩上承担的责任之重。”

社区专干小张笑着打趣道：“赵主任，哥几个合作这么些年了，你还不相信我们的办事能力呀？”

肖副主任立马笑着打圆场道：“小张，都知道你工作能力强，工作态度认真，做事又快又好，但这次社区改造工作可没你想得那么简单，主任是在提醒我们要特别重视这项工作。”

小张挥挥手，不好意思地说道：“明白明白，我们肯定做得漂漂亮亮的。”

赵主任点了点头，说道：“有这个自信是好事。我们再来说说工作的要求。这次我们的工作必须依照‘保基础+X’的改造原则进行，目的在于将铁路三村打造成‘1+5+X’社区。”

肖副主任解释道：“‘保基础+X’就是指在满足保基础配套设施的基础上，因地制宜，按3个标准、10个分类、60个要素进行改造。具体为保基础、提功能、促品质3个标准，市政设施、小区道路、建筑本体、公共设施、公共环境等10个分类，以及道路、照明、供水、排水、绿化、停车设施、安防设施等60个要素，健全社区功能，提升社区品质，完善配套服务，达到‘路要平整、灯要明亮、水要畅通、气要入户、车要有序、线要规整、绿要提质、面要美观、违章要拆、设施要全’的改造标准。”

小张问道：“那‘1+5+X’社区又是什么？”

赵主任喝了口茶，说道：“‘1+5+X’社区要做到居民在社区内就能解决文体、教育、医疗、养老等方面的基本需求，除了能满足民众基本和多样化的生活要求，更能适当缓解市内大学校、大医院、大养老院等的紧张形势，可谓一举多得。不管社区卫生医疗、社区居家养老，还是社区幼教服务，抑或是社区商业购物、社区文体中心，都是服务社区居民的便民之举。从‘油盐酱醋茶’到‘衣食住行闲’，居民各种需求都能在社区小环境里得到‘一站式’解决。”

肖副主任继续说道：“城市管理者把组成城市的一个个微小原子——社区的工作做好，整个城市的各种问题和关系才能和谐理顺。N市刘市长说过，推行‘1+5+X’社区邻里中心建设的目的正在于此。”

办公室内各位居委会职员纷纷点头表示赞同，眼睛里流露出坚定的眼神，仿佛在诉说着对做好社区改造工作的决心。

（二）集民众意见，定施工方案

明确社区改造的要求和目标之后，铁路三村居委会的干部热烈地讨论起施工的具体方案。

小张：“说说我觉得首先要改的地方。俗话说得好，‘要想富，先修路’。我们当下最重要的任务是对三村的道路进行修缮，让人们进得来，发展上得去，经济搞得好。这样，咱们才能把老旧小区的帽子摘掉。”

小张的老搭档小李立马附和道：“小张说得对，不过我认为要将咱们三村彻底地发展起来，这是远远不够的，道路只是我们基础设施建设中的重要一项，我们要更多地关注民众真正需要的地方，建设更多的民生福祉……”

“打断一下，小李，这‘饭要一口一口吃，路要一步一步走’嘛，咱们不能‘一口吃成胖子’呀，基础设施建设是咱们的前期工作，还是要先把前期工作搞好了，再往后看。好了，大家还有什么要补充的吗？”

“主任，各位同事，我觉得我们毕竟不是真正的受众，要想搞好社区基础设施建设，咱们还得取智于民，‘从群众中来，到群众中去’嘛。所以我建议咱们还是得安排干部去跟住户们了解情况，这样才能更好地制定措施。”

“肖副主任说得是真不错，我完全赞同。”

“附议！”

……

“那好，就由小张和小李去找住户们进行调查，咱们再根据群众的需要来改。记住，只要是对咱们小区发展有利的、对群众有利的建议，咱们都可以积极采纳。好，我宣布本次会议到此结束。铁路三村改造前期准备工作正式启动。”

就这样，铁路三村的改造行动开始了。

次日，小张和小李沿着改造的重点区域，一路上寻访了40余位居民关于社区改造的意见，得到了群众的热烈回应。

“领导，终于盼来了啊，咱们三村这路得改啊，不然没法走路不说，那生意也难做啊，进货难，卖货难呐。”

“是啊是啊，这土路一到下雨天哪能用？多危险呀！”

“路白天不好走，晚上是不能走。路灯许多都不亮了，这一到夜里呀，乌漆墨黑的一片，什么也看不见。”

“这些都是大问题，乡亲们放心，我们一定把它改好。还有其他问题我们也一定尽力解决，让大家满意。”小张激动地说道。

“有你这话我们就放心了。还有还有，我家那煤气管道啊实在太小了，做饭火候不够，花很长时间都做不好饭；外面的管道很大，不过又不用上，这不仅占路，还浪费哩。”

“这话不错，不过要我说啊，最危险的还是电线乱搭的问题。家里的老人年纪大了眼睛难免有些问题，小孩又还小不懂事，这横七竖八的高压线实在让人放心不下呐。”

随着群众的讲述，小张和小李对铁路三村面临的问题有了直观的印象。

铁路三村年代久远，很多基础设施已经老化，道路尤为严重，很多路段仍是泥路，部分水泥路亦被严重侵蚀，小区交通设施损坏严重，还有管道占地多且利用率不高、路灯损坏、社区供水供电不足等问题同样突出。怎样让小区变得更好？有了群众的积极建言，加上通过调查问卷等多种途径了解相关情况后，经过深思熟虑，小李和小张渐渐有了答案。

几天后，在小区居委会工作会议上，张李二人成为主要的发言人。

“各位，经过对住户进行的调查，我和小张对咱们社区改造的工作做了初步的计划。接下来由我为大家介绍一下我们的调查结果。第一，针对道路问题，我们要加大投入，真正将土路转变为水泥路，将老旧水泥路变成崭新水泥路。第二，对于路灯等问题，我们要严格做好登记，积极采纳群众意见，采取多种措施实施修复，必要时应该重建。第三，我们要和煤气、电气等供应公司沟通，做好老百姓的生活保障工作。第四，我们必须提高工作效率，缩短建设时间，及时利用好管道等建筑材料。第五，我们要鼓励并指导群众建立部分集体设施，用以晾晒衣物等，从而解决居民的日常生活问题。第六，我们必须严格做好公用设施如电线等的合理搭建，如将部分高危线路采取管道保护的措施，绝不能给群众生活带来安全隐患。第七，还有小区道路的宽度问题，这一部分涉及民众房屋的拆迁问题，我们必须做好统计工作，给城建局的同志提供完善的数据，协助他们做好拆迁工作。好了，以上就是我们本次调研的全部内容以及解决问题的参考意见，大家还有什么要补充的吗？”

小张和小李是下了一番功夫的，更有群众的智慧在里面，参与会议的干事们议论了半晌，仍没有提出什么异议。这时，主任站起来说道：“既然大家都没有什么意见，那么我来说几句。通过我们两位同志的调查，我们明确了下一步的工作目标，那好，接下来，就让我们大家一起‘撸起袖子加油干’。下面我进行一下任务分配……”

二、身陷囹圄，共克时艰：全体成员携手共破难题

（一）改造工作如期开展，新的问题接踵而至

随着老旧小区改造工作的推进，土路渐渐被水泥路覆盖，大部分被破坏的水泥路也进行了重修，小区内的道路终于可堪一用；同时，崭新的路灯也让铁路三村彻夜灯火通明，人们夜里通行方便了很多；居委会通过和相关供应公司沟通，实现了煤气、电力的正常供应。小区基础设施问题的解决过程很顺利，小区看起来正向一个好的方向发展着……

今年88岁的苏奶奶是小区的老住户了，过去小区的土路多，一出门就得小心翼翼的，就怕摔倒，而且小区道路窄，没有特定的人行道，过马路极不方便。同时，因为夜里看不见，邻里晚上邀她去串个门，儿女们都不放心。现在啊，经过社区基础设施改造，出门上哪儿去都方便多了。苏奶奶感叹道：“现在上街坊邻居那儿去聊聊天，串串门，感觉心情舒畅了很多，感觉更年轻、更有活力了。”可见，老旧小区改造是真的惠及人民了。

可事情并非一帆风顺，在改造过程中很多相关问题也接踵而至。

周六一大早，忙了好久的小张终于有机会在小区内跑跑步，热热身了。“路修了这么久，该有点成效了吧。”怀着这样的念头，小张踏上了许久未路过的重点改造街道。可是，那坑坑洼洼的道路和随处可见的建筑垃圾给了小张当头一棒，一阵风吹过更是让小张吸了一大口灰尘。

“或许是刚完工不久，还没来得及收拾吧，看来有时间要找工程的负责人谈一下了。”

正当小张陷入沉思时，一位步履蹒跚的老人缓缓地经过。小张马上想到问一下情况：“老人家，你好，我好久不走这条路了，不过听说最近在搞社区改造呀，怎么这路还是这么脏乱差呢?”

“是啊，这天天在施工，搞了好长时间了，有些路段倒是修得不错，但有些路段挖了一直没有重建（见图4-1），更难走了呀。而且一到晴天，这街上全是灰尘。咳——咳，这哮喘病难好了。”

图4-1　未重建的道路[①]

听了老人的回答，小张很快意识到问题的严重性，也顾不上跑步了，和老人道别后，立刻联系赵主任反映问题。居委会迅速召开了相关会议。

（二）总结民众反映的新问题，积极寻求解决方法

“同事们，小区基础设施建设有一段时间了，我们取得了一定的成果，获得了大部分群众的满意和支持，但我们也要意识到在这个过程中存在一些不容忽视的问题，下面让小张同志给我们讲一下。”

“各位，情况不容乐观，我简单说一下咱们的问题。第一，我们在施工过程中监督力度不够，导致出现了施工队伍没有按照标准开展工作的情况。东边靠近居委会的路拆完立马就开始修了，现在快修好了，但西边我们不常走的几条路和

① 本案例所有图片均为作者调研时拍摄。

南边一些小道，拆完之后一直没修，严重影响了居民的正常生活；第二，没有制定好建筑垃圾处理办法，导致街道上垃圾成堆（见图4-2），严重影响了道路的使用，并且导致居民的生产生活环境恶化；第三，没有处理施工过程中的噪声和空气污染问题；第四，没有积极做好宣传工作并与居民进行沟通，居民不清楚相关负责人是谁，不知道有问题应该向谁反映；第五，也是最重要的一点，建筑公司在施工过程中屡次出现失误并毁坏了居民的私人物品。这与我们的'保基础+X'改造原则严重相悖。以上就是我根据部分民意调查得出的结论。现在我们要讨论的是怎样解决这些问题。"

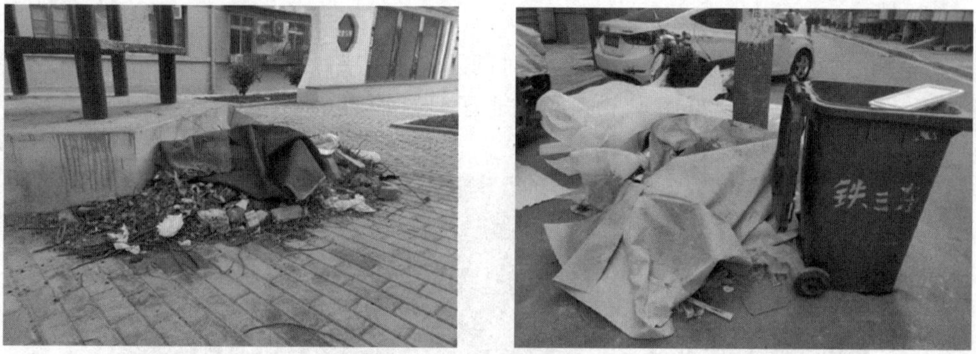

图4-2 未被处理的垃圾

"很好，小张同志提出了我们的工作在实践过程中遇到的很多问题。出现这些问题是对我们的鞭策，是提醒我们要对自己工作的不足进行反思。我们既然发现了这些问题，就要着手把问题统统解决掉，这对我们接下来的工作有很大的帮助。下面，大家都提一提自己的意见和想法。哦，好，小王你来说一下。"

"主任，各位同事，基于道路不达标问题，我认为我们应该将小区划分为几个区域，由我们几位社区专干一人担任一个区域的负责人，以确保改造工程的进度。然后成立专门检查小组，定期对施工过程进行监督，检查负责人是否按照要求完成了他的工作。而对于垃圾处理问题，我们应该就地处理，避免污染传播。这就是我想到的两点意见。"

"小王同志开了一个好头，值得肯定，不过，垃圾就地处理还是会引发很多问题，有待商榷。我倒觉得可以废物利用，比如，对部分残余材料进行整合，形成规模，然后对部分老旧民居进行加固等，这样不仅可以减少污染，还能提高材料利用率。大家还有什么要补充的吗？"

"说得真好，我赞同这样处理。我再来说一下对于噪声和空气污染问题的意见。对于噪声，咱们没法消除，不过咱们可以调整施工时间，以最大限度减少对群众生产生活的影响。我发现空气污染大多来自灰尘，因此，我们可以在晴天安排专门的洒水车来解决（见图4-3）。"

图4-3 洒过水的道路

“这主意可以，我完全赞同。还有宣传不到位的问题，对于这个难题，我们可以招募附近有知识有文化的大学生志愿者作为我们政策的宣讲员，挨家挨户地将政策宣传到位，加深群众对我们工作的理解和支持。至于民意反馈不及时不到位的问题，我觉得可以模仿小张处理道路工程进度问题的方法，安排几位社区专干负责对接三十户人家，居民有相关问题立即向负责人反馈，负责人也要定期与居民沟通，保证居民能够及时、无障碍地与我们一起监督改造工作。你们觉得怎么样？”

“这个安排负责人的方法好像确实不错呀！”

“那么损坏私人物品的问题呢？”

“让相关负责人考证并登记居民私人物品的毁坏情况，然后我们去和建筑公司协商，要么让他们给予相应金额的赔偿，要么让他们帮居民把东西重新修好。”

“我赞同。”

“附议。”

……

“好，我宣布本次会议圆满结束，现在我来进行工作任务安排，小张你去……”

随着居委会的积极作为，小区内道路改造过程中的问题逐一被化解，小区的发展蒸蒸日上，居民过上了越来越满意的生活。

这天，居委会准备召开关于下一步规划的会议。主任正要宣布开始时，外面传来了群众的吵闹声。

“卫生所前面怎么那么多人？发生了什么事？”

“你不知道啊？隔壁老万他老母亲病了，‘傻乎乎地’往卫生所这边跑，可咱们小区这唯一的卫生所周末不上班的呀。就算开门了，像他老母亲这种病，多半也治不了。”

听着听着，小张慌了神，他突然想到或许之前的难题只是老旧小区改造这个庞大任务的冰山一角，真正的考验才刚刚开始。

三、再遇难题，迎难而上：社区改造加快向深层次发展

（一）生死时速抢救老人，加强改造刻不容缓

外面的吵闹声越来越大，会议难以进行。主任思索了一会儿，把小张叫到跟前。

“小张啊，你和街坊邻居比较熟，你去问问，外面发生什么事儿了。”

“好。”

小张出来后直奔人群中心，只见一个老奶奶一手捂着胸口站在紧闭的卫生所门前，另一只手则被一个年轻人搀着以免晕倒。

小张很疑惑，问身边的大娘：“大娘，这儿发生什么事了？这老奶奶，吃药吃坏肚子了？”

“哎哟，小张你来了可太好了。这不，隔壁老万他老母亲哮喘又犯了，老万刚从外地回来，啥都不知道，傻乎乎地就把老母亲往卫生所这边带。可是，咱们小区这唯一的卫生所周末根本不上班的呀！”

大娘说完，周围群众也激动起来

“唉，这卫生所也就治些小病。老万母亲这病啊，就算卫生所开门了也治不了啊。”

“就是啊，待在这儿就是浪费时间。”

“我估计啊，就是最近社区改造烟尘太大，老奶奶受不了，这才又犯哮喘了。”

还有人干脆开始大喊：“老万，快别耽误时间了，先打个车送你母亲去大医院看看。”

小张大概了解了事情的经过，冲到老万身边帮忙扶着老奶奶，对他说：“我知道最近的大医院在哪，我带你们去。”

小张火速将老奶奶护送到医院。经过紧急治疗和系列检查，老奶奶终于脱离了危险。小张这才松了一口气。从病房出来，老万依旧焦虑地询问医生：“医生啊，我母亲的病没什么大碍吧？”

“老奶奶平常有好好吃药，问题倒是不大，只是你也知道，哮喘这种病没法根治，主要还是多呼吸些新鲜空气，适当锻炼一下。”医生说。

“好的，谢谢医生。”虽然嘴上这么说，但老万依旧眉头紧锁，因为他心里清楚，耽搁这么久才把老人家送来大医院，没出事儿也实属侥幸。万一下次……

想到这儿老万不禁冒起了冷汗，细心的小张立马注意到了一点，也明白了问题的严重性。

小张安慰老万道：“没事的，我们立即整改小区的卫生站，一定会保护好我们小区每一位居民的健康。”随即，小张打车离开。

车上，小张仔细思考了一下。确实，随着社区改造的进行，建筑、道路、安全等问题都在慢慢解决，各项工作正在紧锣密鼓、有条不紊地开展，可是打造“1+5+

X"社区，需要做到居民在社区内就能解决文体、教育、医疗、养老等方面的基本需求。虽说社区改造工作应该由大到小、由浅到深、由粗到细，但是铁路三村老年人口较多，相应地，患病率也比较高，居民对于医疗保障的需求是极高的。看来，医疗设施的改造也应该提上日程了。首先，单单一个卫生所肯定是不够的，更何况，卫生所周末不上班，这样一来，就可能出现医疗设备供求时间相错的情况。另外，社区改造中难免产生一些烟尘，哪怕安排了洒水车，对患有支气管炎、哮喘这样的老人家也特别不友好。即使社区改造完工了，依旧会有一定的危险。既然这一安全隐患始终存在，就必须让我们的医疗机构在突发情况下能为我们的居民提供帮助。还有就医距离的问题，虽说最近的大医院离铁路三村不算很远，但还是要打车前往，万一家里的老人有什么突发疾病，这点时间可是能救命的。

（二）共同商议落实更深层次的社区改造任务

小张回到居委会时，会议即将结束。看到小张回来，大伙又坐了下来。小张跟主任示意一下便走上前。

"同事们，是这样的，我们将铁路三村打造成'1+5+X'社区的目标，要求我们必须做到让居民在社区内能解决医疗方面的基本需求，但我发现咱们社区的改造在医疗设备和就医问题方面还没开展工作。首先是缺少医疗设备，咱们铁路三村本来老人就多，而一个卫生所的医疗设备有限，到流感季节容易产生供不应求的问题；其次是一些患有特殊疾病如支气管炎、哮喘的老人家，对烟尘比较敏感，即使我们安排了洒水车，还是不可避免地会对他们产生影响；最后是就医距离，一个是因为修路，车不好打，另一个是大医院离咱们还是较远，万一老人家突发什么疾病，咱们怎么处理？所以，怎样让这群老人在社区改造中过得健康，过得舒服，过得安心，我觉得我们有必要讨论一下。"

"医疗设备是个问题。首先要做的就是保证最基本的一些设备是足够的，比较基础的看病需求是能满足的；其次还是要问一下卫生所的工作人员，平时去看病的老人多不多，一个卫生所容量够不够，流感季节是否存在供不应求的问题等；最后咱们经过考察了解社区哪里患病率较高，再决定要不要扩建一个卫生所。"小李说。

"小李说得已经比较全面了，我就补充一点，我觉得咱们卫生所还是要安排一个夜班和周末班。天有不测风云，老人随时都有可能需要紧急的医疗救助，还是做好万全准备比较妥当。"肖副主任补充道。

"好，医疗设备这个问题已经有解决方案了，那接下来关于呼吸道疾病患者和就医距离的问题，谁有好的想法？"赵主任问道。

会议陷入沉默，这时，社区专干老齐发声了。

"关于第二个问题，完全解决不太可能。不过我觉得，患呼吸道疾病的人毕竟是少数，咱们可以走访问问大家。人数不多的话，咱们在卫生所开个防尘间，安装几个通风口，虽说里面空气和外界不直接相通，但也算新鲜，施工强度大的时候可以让老人家进来避避；人数多的话，咱们只能先从施工问题考虑，到时候询问建设人员有没有更好的施工方案，如在施工的时候通过及时清扫、盖住易引起扬尘的物料、设置围挡等方法减少扬尘。”

“老齐说的方法可行性较高，那我就谈谈第三个问题吧。我觉得可以在社区安排一辆专通车，直达附近的大医院。这样能比较方便地解决老人家不会叫网约车或者打不到车去医院的问题。”肖副主任补充道。

“关于就医距离啊，我们能改变的很少，但我们可以和医院那边协商一下，在社区改造这段时间，请一些急救医生过来值班。万一有人突发疾病，迅速送到急救医生那里抢救，再由专通车紧急送往最近的大医院。”

“但这个资金问题怎么解决呀？无论是小李说的扩建卫生所、老齐说的开个防尘间，还是社区直通车、请急救医生，这些可都需要不小的开销呀。”赵主任皱起眉头，语重心长地说道。

肖副主任提议道：“我们要不试试找公司投资吧，大家都重视老人家的身体健康，无论是儿女还是老人自己，都是很愿意在医疗方面花钱的。我们小区又有这么多的老年住户，既然有这个市场，就肯定有公司愿意来赚这个钱。我们做做宣传，拉几个投资商建设医疗设施和直通车，然后让他们合理收费，公司赚到钱了，又会加大投资力度，我们社区改造的工作也能越做越好呀。”

“我觉得可以……”

“……”

“好，那这次会议到这就结束了，请大家接下来严格按照工作安排完成自己的工作。”

随着工作的展开，卫生所请来了急救医生，开防尘间的工作被提上日程。小张带着一个医生来卫生所查看医疗设备及就医情况，以此确定需要购买设备的情况和安排急救人员的数目。

摸清大致情况后，小张和医生闲聊起来。

“医生，真是麻烦你了，大老远赶过来。”小张对医生表示感谢。

医生摆摆手：“应该的，近来N市社区改造，我院也派了不少人下社区进行义诊。现在N市老龄化问题越来越严重，很多老人家又不爱锻炼，也出现了精神贫困的问题。你说，这样的身体没点小病小灾怎么可能嘛。”说着说着便叹了口气。“诶？说起来，你们这边的老年人活动中心在哪啊？方便带我去看看吗？”

听着医生的话，小张沉默了。没想到，文娱活动的缺失还有这样的危害。这么看来文娱设施的建设也要立即着手准备了。

与医生道别后，小张想了想，还是拨通了李主任的电话。

“主任，我这边发现了一个新问题……”

四、坚持不懈，百二属楚：改造成果喜人并获得认同

（一）成效显著，百姓欢喜

经过铁路三村居委会的不懈努力，到2020年12月末，铁路三村社区改造工作基本完工：新建水泥路铺得平平整整、高危电线被合理保护、违规建筑被合理拆除并重建新设施、社区整洁美观、医疗设施完备、文娱健身设施齐全（见图4-4）……

图4-4 小区健身设施

铁路三村的居民无一不对社区改造赞不绝口。患了老花眼的牛爷爷那是见人就夸：“我这眼睛呀，不好使。以前那老路，走得那叫一个胆战心惊呀！生怕看不清什么东西给绊倒了，是真不敢乱走，成天待在家里，快闷死了。现在这路一改，一点坑坑洼洼的都没有，干干净净。给咱老人活动的场地也多了，我现在无聊的时候，就跟老伴儿去村口那广场听听歌，跳两支舞。这生活过得有意思多啦！”

“对呀对呀，这医疗办得也好呀。一有什么不舒服，社区卫生所的医生立马就能帮到忙。要去医院也方便，坐上直通车十来分钟就能到医院。”

“我那隔壁村的朋友，老刘，现在可是天天来我们小区玩。他回去跟他们小区的老头讲，可把他们都羡慕坏了呀。”

“哈哈哈哈。”

（二）铁路三村改造成功的示范作用

民众对于社区改造的满意反馈到了XH区人民政府，政府工作人员来到铁路三村监督工作并验收改造成果后，喜出望外，给予了铁路三村居委会高度的评价。消息一传十，十传百。铁路三村被评为社区改造模范村，赵主任和社区专干小张也被评为社区改造优秀工作者。

新闻工作者闻讯赶到铁路三村，对赵主任和小张进行了采访。

“你好。这次铁路三村社区改造取得如此优异的成绩，获得了外界一致的高度评价，你们二位作为开展这项工作的重要角色，对此有什么感想？”

“社区改造的初衷是造福人民。我们作为社区工作者，要想把社区工作做好，首先一定要积极与民众沟通，了解每家每户的需求和意见。只有搞清楚了住户想要什么，我们才能确定要做什么。就像N市刘市长说的，要不断提升群众的获得感、安全感、幸福感。”赵主任不紧不慢地说道。

“铁路三村的工作是如何做到如此高效进行的呢？”

“我们采取了划分区域、分工负责的做法。让每位社区专干负责一块区域的改造工作，每人负责与三十户住户紧密地沟通交流，并且设置监督人员，定期去检查工作进度，做工作总结，根据工作成果的好坏对每位社区专干进行奖惩。这样做之后，工作的效率明显提高了，而且我们始终坚持与民众沟通，随时帮助住户解决问题。住户的满意度提高了，更加支持我们的工作了，工作进展得当然也就更顺利了。”小张高兴又得意地说道。

“社区改造工作还有什么需要特别注意的地方吗？”

“工作方案要灵活变通，随时根据情况变化而变化。就像我们原本打算把活动广场建在西边，开始动工后，有人反映那里经常有车辆通过，把广场建在那里不方便老年人进行娱乐活动。于是我们立即去考察情况，发现那片区域确实有较多车辆通过。然后，我们发起了民意调查，结果显示大部分住户不同意在那里建广场。我们马上联系建筑公司拆除原本的建筑。后来经过商议，在那里建了一个电动车棚，解决了机动车乱停乱放的问题。”赵主任说道。

“你们在改造工作中遇到过什么较大的问题吗？你们是怎么解决的？”

“我们当时争论比较久的问题，就是关于拆除违建之后赔偿的金额问题。开始我们自己去测量统计，去估值，制定了每平方米两百元的赔偿方案。后来发现大家不太满意，沟通交流后了解到这些违建用的材料不同，所以成本也不同，不能只看面积来决定赔偿金额，而且存在工作人员测量失误、数据严重不符的情况。之后，我们研究并制定了根据材料和面积综合决定赔偿金额的方案，例如：围墙八十元每平方米、砖木五百元每平方米、混砖七百元每平方米等。我们还请了测量公司用专业的测量仪器做统计。最后才令住户们都对赔偿金额满意。过了几个月，又出现了住户嫌赔偿金发得太慢的问题，我们就派负责人挨家挨户地去解释：赔偿金审核慢是为了严谨，保证不出现错误，实际上也是为了维护大家的权益。最终我们的工作得到了大家的肯定。我感觉最关键的还是要做到及时与民众沟通，及时发现问题并灵活变通，积极寻求方法解决问题。”

“谢谢你们的分享。”

……

随着媒体的不断宣传，铁路三村的科学管理方法被其他村广泛地借鉴参考，避免了工作中的很多麻烦，为N市社区改造工作添砖加瓦。

启发思考题

1. 协同治理理论在本案例中的适用性如何?

2. 请基于SFIC模型，对老旧小区铁路三村改造的协同治理进行分析。

3. 请提出SFIC分析框架下老旧小区铁路三村改造的协同治理对策。

第二节　案例说明书

一、课前准备

1. 确定案例主题

老旧小区铁路三村的改造案例。解释为什么选择该案例作为教学主题，如我国城市老旧小区改造的历程与意义，本案例的重要影响等。

2. 收集案例相关资料

收集与该小区改造相关的政策文件、报告、新闻报道等资料，确保收集的资料全面、准确，并组织整理成易于理解和使用的形式。

3. 明确本案例教学的具体目的

(1) 让学生了解老旧小区改造的背景、动机和目标;

(2) 分析改造对社区发展、居民生活和城市环境的影响;

(3) 探讨政府、居民和开发商在改造过程中的角色和责任;

(4) 理解协同治理理论及其在本案例分析中的应用。

4. 制订详细的教学计划

根据案例教学的时间安排，制订教学计划，包括案例讲解、分组讨论、师生互动和总结交流等环节的时间分配。

5. 资料阅读

将与案例有关的资料提前发给学生，让学生在课前阅读，对老旧小区改造的背景、政策和实施情况有一定了解。同时，告知学生相关资料的查阅方法和获得途径，以便他们进一步了解案例内容。

6. 角色分配

根据案例中涉及的各方角色，提前将角色分配给学生，包括政府相关部门代表、居委会工作人员、社区居民代表、企业代表等。学生可以在课堂上以各自扮演的角色进行情节演示和讨论，加深对案例的理解和参与感。

7. 准备教学素材

准备相关的PPT、图片、视频等教学素材，以便在课堂上使用，引导学生对案例进行讨论和分析。

8. 分组安排

将学生分成若干小组，便于课堂上进行小组讨论和交流。

9. 多媒体教室及演示道具

确保教学场所具备多媒体设备，以便在课堂上展示相关图片、视频等教学素材。另外，根据案例需要，准备相应的演示道具，如小区平面图、改造示意图等，以便让学生更直观地了解案例。

通过以上的课前准备，教师可以为学生提供一个系统而有针对性的案例教学环境，帮助他们更好地理解和参与到铁路三村改造的案例中。

二、适用对象

本案例适用对象包括但不限于以下人群：

1. MPA学生

本案例适用于学习公共管理相关课程的MPA学生。通过本案例，他们可以深入研究城市老旧小区改造对社会经济和居民生活的影响，探讨多元主体间的关系和协同治理方式；了解拆迁改造背后的社会问题和挑战，深入思考城市发展的可持续性和社会公正性；激发对协同治理理论的学习兴趣与研究热情，促进知识积累和综合能力提升。

2. 公共管理类专业的本专科生

在城市管理、行政管理、社会管理等相关专业学习的学生，都可以通过本案例学习和研究城市老旧小区改造的政策、管理流程和治理方式，提升专业知识水平和实际应用能力。

3. 政府部门相关人员

城市规划部门、土地管理部门、房地产开发管理部门以及街道办工作人员可以通过本案例了解城市老旧小区改造政策、管理流程和政府的角色与责任，提升相关领域的专业知识水平和工作能力。

4. 居委会和社区居民

直接受到拆迁改造影响的居委会和社区居民，可以通过本案例了解城市老旧小区改造的程序和规定、权益保护途径，并参与相关政策和决策的讨论和反馈。

本案例适合“公共管理学”“行政管理学”“公共政策分析”课程教学使用。

三、教学目标

本案例以N市老旧小区铁路三村改造为背景，基于协同治理理论进行分析，旨在达到以下教学目标：

1. 了解改造的背景和意义

通过阅读案例、讨论和分析，让学生将了解老旧小区铁路三村改造的背景、目的和意义，理解老旧小区改造对城市发展、居民生活质量和社会和谐的重要性，并掌握相关的政策和法规。

2. 了解协同治理理论，掌握SFIC模型的分析框架

让学生掌握协同治理理论的基本概念、原理和应用，理解协同治理在城市发展和社区管理中的重要性，并能够分析利益相关者之间的相互作用、合作机会和冲突。

3. 探讨协同治理策略和机制

让学生探讨如何运用协同治理理论来解决老旧小区改造中的利益冲突和问题，能够分析老旧小区改造中的关键问题和挑战，并提出合理的协同治理策略和机制，包括促进利益平衡、加强利益相关者之间的合作与协调。

4. 培养批判性思维和解决问题的能力

基于协同治理理论对老旧小区改造中的困难和对策进行分析，培养学生的批判性思维和解决问题的能力。

四、教学内容及要点分析

（一）启发思考题

1. 协同治理理论在本案例中的适用性如何？

2. 请基于SFIC模型，对铁路三村改造的协同治理进行分析。

3. 请提出SFIC分析框架下铁路三村改造的协同治理对策。

（二）案例回顾

城镇老旧小区改造是重大民生工程和发展工程，对满足人民群众美好生活需要、推动惠民生扩内需、推进城市更新和开发建设方式转型、促进经济高质量发展具有十分重要的意义。《国务院办公厅关于全面推进城镇老旧小区改造工作的指导意见》提出，以习近平新时代中国特色社会主义思想为指导，全面贯彻党的十九大和十九届二中、三中、四中全会精神，按照党中央、国务院决策部署，坚持以人民为中心的发展思想，坚持新发展理念，按照高质量发展要求，大力改造提升城镇老旧小区，改善居民居住条件，推动构建“纵向到底、横向到边、共建共治共享”的社区治理体系，让人民群众生活更方便、更舒心、更美好。

N市老年人口比例逐年上升。在老旧小区中，老人人身安全没保障、医疗设施不足、文娱活动及活动场所匮乏等问题突出。2002年在西班牙马德里召开的联合国第二届世界老龄大会，提出老年人“精神贫困”是继“经济贫困”之后各国共同面对的难题。N市推行“保基础+X”改造原则，着力打造“1+5+X”社区，使居民在社区内就能解决文体、教育、医疗、养老等方面的基本需求。

N市铁路三村是社区改造成功的典型案例。本案例以协同治理理论中的SFIC模型制定分析框架，基于案例本身总结铁路三村居委会协调多方共同改造的科学管理方法，探讨多方主体的协同治理对于社区改造工作的重要意义。

（三）铁路三村改造面临的问题与困难

老旧小区铁路三村改造面临的问题与困难主要体现在基础设施滞后、缺乏配套服务、老年人需求未得到满足、资金不足、管理机制不完善、信息不对称、居民参与度不高以及社会环境复杂等方面。

1.基础设施滞后、缺乏生活配套服务是铁路三村改造迫切要解决的问题

铁路三村小区内道路坑洼不平、违规建筑较多、电线乱搭等情况说明基础设施存在老化、损坏和不足的问题。这可能是由长期缺乏投入和维护导致的。在过去的几十年里，铁路三村的发展可能没有跟上城市化的步伐，基础设施建设的规划和投入不足，导致现有的道路、电力、供水、排水等基础设施无法满足居民的日常需求。同时，小区内医疗机构缺乏、娱乐设施不足、没有任何文娱活动等情况表明社区内的配套服务无法满足居民的各项需求。这可能是由资源分配不均、规划不合理、服务供给不足等原因所致。医疗机构缺乏使得居民在患病时难以及时就医，娱乐设施和文娱活动不足导致居民缺乏文化娱乐场所和活动，生活质量受到了影响。

2.满足老年人需求是铁路三村改造需要解决的一个重要问题

铁路三村是一个老年村，60岁以上老人占比较高，现有的社区设施和服务无法满足老年人的人身安全保障需求、医疗保障需求和娱乐需求。老年人的生活方式和需求与年轻人存在较大差异，他们更需要健康、医疗和社交等方面的支持和关怀。目前社区改造的不足导致老年人的特殊需求无法得到有效解决，老年人的生活质量和幸福感受到了影响。

3.资金不足是铁路三村改造面临的困难

社区改造需要大量的资金投入到基础设施建设、配套服务建设、环境整治等方面。缺乏足够的财政预算和资金来源，就无法满足小区改造的需求，导致改造进展缓慢。因此，政府需要寻找多元化的资金来源和筹措方式，如探索公私合作模式、吸引社会资本参与等，确保小区改造所需资金。

4.治理体系与管理机制不完善对小区改造带来了不利影响

老旧小区改造涉及多个政府部门、社区组织和居民，但决策权和责任分散，协调和沟通困难，治理体系不协调可能导致改造过程中的决策效率低下，增加决策结果的不确定性。此外，铁路三村存在管理体制不健全、管理力量不足、管理方式陈旧、居民参与度不高、缺乏有效的参与机制和居民意见反馈渠道等问题，导致改造工作协调和推进困难。

5.铁路三村所处的社会环境复杂给改造工作带来了困难

社区内可能存在不规范的经营活动、违法建筑等问题，这涉及执法力度和社会秩序的整治。复杂的社会环境加剧了各方的利益冲突。老旧小区改造过程中，不同利益相关方之间的利益冲突是一个常见的问题。政府追求城市更新和形象提升，经营业主关注经济回报和资产增值，居民关注居住环境的改善和社区的稳定性。这些不同的利益诉求可能导致决策复杂和改造工作推进困难。政府可能面临如何平衡各

方利益、实现公平公正的问题，而经营业主和居民之间的利益冲突可能影响改造的进展和效果。

6.信息不对称的不利影响

在老旧小区改造过程中，政府、开发商等决策者和执行者通常掌握更多的信息，而居民和社区组织对改造计划可能缺乏全面的了解，对改造方案的内容和目标缺乏清晰的认知。这种信息不对称可能导致不信任和猜疑，影响各方的合作和共识的形成，还可能妨碍居民对改造计划的理解和参与，降低改造的可持续性和社区发展的稳定性。因此，建立信息共享和透明机制，增加各方对改造过程的了解和信任非常重要。

上述问题和困难产生的原因是多方面的，包括制度和政策层面、经济和资金层面、利益相关方层面、治理体系层面以及居民参与层面等。理解这些问题产生的原因和解决这些问题是推进老旧小区改造的关键，这要求多方主体协商治理，共同推动改造工作，进而实现社区的可持续发展和社会的共同进步。

（四）协同治理理论及其在本案例中的适用性

1.协同治理理论

协同治理理论是一种涉及多个主体参与社会公共事务治理的理论框架。它强调政府、企业、民间组织以及其他公共力量之间的协同合作，以实现治理的有序性、效能提升和公共利益最大化。该理论提供了一种新的思考方式和实践路径，能够应对传统单一中心治理范式所面临的挑战。

在协同治理中，多个主体，包括政府、非营利组织、营利组织和公民个人等，共同参与公共事务的管理。它强调从无序到有序、从纷争到协同、从无效到有效、从静态到动态的转变，通过建立有效的社会治理网络发挥各自的作用，共同解决公共问题。

赫尔曼·哈肯（Hermann Haken）最早提出协同治理的概念，他强调多个主体应该共同参与社会公共事务的治理过程，通过协同合作解决治理过程中的效率和资源问题。此后，这一概念引发了学者们对协同治理的深入研究。在过去的20多年来，协同治理逐渐成为公共部门和非公共部门协调合作的重要模式。它被视为取代对抗政策的管理模式，旨在通过共同参与达成共识来提高政策制定和公共管理的效果。

然而，协同治理也面临一些挑战和限制。首先，利益冲突和权力不平衡是协同治理中常见的问题。不同利益主体可能拥有不同的权力和资源，在决策过程中易出现利益冲突和权力失衡。这可能导致某些利益主体被忽视或排除在外，从而影响决策结果的公正性和全面性。其次，协同治理需要各方积极参与和贡献，但某些组织或个体可能缺乏必要的资源和能力。这可能导致一些利益主体的声音无法被充分听取，限制了协同治理的效果。最后，协同治理是一个复杂的过程，需要大量的时间、精力和资源来实施。组织和协调各方的参与，进行协商和达成共识，需要耗费大量的时间和精力；同时，为了实现有效的协同治理，可能需要投入更多的经费和资源，包括会议组织、信息收集和分析等方面的费用。

为了克服这些挑战，协同治理需要建立适当的机制和流程，包括明确责任和权力分配，促进各利益主体平等参与和合作，加强资源和能力支持，以及加强沟通和协调。只有通过合理的安排和有效的实施，协同治理才能发挥其优势，促进可持续发展和社会公正。

2.协同治理理论的SFIC模型

在对协同治理的研究中，克里斯·安塞尔（Chris Ansell）和艾莉森·加什（Alison Gash）构建的SFIC模型是目前最具代表性的分析框架。该框架包括起始条件、制度设计、催化领导、协同过程和协同结果等要素，从不同的视角解读协同治理。他们认为这些要素对于协同治理的实施和效果至关重要。SFIC模型的框架如图4-5所示。

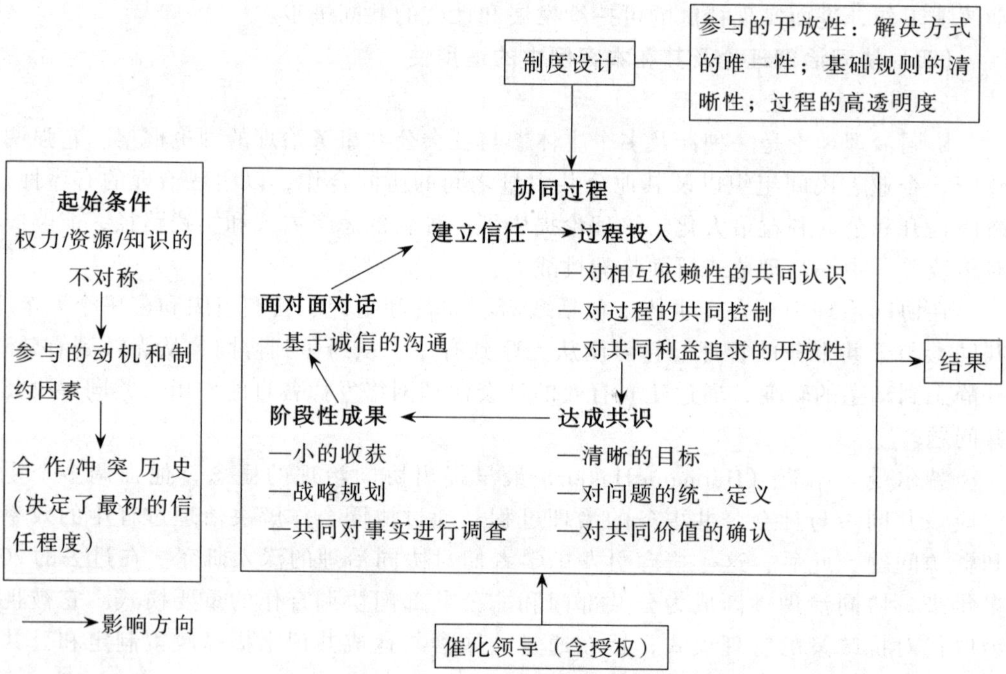

图4-5 SFIC模型的框架

资料来源：ANSELL C，GASH A. Collaborative governance in theory and practice [J]. Journal of Public Administration Research and Theory，2008，18（4）：543-571.

在该模型中，SFIC分析的基本框架由起始条件、催化领导、制度设计、协同过程和协同结果组成。

（1）起始条件

起始条件是协同过程开始之前各个主体的实际情况和背景条件。它包括以下三个重要组成成分：

① 权力、资源和知识的不对称：各个主体在权力、资源和知识方面存在不平等的情况。这种不对称可能导致某些主体在协同过程中拥有更大的话语权和资源控制能力，从而影响协同过程的公正性和效果。

② 参与的动机和制约因素：各个主体参与协同过程的动机和制约因素。协同动机可以是解决共同问题、实现共同利益或减少冲突等。不同主体的协同动机可能有差异，这会影响他们在协同过程中的积极性和合作程度。

③ 合作或冲突历史：各个主体之间在过去的合作或冲突历史。过去的合作经验可以增加互信和合作意愿，而冲突历史可能导致互不信任和敌对情绪。这些历史因素会影响协同的过程和结果。

（2）催化领导

催化领导是指在协同过程中起到推动和引导作用的领导者。他们能够有效地协调各方利益、促进信息共享和协同行动。催化领导者具备良好的沟通技巧、冲突管理能力和组织协调能力，能够帮助各方建立共识和达成合作。他们还能够协调权力关系，确保各方的参与和合作。

（3）制度设计

制度设计是指为协同过程设定的规则、制度和程序。它包括制定相关准则和规范，约束各主体行为的正当性。良好的制度设计能够为协同过程提供明确的目标，规范参与者的行为和决策过程，并确保公正和透明。制度设计应该具备开放性，允许各方参与制定和修改制度，以适应不断变化的情境。

（4）协同过程

协同过程是指各个主体在协同治理中的互动和合作过程。Ansell和Gash将协同过程简化为五个步骤：

① 面对面对话：各方通过面对面的交流来共享信息、理解不同观点和利益，并建立相互信任的基础。

② 建立信任：各方通过多次互动和合作逐渐建立起信任关系，增加合作的意愿和机会。

③ 过程投入：各方在协同过程中投入资源、时间和精力，共同参与问题分析、决策和实施。

④ 达成共识：通过讨论、协商和妥协，各方努力达成共同的目标和利益，寻求共识并解决分歧。

⑤ 阶段性成果：协同过程中取得的阶段性成果和改善。这些成果可以增加各方的信心和动力，促进协同过程的持续进行。

以上这五个步骤相互作用形成一个环状结构，多个环状结构构成协同过程的整体。这些步骤的顺序和循环性可以根据具体情境和需求进行调整和修改，以适应协同治理的实际情况。

(5) 协同结果

协同结果是指协同治理的最终结果和影响。这些结果可以是具体的成果，如政策制定、项目实施和问题解决，也可以是更广泛的影响，如社区发展、公众参与度提高和制度创新。协同结果与前面提到的起始条件、催化领导、制度设计和协同过程密切相关。

总之，SFIC模型提供了一个系统的框架，帮助分析协同治理的要素、机制和效果。它强调了起始条件、催化领导、制度设计和协同过程在协同治理中的重要性，为实践中的政策制定提供了有益的参考和指导。

3.协同治理理论在本案例中的适用性

老旧小区改造是一个复杂的过程，涉及多个利益相关者。协同治理理论提供了一种有效的框架和方法，可以促进各利益相关者之间的沟通协作和问题解决，从而实现改造的公正性、可持续性和社区参与。

首先，协同治理理论强调多元主体的参与。在老旧小区改造中，政府、居民群体、企业、社区组织等都是利益相关者，拥有不同的利益诉求和立场。协同治理理论倡导各利益相关者之间通过对话、协商共同参与决策过程、共同解决问题，并共享改造成果。这种多元主体参与的方式有助于凝聚各方力量，形成合力，推动老旧小区改造的进程。

其次，协同治理理论注重共同决策和协商。老旧小区改造涉及的利益冲突和分歧可能导致决策困难。协同治理理论鼓励利益相关者通过协商和对话的方式解决冲突，达成共识。这种共同决策和协商的过程可以增加各方的参与感和认同感，提高决策的质量和可执行性。通过共同决策和协商，利益相关者能够共同制定目标和计划，并为改造的实施提供支持和协助。

再次，协同治理理论强调问题解决和共享责任。老旧小区改造过程中会出现各种问题和挑战，需要各利益相关者共同解决。协同治理理论提供了一种方法，可以让各方共同面对问题、寻求解决方案，并共同承担责任和义务。通过协同治理，各利益相关者可以将问题摆到桌面上共同讨论和解决，避免相互对立和推诿责任。共享责任意味着每个利益相关者都承担起改造过程中的一部分责任，并为改造的成功贡献自己的力量。

最后，协同治理理论强调社区居民参与和自治。老旧小区改造涉及的居民群体是直接受影响的群体。协同治理理论强调社区居民参与和自治，使他们能够发表意见、提出建议，并在改造过程中履行更大的自治权和责任。协同治理可以促进社区居民与政府、企业、社区组织之间的合作和互动，实现共同的目标和利益。

综上所述，协同治理理论在老旧小区改造案例中具有较强的适用性。它能够促进各利益相关者之间的合作与协商，提高决策的质量和可执行性，解决问题、应对挑战，推动社区的可持续发展。协同治理有助于实现社区改造的公正性、可持续性和社区参与，为老旧小区的改造带来更好的效果和成果。因此，在老旧小区改造实践中，应用协同治理理论是非常重要和有效的。

（五）基于SFIC模型的铁路三村改造的协同治理分析

1.起始条件

铁路三村改造的起始条件包括各个主体在权力、资源和信息方面的不对称，协同动机，以及此前的合作或冲突历史等三个重要组成成分。以下是对铁路三村改造的起始条件进行详细分析的内容。

首先，在铁路三村改造过程中，政府、开发商和居民等主体之间可能存在不平等的权力、资源和信息分配。政府和开发商通常拥有更多的资源和信息，如土地、资金和技术，而居民能够获取的资源和信息相对有限。这种不对称性可能引发各方之间的矛盾和冲突，导致合作困难。

其次，不同的主体可能对铁路三村改造具有不同的动机和利益诉求。政府和开发商可能更关注经济利益、城市发展和土地开发等方面，而居民可能更关注居住环境的改善、基础设施的配套和社区服务的提升。这种协同动机的不一致可能导致各方之间的合作难度增加。

最后，过去的合作或冲突经历可能对当前的协同过程产生影响。如果过去存在成功的合作案例，各方可能更愿意参与合作并信任其他主体；相反，如果存在冲突、分歧或矛盾，各方之间的信任和合作意愿可能受到影响，增加协同过程的困难。

在铁路三村改造的起始条件中，解决权力、资源和信息不对称的问题是至关重要的。政府应该采取措施确保权力的平等和资源的公正分配，同时确保信息公开透明。政府还要激发各方的协同动机，使各方能够认识到合作对实现共同利益的重要性，并争取共赢的结果。政府和相关组织可以通过引入催化领导来协调各方之间的利益冲突，帮助各方建立相对平衡的权力关系。另外，过去的合作或冲突历史也要得到妥善处理。政府和相关组织可以通过对话、协商和调解等方式，解决过去的矛盾和分歧，恢复各方之间的信任和合作意愿。制定适当的制度和规范也是解决起始条件问题的重要措施，确保协同过程公正、透明和可持续发展。

总之，铁路三村改造的起始条件涉及权力、资源和信息不对称，协同动机，以及过去的合作或冲突历史等方面。要解决这些起始条件的问题，政府、开发商、居民和其他相关方需要共同努力，通过公正分配资源、提供充分的信息、激发协同动机和解决过去的矛盾，为协同治理奠定良好的基础。

2.催化领导

催化领导在铁路三村改造中具有重要作用。首先，催化领导能够帮助各个主体建立起相对平衡的权力关系。在改造过程中，政府、开发商和居民等主体之间可能存在权力不均衡的情况，催化领导通过调和各方的利益冲突、协调各方的关系，能够促使各方在改造中发挥积极作用，实现各方利益的相对平衡和协调。其次，催化领导能够激发各方的参与积极性。在铁路三村改造中，各个主体的协同合作对于项目的成功至关重要。催化领导通过激发各方的参与积极性、凝聚各方的共识和动员各方的资源，能够促使各方主动参与改造过程，增强合作的效果和成果。再次，催化领导能够促进协同过程的顺利进行。在铁路三村改造中，协同过程包括面对面对话、建立信任、过程投入、达成共识和阶段性成果等环节。催化领导可以引导和推动这些环节的顺利进行，促进各方之间的有效沟通和协作，确保协同过程和目标得以实现。最后，催化领导具备整合资源和协调行动的能力。在铁路三村改造中，各个主体之间可能存在资源分散和行动碎片化的问题。催化领导可以整合各方的资源和行动，协调各方之间的合作，实现资源的优化配置和行动的协同效果。

在铁路三村改造中，催化领导要具备以下几项关键能力：首先，要具备良好的沟通和协调能力，能够与各方建立起良好的信任关系，促进信息的沟通和共享。其次，要具备战略思维和决策能力，能够制定合适的改造策略和计划，引导各方的行动。最后，要具备团队合作和组织管理能力，能够组建和管理一个高效的改造团队，确保改造过程的顺利进行。

综上所述，铁路三村改造中的催化领导是推动协同治理的重要因素。催化领导能够调节各方关系、激发参与积极性、促进协同过程和整合资源，为改造项目的成功提供支持和保障。因此，在铁路三村改造中，重视和培育催化领导的作用，将对协同治理产生积极的影响。

3.制度设计

铁路三村改造中的制度设计是指通过制定相关准则和规范来约束各个主体的行为，确保改造过程的合理性、公正性和透明度。

首先，铁路三村改造中的制度设计应具备开放性和透明性。开放性制度设计意味着各个主体有平等的参与机会和权利，能够自由地表达意见和建议。透明性制度设计要求相关信息、决策过程和资源分配等方面的信息公开，以增加决策的透明度和公正性。

其次，制度设计应确保各主体行为的正当性。铁路三村改造涉及政府、开发商、居民等多个主体的利益，制度设计需要明确各个主体的权利和义务，以及他们在改造过程中的责任和角色。通过制定明确的规则和准则，制度设计可以约束各方行为，防止不正当的利益追求和冲突。

再次，制度设计应考虑到铁路三村改造的特定需求和情况。针对铁路三村老旧小区的特点，制度设计可以制定适应性政策和措施，满足居民的特殊需求。例如，在医疗保障方面，可以建立医疗服务机构或提供社区健康服务；在娱乐设施方面，可以规划建设公共活动场所或文娱中心等。

最后，制度设计应注重居民参与和民主决策。铁路三村改造事关居民的切身利益，因此制度设计应鼓励居民参与和表达意见。通过组织居民代表会议、征求意见、开展公众听证会等形式，可以让居民参与到决策过程中，确保他们的声音被充分听取和考虑。

在铁路三村改造中，制度设计的具体内容可以包括以下几个方面：一是明确改造项目的规划和目标，确保改造过程的可行性和可持续性。二是制定相关的法律法规和政策，明确各个主体的权责和行为准则。三是建立相关的协商机制和沟通渠道，促进各方之间的有效对话和合作。四是确保资源的合理分配和利用，避免资源浪费和不公平现象。五是建立监督和评估机制，对改造过程进行监督和评估，确保制度设计的有效性和改进空间。

综上所述，铁路三村改造中的制度设计是确保协同治理顺利进行的重要环节。通过开放性和透明性的制度设计，明确各主体的权责和行为准则，促进居民参与和民主决策，铁路三村改造的制度设计可以为协同治理提供有效的支持，推动改造过程顺利进行，实现改造目标。

4.协同过程

第一，面对面的对话是协同过程的基础。在铁路三村改造中，各个主体需要进行面对面的沟通和交流，分享信息、意见和需求。面对面的对话有助于更好地理解各方的观点和利益，促进相互理解和合作。

第二，建立信任是协同过程的关键。铁路三村改造中涉及多个主体，包括政府、开发商、居民等，彼此之间的信任是协同过程的基础。通过建立信任关系，各方可以更加开放地分享信息、合作解决问题，并且愿意接受彼此的建议和意见。

第三，过程投入是协同过程的动力。铁路三村改造需要各个主体的积极参与和付出，包括时间、资源和专业知识等方面的投入，各方共同努力、共同承担责任，实现改造目标。

第四，达成共识是协同过程的重要目标。在铁路三村改造中，各个主体需要就改造方案、资源分配、责任划分等问题达成共识。通过协商、讨论和妥协，各方可以寻求共同利益，并制订共同行动计划。

第五，阶段性成果是协同过程的里程碑。铁路三村改造是一个长期的过程，通过实现阶段性成果，可以激励各方积极参与和合作，为改造过程带来正向的推动力。

在铁路三村改造中，协同过程需要注意以下几个方面：首先，建立有效的沟通渠道和协商机制，确保各方的意见被充分听取和考虑。其次，注重平等和包容，尊重各方的权利和利益，确保协同过程的公正性和公平性。最后，建立监督和评估机制，及时反馈改造进展情况和面临的问题，以便及时调整和改进协同过程。

综上所述，在铁路三村改造中，通过有效的协同过程，可以促进各方的沟通与合作，推动改造目标的实现。同时，铁路三村改造中的协同过程需要注重沟通、信任、投入、共识和阶段性成果的实现，以确保协同治理的顺利进行。

5.协同结果

铁路三村改造的协同结果是指在协同治理的过程中所取得的成果和效果。协同结果反映了各个主体在改造过程中的协作程度、目标的实现程度以及改造带来的影响和效益。针对铁路三村改造的协同结果，应综合考虑改造成果的显著性、居民满意度、社区发展的可持续性以及各个主体的利益平衡和互利共赢，进行全面的分析和评价。这样的分析有助于总结经验教训，指导未来的协同治理实践，并为其他类似改造项目提供参考和借鉴。

（六）SFIC分析框架下铁路三村改造的协同治理对策

1.起始条件

（1）了解社区需求：开展调查研究，了解居民的需求和期望，为改造工作提供基础数据和信息。

（2）增强合作意识：促进社区居民、居委会、社区管理机构和相关部门之间增强合作意识，认识到共同推进改造工作的重要性。

2.催化领导

（1）建立协同治理机制：设立改造工作领导小组（由居委会和相关部门负责人组成），提供协同领导和指导，推动改造工作的协同进行。

（2）强化沟通与协调：领导小组负责协调各方利益，促进信息共享和沟通，确保各方合作顺畅。

3.制度设计

（1）建立参与机制：制定参与改造的规则和程序，确保居民能够参与决策和规划过程，例如采取居民代表会议、社区议事会等形式。

（2）建立监督机制：设立监督机构，负责监督改造工作的进展和质量，接受居民投诉和提意见，并及时采取纠正措施。

4.协同过程

（1）居民参与决策：组织居民参与决策，例如召开座谈会、征求意见和建议，确保居民需求得到充分考虑。

（2）资源调配与管理：合理配置改造所需资源，包括资金、人力和材料等，确保资源高效利用和项目顺利实施。

（3）沟通与合作：建立畅通的沟通渠道，加强各方之间的合作，共同解决问题和难题。

在有效的协同治理下，老旧小区铁路三村经过改造最终实现了改善社区环境、促进社区发展的目标：改善了居民的居住环境，提高了居民的生活品质；推动了社区的经济、文化和社会发展；增强了居民的参与意识和参与能力，形成了社区自治的良好氛围。

五、课堂安排

本案例按照3个学时（135分钟）进行设计：

1.导入案例和引导讨论

时间分配：15分钟。

（1）授课老师介绍老旧小区铁路三村改造案例背景，提出相关问题引发学生思考。

（2）学生以小组形式讨论，分享对协同治理理论的理解，并探讨在该案例中如何应用协同治理理论的要素。

2. 理论讲解

时间分配：30分钟。

授课老师介绍协同治理理论，讲解协同治理理论的核心要素，包括起始条件、催化领导、协同过程和制度设计。

3. 铁路三村改造的协同治理分析

时间分配：45分钟。

（1）学生根据案例材料，识别和分析铁路三村改造中的各类利益相关者，包括政府部门、居民群体、企业、社区组织等。协同治理理论强调广泛的利益相关者参与决策过程，分析他们通过什么样的形式提出意见和建议，并参与最终的决策制定过程。

（2）通过案例分析，说明如何运用协同治理理论来分析和解决铁路三村改造中出现的问题。

（3）学生以小组为单位，共同设计协同治理的具体措施和行动计划，以促进各利益相关者之间的合作和问题的解决。

4. 师生互动和讨论

时间分配：30分钟。

（1）授课老师对各小组的角色扮演和讨论进行点评，引导学生思考协同治理在老旧小区改造中的实际应用和效果。

（2）学生与授课老师进行互动，深化对协同治理理论和案例分析的理解。

5. 课堂总结

时间分配：15分钟。

教师对课堂学习讨论过程进行归纳总结，学生谈学习体会，总结课堂学习的亮点和收获，强化对协同治理理论的理解和应用，提高运用相关理论分析案例的能力。

六、参考文献

[1] 易珍. SFIC模型视角下农村生活垃圾协同治理研究——基于株洲市美丽宜居村庄的实证分析 [J]. 环境科学与管理，2021（12）：81-85.

[2] 谭俊杰，廖绮晶，袁媛，等. 居委会主导的老旧小区改造协作模式研究——以广州市仰忠社区为例 [J]. 上海城市规划，2021（5）：16-22.

[3] 李翔，向立群. 老旧小区改造中的多元主体协同机制研究——基于深圳市场化政策改革的经验 [J]. 建筑经济，2022（8）：15-21.

[4] 朱红艳，吴文革. 基于SFIC模型的乡村多元主体协同治理研究 [J]. 嘉

兴学院学报，2022（5）：97-103.

［5］杨宇莎，陈永法．基于SFIC模型的我国医联体协同路径研究［J］．卫生经济研究，2022（5）：52-55.

［6］董国群，姜涌，朱宁，等．城市更新中老旧小区改造的政策途径与案例研究——以北京地区为例［J］．城市发展研究，2023（5）：103-110.

［7］夏侯遐迩，刘玮纯，李子睿，等．基于政策工具视角的老旧小区改造政策文本研究：以南京市为例［J］．现代城市研究，2023（3）：15-20.

［8］田培杰．协同治理：理论研究框架与分析模型［D］．上海：上海交通大学，2013.

［9］国务院办公厅关于全面推进城镇老旧小区改造工作的指导意见（国办发〔2020〕23号）．

［10］ANSELL C，GASH A. Collaborative governance in theory and practice［J］. Journal of Public Administration Research and Theory，2008，18（4）：543-571.

第五章

滕王高阁临江渚，物换星移几度秋

——N市滕王阁景区仿古旅游发展与改造的突围之路

摘　要

近年来，随着我国经济的发展，我国第三产业占比逐年提高，旅游业发展火热，诸多景区为迎合“文旅融合”发展特色，纷纷进行改造规划，以便更好地吸引游客，促进旅游业发展，进而促进本地经济发展。J省为了充分挖掘本地旅游特色，打造滕王阁5A级景区名片，提升滕王阁景区及周边服务质量，对其进行了一番较为重大的改造。为深入了解景区改造情况，本案例运用实地考察、问卷调查、街头采访、数据分析等科学研究方法对整个滕王阁改造片区进行了一次调查，收集了滕王阁景区改造前后的原始数据资料，了解了商家、当地群众和游客对滕王阁景区改造问题的看法，最后分析得出滕王阁景区在道路整改、门店设计、交通规划、商业设置等方面改造的进步与不足。针对不足，本案例用SWOT分析法对滕王阁景区改造面临的优势、劣势、机会、威胁进行了多维度解读。最终，结合共生理论和SWOT分析法，提出了滕王阁景区仿古旅游发展与改造的共生路径和具体路径，希望能为滕王阁景区的发展与改造起到一定的指导作用。

关键词

滕王阁；仿古旅游；景区改造；共生理论；SWOT分析法

第一节　案例正文

一、研究背景

在当前我国文化旅游业不断发展的背景下，J省把旅游业的发展纳入“J省在中部崛起”的宏伟蓝图中[①]，提出把J省建设成“三个基地，一个后花园”的战略构想，为J省旅游业的发展指明了方向，在战略上具有重要的指导意义。N市作为国务院首批全国历史文化名城，又是“古色”革命“英雄城”，地处长江以南，水

① 国务院新闻办公室.《促进中部地区崛起规划（2016至2025年）》政策解读［EB/OL］.［2023-11-25］. http://www.scio.gov.cn/gxjd/zcjd_27165/202207/t20220729_280908.html.

陆交通发达，气候宜人，交通便利，特色产业集聚。N市先后有豫章（汉）、洪都（隋唐）等称谓，是历代县治、郡府、州治所在地，向来繁荣昌盛。在新的发展机遇与挑战面前，N市作为全省政治、经济、文化中心，在推进全省旅游业的发展中应该义不容辞地走在全省的前面[①]。

基于此，探讨作为N市“古色”杰出代表的滕王阁景区的仿古旅游发展与改造，具有极强的现实意义。N市滕王阁为江南三大名楼之首，又有“天下第一阁”的美称，是中华文化地标建筑之一，也是J省对外的文化展示窗口，往往是广大游客来N市的首选观赏之地。滕王阁誉满古今中外，之前因为周边环境的限制，在旅游这一块受到一定的影响，如今改造后的滕王阁有利于N市打造品牌旅游景点，更有利于文化N市的建设。

二、滕王阁景区概况

J省N市滕王阁，素有“西江第一楼”之美誉，坐落于赣江与抚河故道交汇处，依城临江，瑰伟绝特。滕王阁与湖北黄鹤楼、湖南岳阳楼并称为江南三大名楼。

滕王阁建于唐永徽四年（653年），是唐高祖李渊之子李元婴任洪州都督时创建的，后来重建高达29次。李元婴出生于帝王之家，受到宫廷生活熏陶，“工书画，妙音律，喜蝴蝶，选芳渚游，乘青雀舸，极亭榭歌舞之盛”（明陈文烛《重修滕王阁记》）。据史书记载，永徽三年（652年），李元婴迁苏州刺史，调任洪州都督时，从苏州带来一班歌舞乐伎，终日在都督府里盛宴歌舞，后来又临江建此楼阁为别居，实乃歌舞之地。因李元婴在贞观年间曾被封为滕王，故阁以“滕王”一名冠之。

滕王阁是J省N市吉祥风水建筑，有古谣云：“藤断葫芦剪，塔圮豫章残。”“藤”谐“滕”音，指滕王阁；“葫芦”乃藏宝之物；“塔”指绳金塔；“圮”是倒塌之意；“豫章”亦即N市。这首古谣的意思是，如果滕王阁和绳金塔倒塌，豫章城中的人才与宝藏都将流失，城市亦将败落，不复繁荣昌盛。在我国古代习俗中，人口聚居之地需要风水建筑，一般为当地最高标志性建筑，聚集天地之灵气，吸收日月之精华，俗称“文笔峰”。滕王阁坐落于赣水之滨，被古人誉为“水笔”。有古人亦云：“求财去万寿宫，求福去滕王阁。”

现在的滕王阁是仿宋建筑风格。1942年，古建大师梁思成偕其弟子莫宗江根据“天籁阁”旧藏宋画绘制了八幅《重建滕王阁计划草图》。在第29次重建之时，建筑师们以此为依据，并参照宋代李诫的《营造法式》（此书相当于现在的建筑规范）设计了这座仿宋式的雄伟楼阁。1983年10月1日举行了奠基大典，1985年10月22日正式开工。在庆祝中华人民共和国成立40之际，第29次重建的滕王阁于1989年10月8日胜利建成。滕王阁不仅给古城N市增色添辉，而且以其特有的魅

---

① J省人民政府关于印发大N市都市圈发展规划（2019—2025年）的通知［A/OL］.［2023-11-25］. http://www.jiangxi.gov.cn/art/2019/7/30/art_4968_707538.html.

力吸引着中外游人。滕王阁是豫章古文明的象征，乃中华民族文化遗产之瑰宝。[①]

近年来，在N市政府及相关部门的高度重视下，滕王阁景区进行了大规模的改造提升，并于2018年10月获批国家5A级旅游景区。在软件建设方面，景区增加了许多吸引人的艺术活动，如“谷雨诗会”和“新春·元宵祈福灯会”等文化项目，主题为“滕王宴乐”的引人入胜的体验式文化旅游表演项目，以及滕王阁独特的灯光微电影和沙文化艺术馆。在设施方面，景观场地从东、南、西、北四个方向进行了大幅扩建。东部改造东广场、仿古街、榕门路特色街区，南部扩建三馆融合，西部打造江心裘家洲湿地景观，北部扩建为滕王阁北园文化演艺区。整合后，初步形成滕王阁旅游区的典范。[②]

三、滕王阁景区仿古旅游东扩改造升级及成效

（一）滕王阁景区仿古旅游东扩改造升级

1.具体进程

2014年，J省人民政府对滕王阁周边的总体建设思路为“向东、南、西、北四个方向拓展”。

2014年，滕王阁东广场及周边地块旧城改造项目启动。榕门路两侧排楼面临拆除。此次征迁面积约6.39万平方米，涉及673户。在排楼被拆除后，对两边的建筑将重新进行规划建设，建成后将与滕王阁景区相配套，依然延续一至两层的建筑风格。

2015年，滕王阁为冲刺5A级景区，在榕门路打造唐风宋韵文化风貌区。

2017年，滕王阁景区东广场扩建工程启动。施工范围为N市东湖区抚河路以东、榕门路两侧、章江路以北区域。该项目属于滕王阁景区东广场扩建工程，建设内容为主阁前广场复建、双廊四亭建设、仿古街改造提升、景区东北角通道和停车场改造以及滕王阁景区二期建设等工程，同时建设游客中心、商业街区、休闲广场、水上及沙洲休闲娱乐等项目。

2018年5月，为贯彻落实N市滕王阁景区4A升5A工作的重要指示，优化滕王阁景区的周边城市环境，进一步发挥滕王阁城市“名片”效应，全面提升N市旅游质量和水平，N市规划局大力推进滕王阁景区东广场扩建规划工作，完成景区东广场扩建选址规划手续，使滕王阁得以突破地块限制，功能布局进一步得到优化。

2.阶段性完成情况

当前，滕王阁景区内部修缮工作基本完成，园林、绿化、水景全面提升，并增加了赣风堂、古乐坊、熏风亭、临江轩、环漪楼、双廊四亭等一批独具唐风宋韵特色的旅游景点；榕门路外立面改造工程和仿古街改造工作都已完成，古风古韵贴合

① 佚名．滕王阁景区简介［EB/OL］．［2023-11-25］．http：//www.cntwg.com/htm/News/Show-201601060958160.html.

② 谭望．江西滕王阁景区新媒体传播策略探析［J］．新闻研究导刊，2019（9）：21-22.

滕王阁风格。此外，旅游区新建、扩建、改造停车场3个，分别位于东门、南门、新建游客中心，总面积超过16 000平方米，停车位超过500个，完成了生态化、智能化改造。另外，景区数字化、智能化管理水平和各项服务水平都进一步提升。

想要打造友好的旅游景点形象，交通是重中之重。进入滕王阁景区主要有东门和南门两条不同的线路。首先来看去往南门的路径。2017年N市开通了第一条地铁线，并设置了滕王阁地铁站。从地铁一号线滕王阁站下车后，沿着中山南路，跨过新洲桥，途经市图书馆、省博物馆、省科技馆三个重要文化馆，再顺着民德西路、沿江中大道即可到达滕王阁南门。这条线路整体呈“S”形，全程长1.3千米，途经一个十字路口，路线绕行复杂、距离远，步行需花费大约18分钟。由于道路节点附近并未设置清楚明了的指示路标，大多数游客下地铁后虽知滕王阁就在附近，但无法快速辨别正确路径。其次，去东大门需在万寿宫站（滕王阁的下一站）下车，必经榕门路，步行需经过多个路口和街道，时长为12分钟左右。

3.榕门路仿古改造情况

榕门路始建于1928年。1946年，N市人民为纪念陈宏谋老先生（字汝咨，号榕门），将原路名“梨洲路”改为“榕门路”。榕门路历经近百年的沧桑，目前是中山路与叠山路两条平行路之间的纵向街道，与仅有一排房屋之隔的棕帽路平行，是N市充满许多旧时光的老街。榕门路的中点便是滕王阁的东大门，正因为它与滕王阁有密切联系，为了提升滕王阁景区的吸引力和质量，N市人民政府在2016年对其进行了改造：将榕门路原本的双向行车道改为只能由南至北的单行道，车道二合一，变为同向行驶的双行道，减少了反向行驶的车流量，明显缓解了此路交通拥堵问题。根据我们的访谈内容，在榕门路开店的商家们都反映拥堵问题缓解了不少，只有节假日和上下班高峰期偶有拥堵情况。卫生环境同样有所改善。榕门路是百年老街，基础设施大都已破旧不堪，房屋老旧，给人一种老态龙钟之感。仿古改造后，街道两旁房屋装修焕然一新，古韵悠悠，美观整洁，唐风宋韵特色与滕王阁交相辉映，游客走到这里时便知离滕王阁不远了。但是，在这些符合政府规划要求的设计背后，也存在不少问题。

众所周知，滕王阁因唐代著名诗人王勃的著名诗句“落霞与孤鹜齐飞，秋水共长天一色”而美誉天下，令众多文人骚客登阁吟诗。而如今，游客到访滕王阁却难以看出什么雅韵。为了迎合滕王阁古色古香的文化韵味，榕门路周边的建筑都刷上了古铜色的漆料，各种各样的店铺统一规划了牌匾，雕刻着“落霞”“秋水”等古色古香的字样（如图5-1所示）。这些设计看上去古色古香，却经不起推敲。其中统一规划的牌匾并没有受到大众的喜爱。从外形看来，牌匾做工不够精致，颜色俗气。从实用性而言，统一规划的牌匾再配上各个店家自己的名字，辨识度不够高。

纵观整条街道，除了滕王阁这个孤零零的景点外，其他相关服务设施基本没有。很少看到有方便旅客入住的酒店、旅馆或一些有当地特色韵味的传统美食小店，整条街上的店铺类型与店铺质量参差不齐。另外，街道上的老建筑物在原有基

图5-1　街道的仿古设计①

础上进行了重新装修，主阁周边部分楼房被拆迁搬离，试图形成整齐划一的仿古风。可是，在滕王阁东门的左边，仍有一栋被铁皮围起来的破旧老楼。据居民反映，这栋旧楼建立于20世纪80年代，由于主人不同意拆迁，至今仍伫立在滕王阁边上。为不影响整体感观，政府将其用铁皮围起来，在一定程度上影响了榕门路建筑的整体风格。

人行道的设计改造也存在诸多问题。人行道上乱摆乱放的电动车等杂物，让本就不宽的人行道显得更狭窄，基本上只能一人通行。另外，伸出的屋檐加之街道两旁的行道树参天蔽日，使得人行道有些阴暗（如图5-2所示）。整条街道显得异常拥挤狭隘，给人一种小家子气的感觉。一位当地的居民告诉我们，每年的旅游旺季，这条街上的游客很多，不仅加剧了交通拥挤，也在一定程度上破坏了游客出行的心情。在走访的过程中，我们偶然遇到了一位和家人前来当地游玩的盲人，他的家人正在报怨这里的街道盲道设计不完整。也有部分店主向我们反映，这条街道上的路面有较多低洼之处，下雨天积水严重，根本无法出行。

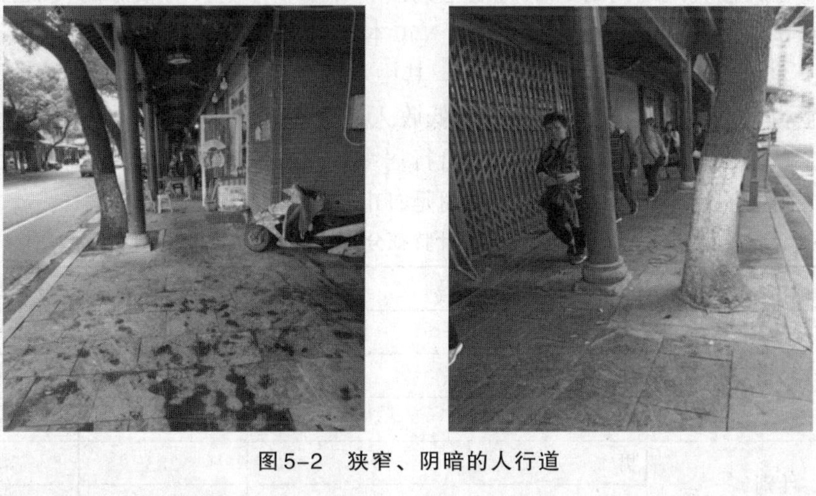

图5-2　狭窄、阴暗的人行道

① 本案例所有图片均为团队在调研时拍摄的照片。

榕门路虽然不比中山路和胜利路热闹繁华，但道路两旁的店铺也是鳞次栉比，自有它的热闹之处。20世纪90年代，这里曾是家电和副食品批发的主要市场，生意火爆，90年代后期逐渐转型为古玩字画的一级市场。当时，榕门路与仿古街（位于滕王阁东大门左右两侧）被N市人称为“古玩双街”，虽历经数十年的变化，这里依然是N市重要的古玩字画市场，“古玩双街”的地位仍未被撼动。只是原来摆地摊式的古玩市场几年前由政府组织搬迁到了榕门路一栋大楼内，由棚区变为室内，现在叫J省古玩城。

（二）基于满意度调查的滕王阁仿古旅游改造效果分析

1.调查方法

本次调查采取的是访谈法、问卷法和观察法。访谈法的调查对象为滕王阁主阁东门所在榕门路沿路商铺店主。榕门路沿路共有铺面177家，其中处于营业状态的铺面为138家。我们按店铺经营内容及店铺规格进行分类，从中选取了43家店铺进行访谈，获得有效信息38份。在调查过程中我们对榕门路改造成果有所目睹，同时也发现了一些问题。

另外，我们从游客的角度出发设计问卷，共发出问卷600份，回收有效问卷582份，有效率97%。我们利用SPSS软件对所收集的数据进行了处理，运用李克特五分量表法测量游客对滕王阁景区的满意度，利用相关性分析探究人文景观、自然景观等12个要素与景区整体满意度之间的关联程度。问卷调查法聚焦于滕王阁景区游客满意度的影响因素，试图揭示游客对滕王阁的不同供给要素所呈现的个人需求偏好差异，为滕王阁景区改造提供理论支持和决策依据。

2.样本特征

问卷调查样本的游客统计特征分析结果见表5-1。受访者包含了不同地区、不同经济社会属性类型的游客，从直观上判断，样本整体上具有较好的代表性。受访者中，有61.2%是J省外的，少部分是N市本地居民。男女比例基本接近，以中青年为主，文化程度大部分在大专以上，其中本科学历占将近50%，职业种类多样，其中学生占了约一半，收入水平以中低收入者为主。有77%的人是第一次来滕王阁游玩，以自由行和与家人朋友一起出行居多，跟团旅游的游客极少。绝大部分游客来滕王阁的原因是久闻盛名或滕王阁是N市地标性建筑。

表5-1 **游客统计特征分析结果**

统计变量	类别	人数	百分比（%）
籍贯	N市	57	9.8
	J省内	169	29
	J省外	356	61.2
性别	男	283	48.6
	女	299	51.4

续表

统计变量	类别	人数	百分比（%）
年龄	25岁以下	324	55.7
	25～40岁	167	28.7
	41～60岁	74	12.7
	60岁以上	17	2.9
学历	初中及以下	38	6.5
	高中	68	11.7
	大专	146	25.1
	本科	288	49.5
	硕士研究生及以上	42	7.2
职业	公务员	26	4.5
	国有企事业单位员工	104	17.9
	私营企业员工	86	14.8
	自由职业	43	7.4
	学生	275	47.3
	退休人员	17	2.9
	其他	31	5.3
个人月收入	2 000元及以下	92	15.8
	2 001～5 000元	89	15.3
	5 001～10 000元	144	24.7
	10 001～15 000元	30	5.2
	15 001～20 000元	31	5.3
	20 000元以上	17	2.9
	无收入	179	30.8
如何了解该景区	朋友	123	21.1
	广告	7	1.2
	旅行社	15	2.6
	旅行手册	16	2.7
	网络	164	28.2
	其他	257	44.2
如何到达景区	自驾车	148	25.4
	步行	66	11.3
	地铁	192	33
	自行车	9	1.5
	公交车	63	10.8
	出租车	66	11.3
	其他	38	6.5

续表

统计变量	类别	人数	百分比（%）
何种组织方式	跟团	16	2.7
	自由行	293	50.3
	公司团建	10	1.7
	和家人朋友一起	263	45.2
来了几次	第一次	448	77
	2～5次	121	20.8
	5次以上	13	2.2
原因	久闻江南三大名楼的盛名	337	57.9
	N市地标性景点	213	36.6
	观赏改造后的成果	32	5.5

3.景区整体满意度与各要素的相关性分析

在设定景区整体满意度总体因子的情况下，对整体满意度的主要构成要素进行相关性分析。本研究采用Pearson相关系数对景区自然景观、人文景观等12个要素与景区整体满意度之间的相关性进行分析。由表5-2可知，景区整体满意度与表中的12个要素的相关系数均在0.01水平上显著相关。由此可看出，所选取的12个要素均与景区整体满意度有相关性，且自然景观的相关系数是最大的，稍落后的是人文景观，表明景区的自然景观与人文景观对景区整体满意度有着较大的影响，游客更加看重滕王阁景区的自然景观和人文景观。基础设施的相关系数也较高，所以在对景区改造时也要重视这方面。

表5-2　　景区整体满意度分析结果

项目满意度		景区自然景观	景区人文景观	景区基础设施	景区卫生状况	景区门票价格	景区购物状况	景区服务态度	景区用餐状况	景区周边交通状况	景区周边住宿情况	景区宣传满意度	未来是否重游	是否会推荐给亲朋好友
景区整体满意度	皮尔森（Pearson）相关	0.698**	0.654**	0.630**	0.489**	0.403**	0.438**	0.494**	0.479**	0.429**	0.476**	0.454**	0.314**	0.322**
	显著性（双尾）	0.000	0.000	0.000	0.000	0.000	0.000	0.000	0.000	0.000	0.000	0.000	0.000	0.000
	N	582	582	582	582	582	582	582	582	582	582	582	582	582

注：**指在0.01水平上显著相关。

4.结论

（1）进步之处

一是景区风格统一，美观整洁。经改造后，滕王阁景区及周边地区放眼望去都是唐宋风格的建筑，一大片琉璃绿的屋瓦与碧绿的赣江水相呼应，风景比以前更加美不胜收。改造后，滕王阁景区的绿化景观和水景都得到了提升，还增加了赣风堂、古乐坊、熏风亭、临江轩、环漪楼、双廊四亭等一批独具唐风宋韵特色的旅游景点，在游客看来，风格统一，美观整洁，视感舒适。在“滕王阁景区满意度调查问卷”中，关于“对滕王阁景区的总体评价”一问，我们采用了五分量表法设计题目，最终数据显示（见表5-3），对景区整体满意度的平均数是1.92，对自然景观和人文景观满意度的平均数都是1.91，表明游客对景区景观的满意度较高，景区内部的改造是较为成功的，达到了令人满意的效果。

表5-3　**景区各项满意度**

各项满意度	平均数	标准偏差
景区整体满意度	1.92	0.731
景区自然景观满意度	1.91	0.752
景区人文景观满意度	1.91	0.774
景区基础设施满意度	2.06	0.850
景区卫生状况满意度	2.05	0.820
景区门票价格满意度	2.19	0.972
景区购物状况满意度	2.42	0.856
景区服务态度满意度	2.01	0.817
景区用餐状况满意度	2.39	0.841
景区周边交通状况满意度	2.31	0.946
景区周边住宿状况满意度	2.24	0.795
景区宣传满意度	2.07	0.824
未来是否会重游	1.30	0.459
是否会推荐给亲朋好友	1.13	0.333

二是区内基础设施完善，满意度较高。滕王阁景区在改造中对各方面设施都进行了整改提升，软硬件设施服务质量都有所提升。景区内部卫生管理全面加强，垃圾做到“日产日清”，旅游区厕所按照最高标准整改到位，全部取得“3A厕所”授牌，并荣获全省厕所革命人文关怀奖。改造后，景区停车场也扩增至3个，分别位于东门、南门、新建游客中心，总面积超过16 000平方米，停车位超过500个，完成了生态化、智能化改造。从表5-3可看出，游客对景区基础设施、卫生状况、服务态度的满意度平均数分别是2.06、2.05、2.01，表明游客是比较满意的。

（2）不足之处

一是区内饮食、交通等方面的便利程度有待提高。从表5-3可看出，游客对景区购物状况、用餐状况、周边交通状况的满意度分别是2.42、2.39、2.31，接近于一般水平。部分游客在“您认为此景区还有哪些方面需要改进”一题中反映，地铁站到景区路段步行远且路线复杂，购物和吃饭都不方便。通过实地调研，我们发现景区周围用餐较难，尤其是南大门附近，餐饮店比较少，宣传方式欠创新、力度不够。另外，景区内可供购买饮料、零食的商店确实不多，且物价较高（主要是南门周边）。因此，游客坐在路边吃方便面等充饥食物的现象在滕王阁南门随处可见。南门仅有一家便利店，东门是仿古街，都是古玩、瓷器店，主阁内有一个小购物点。餐饮店和便利店太少，不能满足大量游客的就餐、购物需求。

二是主阁楼梯狭窄，观景受限。上主阁时，最让游客不满的是楼梯狭窄拥挤、十分闷热，即使采用了上下分流的模式，主阁上下楼梯的人流量仍旧很大，在此情况下空气流通质量差，致使游客的游览愉悦度降低。在问卷调查中，这个问题是游客提及最多的一点。此外，主阁楼层多，游客在爬楼时容易感到疲惫，但楼内可供休息的区域较少，许多人累了只能席地而坐。游客饮食、休息最需要的服务设施一旦缺少，就会极大降低游客对景区的好感度。

在调研过程中，我们还发现了以下问题：行至沿江中大道，我们看到道路两边都设置了整齐的停车位，而刚刚栽种的绿化树木恰恰处在停车位以外，在炎炎夏日，道路之中根本没有任何遮阴之处，可见绿化树木并未很好地发挥该有的作用。此外，南门旁片区的赣江岸边仍在施工修葺，部分区域显得荒芜。这些问题的存在对于一个旅游景点而言显得有些诚意不足。

四、滕王阁景区南扩改造升级

2020年4月，N市行政审批局批复了滕王阁景区4A升5A提升改扩建工程（滕王阁景区南扩项目）可行性研究报告。滕王阁景区南扩项目位于N市东湖区滕王阁主景区南侧，项目东至新洲路，南至中山西路，西至赣江风光带（新洲闸至电排站的赣江堤岸部分），北至滕王阁主景区南面游客服务中心。滕王阁景区南扩项目总用地面积为142 000.84平方米，新建总建筑面积为4 456.67平方米，原省科技馆及附楼内外改造建筑面积为18 200.06平方米，原省博物馆外立面改造面积为14 400平方米。建设内容包含改造工程、新建工程和景观工程三块。其中，改造工程具体包括对原科技馆内部进行改造（改造成游客服务中心、文化展示区域、游客综合服务区域）和外立面重整；对原省博物馆外立面进行清洗及修复局部破损；对原省科技馆附楼内部进行改造（改造成5D碟影馆）和外立面重整。

新建工程具体包括新建旅游服务、游憩用房，管理用房，景观连廊，观景休息亭，地下设备房。景观工程具体包括游客服务中心区，原图书馆、博物馆周边景观区，旅游配套区，赣江风光带等景观改造和景观提升。本项目将打造赣东大堤文化创意片区，包括文化旅游长廊、滨江步道、滨水滩地、城市阳台等。本项目估算总投资43 575.77万元，其中工程费用35 990.14万元，项目资金来源由市财政统筹安排。工期暂定为36个月。

景观层面则颇具新意地借N市“三湖九津”的水系格局将浅水溪流引入三馆区域，实现水系贯通，有机连接广场、绿地、道路、河流，并结合景观节点将市井休闲氛围注入三馆区域，为三馆的转型升级营造了良好的外部环境。依托南入口现有路网，内通外联，打通南部区域内外衔接的交通瓶颈，联通滨江历史文化步行道，实现内外交通的通畅、便捷，并借助盖板连接场馆，实现建筑与环境的过渡与交融。①

改造完成后，J省图书馆、科技馆被划入滕王阁景区范围内，打造了东面旅游商业特色街区、南面旅游综合配套服务区、西面江水湿地景观区、北面文化休闲演艺区四大功能分区，形成了大滕王阁旅游区格局。

2021年7月，沿江片区9栋仿古建筑基本完工。2021年年中，原省科技馆也启动了升级改造，将升级为滕王阁游客中心。经过1年多的推进，到2022年底，项目已经基本完工，于2023年年中对外开放。

启发思考题

1. 什么是共生理论和SWOT分析法？其对本案例的适用性如何？
2. 基于SWOT理论，滕王阁仿古旅游发展和改造具有哪些优劣势？
3. 如何优化滕王阁仿古旅游发展和改造？

第二节　案例说明书

一、课前准备

1.确定案例主题，明确本案例教学的具体目的

2.制订课堂教学计划

讲解案例+分组讨论+师生互动+课堂总结。

3.资料收集与整理

搜集“N市滕王阁景区仿古旅游发展与改造”相关资料和报道，对收集到的视频资料和报道材料进行整理。准备好上课需要的PPT，方便导入案例时给学生讲解案例背景、播放视频，便于学生了解案例的始末，鼓励学生从多角度、多方面对案例进行思考，便于在课堂上更好地进行案例探讨。

4.提前发放案例资料

将与案例有关的资料连同案例正文一起，提前发给全体学生研读，并把相关背景资料的查阅方法和获得途径告知学生，使学生尽可能全面理解与掌握案例内容。

5.多媒体教室及案例演示时的道具和场景布置

二、适用对象

本案例主要适用于公共管理类专业本科生、MPA和公共管理学术型研究生，

① 刘良昌. 官方批复！滕王阁将有大变化［EB/OL］.［2023-11-25］. https://baijiahao.baidu.com/s?id=1664712625653041768&wfr=spider&for=pc.

也适用于有一定工作经验的管理者以及从事政府政策制定和执行的工作人员。另外，本案例还可以用于引导和激发学生对多中心治理理论等相关理论知识的学习兴趣和研究热情。

本案例适合“公共管理学”课程教学使用。

三、教学目标

为深入了解景区改造情况，本案例运用实地考察、问卷调查、街头采访等科学研究方法对整个滕王阁改造片区进行了调查，结合共生理论和SWOT分析法，提出了滕王阁景区仿古旅游发展与改造的共生路径和具体路径。

具体的教学目标分为以下几个方面：

1. 知识目标

通过阅读案例、讨论分析与交流，让学生了解和认识滕王阁仿古旅游改造和发展的过程；通过文献阅读，使学生理解共生理论和SWOT分析法；通过讨论交流，引导学生思考滕王阁仿古旅游改造和发展中有哪些优势、劣势、机遇和挑战；最后，通过讨论，提出改进滕王阁仿古旅游改造和发展的共生路径和具体路径。

2. 技能目标

提升学生发现问题、分析问题、运用所学知识和技能解决实际问题的能力；提升学生的逻辑思维能力；提升学生的组织、协调与领导能力。

3. 思政目标

使得学生拥有坚定的政治立场和正确的政治方向，增强“四个自信”，特别是文化自信；激励学生积极参与城市建设，为中国式现代化建设贡献应有之力。

四、教学内容及要点分析

（一）启发思考题

1. 什么是共生理论和SWOT分析法？其对本案例的适用性如何？

2. 基于SWOT理论，滕王阁仿古旅游发展和改造具有哪些优劣势？

3. 如何优化滕王阁仿古旅游发展和改造？

（二）理论要点解读

1.共生理论及其适用性

1879年，德国真菌学家德贝里（Anton de Bary）提出“共生”概念，描述两种不同生物之间所形成的紧密关系。20世纪50年代到60年代，共生理论被引入政治学、经济学、社会学、管理学、人类学和生态学等多个领域的研究中。

1998年，袁纯清首先将共生理论引入国内经济学领域的研究中，指出共生的三要素即共生单元、共生模式和共生环境。共生单元是形成共生体的前提条件，具体指构成共生体的基本能量单位；共生模式即共生关系，指共生单元之间相互作用的形式；共生环境指共生单元所处的环境内影响因素的总和。共生三要素相互作用，相互影响，反映着共生系统的变化方向和规律。[①]

把共生理论引入“古色”旅游领域来看，“古色”旅游能否成功，除自身因素外，还取决于由景区（点）、客源市场、依托城市、旅游通道等因素构成的区域旅游网络结构的优化和发达程度，这些因素影响着“古色”旅游介入机会的高低。为促进二者共生发展，需着眼于区域整体实施旅游资源的优化配置和全面整合，通过内部结构的重组推进区域旅游一体化共生，并在旅游市场这一共生界面中相互促进、共同发展，构筑一个统一和谐的整体。[②]

2.SWOT分析法及其适用性

SWOT分析法又称态势分析法，它是由美国学者在20世纪80年代提出的。S代表优势（strength）、W代表劣势（weakness）、O代表机会（opportunity）、T代表威胁（threat），S、W是内部因素，O、T是外部因素。SWOT分析法通过评估研究对象的内部资源和外部环境，分析得出组织内部资源的优势和弱势以及外部环境中的机遇和挑战，并以矩阵形式排列，然后按照系统分析的思想匹配各种因素，得出具有指导性意义的决策结论。SWOT分析法最早用于企业治理，为企业战略发展和竞争提供依据。后来，这种方法被逐渐应用于其他领域的战略研究和竞争分析，成为战略管理的重要分析工具。

旅游业作为一个产业，在其发展过程中会面临许多重要的关键性选择，这就需要决策者运用科学的方法来分析旅游发展战略的前期规划和后期规划实施情况。而SWOT分析法恰好具备这样的优势，能在厘清自身资源优势和劣势的基础上，发挥自身的竞争优势，抵御风险，寻求最大发展，避免出现重大失误。利用SWOT分析法分析本案例中滕王阁仿古旅游发展改造的优势、劣势、机会和威胁，并利用形成的矩阵排列形式得出较科学的决策结论，能为滕王阁在众多仿古旅游景区中脱颖而出找到可行之路。

（三）分析思路

1.基于SWOT理论，滕王阁仿古旅游发展和改造具有哪些优劣势？

（1）S：滕王阁景区的优势因素

一是文化底蕴深厚，古韵犹存。滕王阁自古以“物华天宝，人杰地灵”而闻名天下。那一首首脍炙人口的诗词、那一幅幅精美的古画、那一出出精彩的赣剧，无一不蕴含着滕王阁千年的文化底蕴，令无数文人骚客在此留下足迹。走进景区，碧瓦重檐，画栋丹柱，既有皇家园林气势，又彰显江南私家园林气息。步入殿堂，尽显赣鄱文化精髓与华夏文化神韵。登阁远眺，一江两岸美丽风光尽收眼底。随着近年“文旅融合”的火热发展，以及政府对滕王阁改造的重视，滕王阁更是将这一优势发挥到极致，成功搭上文化旅游发展的产业快车，将自身千年古韵融入N市本地

① 袁纯清．共生理论及其对小型经济的应用研究（上）［J］．改革，1998（2）：100-104.

② 毛长义，张述林，田万顷．基于区域共生的古镇（村）旅游驱动模式探讨——以重庆16个国家级历史文化名镇为例［J］．重庆师范大学学报（自然科学版），2012（5）：71-77.

风光之中。

二是秋水长天，共享一色。王勃以“落霞与孤鹜齐飞，秋水共长天一色”一句高度概括了滕王阁周边美妙的自然风光，令人对它的美景产生无限遐想。滕王阁整体坐落在赣江边上，主阁以园林建筑风格为主，江对岸是N市著名的H区商业区，自然风光与人文景色在这里交相辉映。登阁俯望，赣江两岸的自然风光与人文景观尽收眼底，令人赞叹不已。因此，在对滕王阁进行改造时，赣江两岸风光亦可作为滕王阁景区的特色加以推广，充分发挥这一优势。

（2）W：滕王阁景区的劣势因素

一是街道固定，改造困难。由于榕门路及滕王阁东门附近居民多，在进行改造时如果要求居民外迁会给改造工作增加负担，也会使该片区居民的生活受到极大的影响。出于对经济、居民生活等各方面的考虑，榕门路在进行改造时甚至没有要求沿街商铺关门，最大限度上减少对居民生活的影响。据此，仿古改造仅仅是在原有基础上加工美化，并没有进行大刀阔斧的全面改造。榕门路作为一条老街，原本街道就不宽敞，政府为了追求整体风格的一致性，在原有路面上增设柱子的行为使得人行道变得更加狭窄，再加上部分商铺有占据人行道的行为，使得本就狭窄的路面变得更为狭窄，甚至影响到了通行。

二是商业古色，冲突激增。资料显示，20世纪末，榕门路及滕王阁东门一块是N市有名的批发市场，还是N市有名的“酒吧一条街”。虽然在依傍滕王阁发展的过程中，榕门路及滕王阁东门有转型成为古玩市场的趋势，但是由于这一带的居民数量多，榕门路上早餐店、酒吧、饭馆、杂货铺等商铺的数量远远高于古玩店的数量，而且这些店铺的装修设计都极具现代风格。如今想要将整条街改造得具有古韵特色，将商铺由内到外彻底改造得古色古香，就需要商家自己主动掏钱改换内里的装修设计，难度非常大。

（3）O：滕王阁景区的机会因素

一是“文旅融合”，搭乘快车。近年随着国家对文化发展的重视，文化与旅游的关系愈发紧密，“文旅融合”成为人们热议的词语，政府也积极地制定了一系列有关文化旅游的政策。滕王阁作为N市当之无愧的古文化代表，受到了当地政府的极大重视。N市政府大力开发滕王阁特色，并对其进行了广泛的宣传，景区实行了游客背诵王勃的《滕王阁序》便可免门票的文旅融合特色方案。在这种大背景下，滕王阁吸引了广大游客的目光。根据相关资料，2017年N市接纳的游客总人数达12 056.8万人，较上年同比增长了45.1%。滕王阁作为江南历史名楼，再加上其特有的文化古韵与自然风光的完美结合，成为N市必备打卡点之一，深受广大中外游客的青睐。

二是旅游宣传，倾情打造。J省大力宣传“滕王阁升级成5A级景区”一事，最新拍摄的滕王阁旅游景区宣传片也十分精美，充分展现了滕王阁的美丽风貌。滕王阁景区的微信公众号平台也在不断完善，公众号上不仅有传统的书面形式的景区介绍，还有人性化的语音导览。旅游服务不仅涵盖地图导航和天气预报，还包括兼具身心体会的虚拟旅游服务。景区升级了，滕王阁官方宣传的底气也更加充足。滕王阁新浪微博实力推文支持，一系列《创5A，展风采》的文章不仅彰显了滕王阁景区自身的迷人风采，还展现了滕王阁景区背后的工作人员的辛勤付出，为滕王阁典雅古朴的形象增添了几分温情。滕王阁官方微博同样给力，不仅助力宣传滕王阁景区，还顺势宣传N市好形象。滕王阁一系列的硬件服务，再配合背后的各种软件服务，有利于滕王阁改造的成功。

三是经济转型，尽显机遇。在我国经济发展过程中，第三产业占比不断上升，其中文化旅游产业的快速发展是第三产业增长的重要因素。为了加强文化旅游的经济拉动作用，中央政府颁布了一系列扶持政策。文化和旅游部发文强调，各地要从构建社会主义和谐社会的高度，以“树形象、提品质、增效益”为目标，积极采取措施加强文化与旅游结合，切实推动社会主义文化大发展、大繁荣。同时，为实现“J省中部崛起”的宏伟蓝图，J省委省政府已将J省旅游业作为支柱产业来开发并提出把J省建设成“三个基地，一个后花园”的战略构想。为响应中央政府以及省政府的号召，N市积极行动，滕王阁景区充分发挥自身的优势，奋力冲击N市的第一个5A级景区。为保护滕王阁原有的历史风貌，改善居民生活环境，提升N市城市形象，N市出台滕王阁历史风貌区控制性规划，计划保护、控制、延续、整治、复兴滕王阁历史风貌区，对滕王阁及周边街区进行改造。经济转型的机遇以及中央、省、市各级政府的大力支持，能促使滕王阁改造成功。

（4）T：滕王阁景区的威胁因素

一是规划不全，缺少人情味。据居民反映，几年前为赶上国家第三产业发展的快车，尽快推动当地旅游经济增长，N市对滕王阁进行改造的决策非常迅速，因此缺少改造之前相应的民意调查及对整个景区的总体规划。在调研中，许多店主反映滕王阁改造后许多细节的设计与日常生活需求十分不匹配，给居民们带来了或大或小的问题。管理者在进行规划时，过于重视外观上的整改，统一牌匾、统一墙壁、引进古玩等，却恰恰忽视了游客真正需要的东西，如相关服务设施、便利的交通、盲道设计等。而这些最基本的东西最能体现出小到一个景点大到一座城市的温暖之处。随着经济的发展，出游人口越来越多，一座城市的景区就是这座城市的名片，而人性化的景区街道设计正是最能吸引游客也最能体现这座城市温情的地方。同时，在街道改造中出现了粗制滥造、施工目的不明确、存在部分面子工程等问题。这些问题的存在与设计者规划时过于重视景区美感而忽视街道设计有关，设计者追求景点的整体美观而忽视了对整个街道的全局规划，未能全面考虑景点设计与道路设计的完整结合。

二是规制限制，利益冲突。首先，在市场经济体制下，政府不可强制规定店主的主营业务，这在一定程度上限制了政府对滕王阁片区店铺类型的整体规划，想为滕王阁增添一些更具风俗特色的店铺却心有余而力不足。其次，榕门路自身的商业发展历史对其商业定位影响很大，古玩字画一直都是它最大的特点，轻易改变经营范围会影响商家的经营模式，对于古玩爱好者来说也是一种不小的挑战。再次，滕王阁景区改造计划涉及以滕王阁为中心的4.45公顷（合44 500平方米）面积，其中还要求滕王阁周边的建筑高度不超过12.5米，这就意味着许多居民楼与商铺面临拆改的要求，这无疑会给当地居民和店家的生活造成很大的麻烦。最后，在道路改造过程中，相关部门与当地居民之间因不可避免的利益冲突而令改造工作陷入两难境地。滕王阁附近被围的"钉子楼"便是这些矛盾外在的证明。

2.如何优化滕王阁仿古旅游发展和改造？

（1）J省"古色"旅游的共生发展路径

具体说来，"古色"旅游共生发展模式的内涵包括六个方面：

一是产业共生。产业共生是指旅游产业与国民经济其他产业或旅游业内部不同产业相互渗透、交叉，逐步形成新产业或改造现有产业的动态发展过程。要实现"旅游产业+文化产业+其他产业"的产业融合，最大限度地发挥"古色"旅游资源的经济社会价值。J省发展"古色"旅游，可以加强旅游业、人工智能产业和影视产业的融合，增加"古色"旅游产品的体验价值和吸引力。

二是区域共生。首先，应成立专门的"古色"旅游开发与管理协调机构，编制省内的"古色"旅游发展规划，协调不同地区的"古色"旅游发展。J省优质的"古色"旅游资源非常多，在N市、JJ市、JA市、JDZ市、GZ市等地均有，如N市有滕王阁、万寿宫、安义古村，JJ市有东林寺、白鹿洞书院，JDZ市为千年瓷都，GZ市有赣州古城等。J省应整合这些优质资源，打造"古色"旅游专线。其次，J省应积极寻求与相邻省份合作开发旅游资源，如湖北省的黄鹤楼、湖南省的岳阳楼等，共同打造"长江中下游古色旅游专线"。

三是管理共生。应实施"政府+企业+社区"的三重管理，规定政府、企业和社区在"古色"旅游发展过程中的不同职能。政府发挥政策引导、辅助和监督的作用；企业发挥市场化运作优势，在管理中起主导作用；社区充分发挥在"古色"旅游开发中的参与作用。J省相关政府部门应积极为企业开发"古色"资源打造有利的营商环境；企业按照市场经济规律开发体验式"古色"旅游产品，进行"古色"旅游营销；"古色"旅游区的居民也应该成为"古色"旅游开发和管理的关键参与者，充分参与"古色"旅游的开发、运营和管理，保护环境，分享旅游收益。

四是利益共生。政府、旅游企业、旅游者、当地社区等利益主体是"古色"旅游开发的参与者和受益者，应明晰利益主体权责，构建利益共生机制。J省应充分认识到利益相关者各方的地位平等、权利平等、责任平等，应将这些利益主体形成一个动态交流和共生的利益网络，明晰利益主体权责，构建包括利益表达、分享、补偿和保障机制的利益共生机制，既承担相应的责任和义务，也通过利益转移、责任分担和协议等方式确保所有利益主体的利益得到满足，最终保证"古色"旅游的可持续发展。

五是文化共生。应在尊重客观的历史事实的基础上，准确解读“古色”文化内涵，融合目的地特色文化，实现“古色文化+目的地文化”的融合。居民、游客等利益相关者应充分认识和理解“古色”文化的重要性和内涵，认识到发展本地“古色”文化的重要性，支持“古色”文化与本地文化的融合。J省应根据每个地区的文化特点，将“古色”文化与地方文化相结合，打造具有地方特色的“古色”文化路线，生产差异化的“古色”旅游产品，吸引全国各地的游客，通过旅游向游客传递当地的中华优秀传统文化。

六是产品共生。“古色”旅游产品开发必须跳出“古色”的约束，转向“彩色旅游”。J省应充分利用本身具备的“古色”“红色”“绿色”“蓝色”等优势旅游资源，增强“古色”旅游与其他旅游形式（如绿色旅游、红色旅游、蓝色旅游、乡村旅游、都市旅游、休闲度假旅游等）的有机融合，开发综合性、复合型的“古色”旅游体验产品，形成以“古色”旅游为主题、丰富多样的复合型体验旅游产品，满足旅游消费者的5E体验。

（2）滕王阁仿古旅游发展和改造的具体路径

①政府层面的宏观优化策略。

一是招牌管理严格，配合景区风格。榕门路既然已统一装修风格，若商家想再自行增加装饰或另挂其他样式的招牌，则需要经过政府相关管理部门的审批，确保其与现有的唐宋风格相适应。如果商家有自己的创意想法，政府应在设计装潢上给予一定的引导和帮助，既满足商家的需求，又与景区整体风格融为一体。

二是权责分明，资金落实促发展。政府应当积极主动区划滕王阁归属范围，使N市东湖区有权对其进行整改，真正做到从宏观角度把控滕王阁改造的主要成果，从细节角度完善5A级景区应有的亮点、特点。相关部门对于滕王阁景区划定范围内的建筑物风格应实行统一，并且将滕王阁景区的收益投入滕王阁景区的建设当中去，减轻财政资金压力。

三是加强交通管制，严惩违规者。目前榕门路是单行道，部分居民为图省时方便直接从榕门路逆行而过，尤其是在上下班的时间点，电动车乱窜现象严重影响交通，对行车和行人的安全都不利。建议可在拥堵时段增设交通指挥员，缓解拥堵问题；增加巡逻或文明监督员，监督电动车或行人是否遵守规则，对违规者要进行严格的安全教育，对严重违规者可加以一定的惩处措施，不能仅停留在口头教育上；同时，榕门路的道路监控不应仅仅停留在监视是否有私家车停滞路边的情况，对于逆行驾驶的也应加以监视。

四是引入特色店铺，健全服务设施。政府可制作关于滕王阁景区商业活动种类未来发展前景的报告，尤其是重点针对目前景区内急缺的特色餐饮等方面，面向社会公布，让人们看到这里的商机。可召开专家咨询会，指导有意向投资经营商铺的人选择营业种类，尽量引导他们选择景区内急缺的、有地方特色的项目，尤其要积极引导目前已有的店铺经营者改造店铺，促使他们自愿转变经营活动，与政府政策呼应。榕门路部分商店经营状况不理想，政府可帮助商家转变为更具发展潜力和景区特色的经营活动，或者帮助他们招租转让店铺，另寻谋生之道。另外，可制定一些奖励政策，激发人们的经商动力，并且支持参与该政策的店家、投资者，帮助他们尽快实现项目落地经营。

五是拓宽宣传渠道，减少改造阻力。要积极发挥政府的文化职能，对市民、游客进行全面、有效、科学的素质教育。在景区内，多贴提示、警告标语，约束游客言行举止。可利用抖音等当下流行的短视频App播放内容新颖有趣的景区素质教育短片和滕王阁景区宣传片，借此增强宣传效果。可安排相关行政管理部门前去走访，多和店家、居民聊聊改造的好处，做好思想工作，让民众理解改造工作。只有前期的工作做到位，让广大群众不局限于眼前的利益，真正了解滕王阁规划将会带来的益处，后期施工时才不会出现“钉子户”的现象和店铺经营者怨声载道的情况。

六是落实旅游规划，构建新格局。2016年，根据《“十三五”全国旅游业发展规划》，结合本省旅游业实际情况，J省旅游发展委员会和J省发展和改革委员会联合印发了《J省旅游业发展“十三五”规划》。政府应按照此规划，积极推进滕王阁景区改造，打造精品景区，滕王阁是N市最响亮的名片，因此滕王阁景区改造提升是打造N市这一核心旅游城市的必要环节。

②景区管理的中观优化策略。

一是完善服务体系，提高知名度。伴随着互联网行业的发展，人们出行越发方便，网络与实地一体化式的服务质量便显得极为重要。景区可聘请专业技术人员，合作开发出滕王阁景区的专属网络产品，融合滕王阁各项特色服务，将滕王阁特色景点文化数据收集入内，游客在该产品内可快捷查看去往滕王阁及周边的路线、了解相关景点的文化知识，实现网络与实地的一体化服务。除此之外，也可以在一些特色景观建筑或展品旁放置一个二维码，游客通过扫码即可获取关于它的前世今生，这样一来方便游客自行学习获取景区历史文化。据悉，滕王阁此次改造并未引起各地“驴友”的关注。由此可见，针对滕王阁景区改造的宣传显得有些乏力。在信息大爆炸的时代，各地旅游景点争相出头，“酒香不怕巷子深”的传统经营模式已经不利于景区的可持续发展。所以，在提升滕王阁景区服务质量的同时，也要想办法进行重点宣传，深度挖掘景区特色，介绍“色香味俱全”的滕王阁，吸引人们的眼球。同时，可以依托J省内有较大影响力的媒体宣传滕王阁景区，重新拍摄制作高质量的宣传片在J省各电视频道及更有宣传力的平台播出，扩大普及范围。

二是培训专业员工，提升服务质量。近年来旅游业蓬勃发展，人们对旅游体验质量的要求也越来越高。根据我们的调查，游客对滕王阁景区改造特色较为满意，对当地人员的服务质量却有些失望，随之对滕王阁的好感度也有所下降。因此，我们认为，为了提升滕王阁景区的服务体验，景区管理处需培养一批专业景区服务人员，优化景区服务质量。具体而言，讲解人员要经过专业培训，必须拥有扎实的专业知识，具备得体的礼仪形态；停车场服务人员、门票出售人员以及保洁工作人员等各类服务人员同样需要注意行为举止，各司其职，礼貌待人。专业服务人员的一个微笑、一个手势、一声细语，都蕴含着该景区的文化内涵与人文素养。因此，专业人员的服务不仅可提升游客的出行体验，也可体现出滕王阁景区的人文关怀，打造温暖景点名片，成为景区内的又一个闪光点。

③店铺商家的微观优化策略。

一是关注政策措施，积极建言献策。经营者要多关注与自身有关的政策实施，多了解时事政治，认真地去了解改造政策。作为景区改造的利益相关者，如果政策实施或者政策本身有不合理之处，经营者可以通过现有的一些社情民意反映渠道进行合理的问题反馈，例如可以在J省文化旅游网上设置的投诉路径进行实时投诉。位于规划圈内的经营者要学会换位思考，理解政府这样做的意义所在，并积极配合政府的景区规划改造，达到上行下效的效果。

二是融合景区文化，挖掘自身特色。店铺要对政府的规划有足够的理解，在不影响景区整体发展的情况下，可以自发地对店铺进行装饰去迎合整条街的宋代园林风格，而不是一味地追求个性，可以考虑将个性与整体风格相融合，以此改善经营现状，吸引更多的游客。此外，店家可以抓住机遇，依托滕王阁景区文化，打造地方特色，提升文化内涵。我们以榕门路为对象的调查统计发现，该路段店铺以经营古玩字画居多。此类店铺可以适度融入有关滕王阁的文化元素，譬如张挂此类字画，推出相关收藏。该路段有许多与现有古风格格不入的现代酒吧，对于这一类商铺则可以在保留自身特色的前提下，加入东方元素，将其改造成仿古酒坊，融入传统酒文化，觥筹交错间飘荡着悠悠古韵。另外，该路段还零星地散落一些餐饮店，对于这类商铺则可以突出N市本地特色，推出N市特色菜肴，述说美食背后的故事。其他各类商店也可乘上改造快车，在不影响滕王阁景区整体发展的情况下，打造地方特色，吸引游客，改善经营现状。

（四）结语

滕王阁片区的一系列规划改造突出了滕王阁的“古色”建设，外观上大幅提升了美感，风格设计统一，打破了滕王阁景区长期以来的发展限制，使其最终荣获“5A级景区”美名。这些措施也使滕王阁的综合实力得到提升，景区游客量显著增加，为滕王阁景区的进一步发展指明了方向，对带动N市乃至J省的经济发展起到了积极的作用。总之，滕王阁改造体现了J省对文化产业旅游经济发展的重视，有利于推进第三产业的发展，成功实现经济转型。

在政府、企业和社会大众的大力支持下，滕王阁景区定将搭乘J省第三产业发展快车，实现更好的发展，进而带动N市乃至J省文化旅游业的深入发展。

五、课堂安排

本案例按照2个学时（90分钟）进行设计：

1.讲解案例

时间分配：20分钟。

由一位学生概要叙述将要讨论的案例背景，授课老师将课前收集到的“N市滕王阁景区仿古旅游发展与改造”相关视频资料和新闻报道通过多媒体展示给学生，对学生的概述和视频资料进行总结，导入案例中来。

2.分组讨论

时间分配：40分钟。每小组4~6人。

将全班同学分成若干小组。老师提出相关问题，小组内进行讨论，形成自己的看法。讨论的时候，小组成员轮流进行，其他成员给予补充。由小组长记录小组成员参与案例准备和发言的情况，进行总结。

3.课堂汇报

时间分配：20分钟。

每个小组对讨论成果进行汇报。

4.课堂总结

时间分配：10分钟。

教师结合案例讲解相关理论知识，点评各组讨论成果，进行总结。

六、其他教学支持

1. 相关案例的纸质材料

2. 相关案例的视频资料

3. 支持播放功能的多媒体教室，支持小组讨论的可拆分桌椅

七、参考文献

[1] 袁纯清. 共生理论及其对小型经济的应用研究（上）[J]. 改革，1998（2）：100-104.

[2] 喻荣春. 赣州“红、绿、古”色旅游资源整合发展策略探究 [J]. 企业经济，2007（5）：120-122.

[3] 陈炜，张瑾. 少数民族非物质文化遗产旅游开发SWOT分析及其对策——以百色壮族布洛陀文化为例 [J]. 社会科学家，2009（6）：89-92.

[4] 李月华. 黄冈绿色生态旅游与红色及古色文化旅游资源整合研究 [J]. 生态经济，2010（2）：109-111.

[5] 陈钰. 基于SWOT分析的湿地生态旅游可持续发展策略研究——以张掖市国家湿地公园为例 [J]. 中国农学通报，2011（4）：483-487.

[6] 毛长义，张述林，田万顷. 基于区域共生的古镇（村）旅游驱动模式探讨——以重庆16个国家级历史文化名镇为例 [J]. 重庆师范大学学报（自然科学版），2012（5）：71-77.

［7］高科，刘海洋. 吉林省红色旅游共生发展模式研究［J］. 资源开发与市场，2012（9）：858-860.

［8］王旭. 基于SWOT分析的贵阳民族生态旅游发展探讨［J］. 贵州民族研究，2014（10）：137-140.

［9］谭望. 江西滕王阁景区新媒体传播策略探析［J］. 新闻研究导刊，2019（9）：21-22.

［10］谢冬梅，刘燚思. 滕王阁仿古旅游发展与改造的成效评价及优化策略研究［J］. 商业故事，2020（18）：57-58.

［11］韦福巍，黄荣娟，时朋飞. 基于共生理论的广西区域城市旅游协同发展研究［J］. 西北师范大学学报（自然科学版），2020（3）：118-126.

［12］庞亚婷. 基于SWOT分析的国际合作对乡村非物质文化遗产旅游的影响研究［J］. 农业经济，2020（12）：135-136.

［13］丁翠翠，图登克珠. 西藏红色旅游SWOT分析与发展对策研究［J］. 西藏研究，2021（1）：56-63.

［14］袁宏瑞，王群. 旅游与生态共生演进模式与生态安全判定——以国家重点生态功能区安徽省黄山区为例［J］. 旅游学刊，2022（12）：25-38.

［15］朱慧方，时朋飞，俞筱押，等. 贵州红色旅游资源与乡村旅游资源共生系统研究［J］. 资源开发与市场，2023（3）：377-384.

八、补充材料①

1.《促进中部地区崛起规划（2016至2025年）》政策解读

http：//www.scio.gov.cn/34473/34515/Document/1535229/1535229.htm

2.J省人民政府关于印发大N都市圈发展规划（2019—2025年）的通知

http：//drc.jiangxi.gov.cn/art/2019/7/30/art_14689_715067.html

3.官方批复！滕王阁将有大变化

https：//baijiahao.baidu.com/s？id=1664712625653041768&wfr=spider&for=pc

4.滕王阁景区简介

http：//www.cntwg.com/htm/News/Show-201601060958160.html

---

① 省份和城市名称作了隐匿处理，链接地址真实。

第三篇　社会治理

坚持以人民为中心发展教育，加快建设高质量教育体系，发展素质教育，促进教育公平。加快义务教育优质均衡发展和城乡一体化，优化区域教育资源配置，强化学前教育、特殊教育普惠发展，坚持高中阶段学校多样化发展，完善覆盖全学段学生资助体系。①

——习近平

重视发挥第三次分配作用，发展慈善等社会公益事业。②

——习近平

① 习近平．高举中国特色社会主义伟大旗帜　为全面建设社会主义现代化国家而团结奋斗——在中国共产党第二十次全国代表大会上的报告（2022年10月16日）［N］．人民日报，2022-10-26（05）．

② 中国共产党第十九届中央委员会第四次全体会议文件汇编［M］．北京：人民出版社，2019：39．

第六章

大爱无声，三联有情

——N市三联特殊教育学校的“优”与“忧”

摘 要

教育是国之大计、党之大计。办好人民满意的教育，彰显了我们党全心全意为人民服务的根本宗旨，饱含着深厚的人民情怀，是我国教育事业改革发展的出发点和落脚点。在此背景下，特殊教育越来越受到社会各界的关注。时至今日，N市三联特殊教育学校已艰难维系了近30年，它面临着资金短缺、无固定教学场地、无先进的教学设备、无稳定的师资队伍等种种问题。现如今，三联特殊学校的前途如何？这值得我们认真思考。本案例在展示了N市三联特殊教育学校艰难的坚守历程后，基于互动嵌入式政社关系理论及全纳教育理论，分析其困难与缘由。在习近平关于教育的重要论述指导下，从建立互动机制、政府、社会和学校四方面提出对策建议，意在加强政府与社会组织的联系，形成政府与社会组织良性互动嵌入的发展局面，推动教育公平的实现。

关键词

互动嵌入；政社关系；全纳教育；三联特殊教育学校

第一节 案例正文

引言

随着时代的发展，社会各界对特殊教育的关注度越来越高，2017年两会对特殊教育问题的讨论使其成为备受关注的热点问题。特殊教育是根据特殊少年儿童的身心特点和教育需要，采用一般或特殊的教学方法和手段，最大限度地发挥受教育者的潜能，使他们增长知识、获得技能、拥有良好品德、提高适应能力的教育。特殊教育体现的是对特殊人群权利的保障，是促进我国教育公平的体现。在此背景下，探讨N市三联特殊教育学校的发展历程、困难与出路，富有现实意义。

一、情景一：将退休回忆过往，集爱心联立新校

1994年的仲夏，远处村庄传来隐隐约约的狗叫声，四周的树叶随风沙沙作响，沥青路上偶尔一列货车轰鸣而过，路边水泥砼里插着一张锈得半漆的站牌，站牌下围立着3个中年男人。大何半侧着身瞟着从西边通来的马路，傍晚阴云挡住阳光让他皱着眉头，周大哥在他对面边比画边瞟着大何的身后，小周哥稍远两步看着他们二人比画交流，周围的干扰无法影响他们。

大何8岁的时候因用药不当，双耳失去了大部分听力，但他并没有因此放弃学习，成年后，他任教于N市聋哑学校（后更名为“启音学校”）。由于都是开朗的性格，大何与同样有听力障碍、已经在校内任教多年的小周哥和周大哥两兄弟成为了无话不谈的朋友。

“学校里的孩子们听不见，没法学说话，走到社会上可能被人欺负，还好有我们学校存在，不然他们以后很难受。”周大哥双手比画着。

“市区里面的孩子运气好，村里面的没有这种运气，很多没有钱交学费，还有人没钱交住宿费，这些孩子长大以后只能在家里放牛，我感觉很难受。”大何双手对着周氏兄弟比画着，倏忽抬起右手挥舞了几下，3人看到了便转过身来，接连登上了末班车。

“还是老地方？”售票员看是他们3人，便冲着最后上车的大何嚷道，大何点点头，递去了几张角票，跟着走向了车尾的联排座。这一天是周五，在车子中部坐着的几个穿着校服的孩子突然齐刷刷地坐直了，眼珠偷偷瞄着路过的3人，“就像见了老师一样”。一种莫名的想法浮现在3人的心中。“咱们办一个学校怎么样，你、我、他，3个人，只招没钱人家的孩子，村里的孩子。”小周哥突然比画起来：“我大约有一点想法，你们判断是不是可行。”大何当即答应。

于是，在晃晃悠悠的城镇公交上，学校的雏形被3人确定下来，相关手续和硬件条件解决以后，退休了的周氏兄弟和离开学校的大何开始在凝聚了他们3人的努力和心愿的“三联特殊教育学校”内招生办学。1994年9月，在N市新建区长堎镇城郊的一栋两层楼小民房里，三联特殊教育学校诞生了。这栋月租300元左右的小楼成为17名学生的“校园”。这些孩子们大多来自偏远的山区，那里经济落后、交通不便，也没有相应的公办特殊教育学校，孩子们无法接受教育。三联特殊教育学校的成立，给了孩子们一个接受教育的小天地，加上孩子们吃住都在学校，这里更像是他们的一个家。

时间来到1997年，三联特殊教育学校已经办学3年了，其间学校学生由最初的17人增至20多人。J省各地贫困山区有着听障儿童的家庭，在听说了三联特殊教育学校以及它远低于其他同类学校的收费标准后，纷纷将自己的孩子送往该校。在这3年间，随着学校的不断扩招以及周边地区房租的不断上涨，为了追求更好更大的教学环境，学校在新建区前前后后经历了3次搬迁。

这时的学校虽说算不上安稳，但在大何以及周氏兄弟的合力支持下，倒也算得上欣欣向荣，3人对学校和孩子们的未来都充满着期许。这时的他们都不曾预料到，在不远的将来，命运给他们开了一个大玩笑。

二、情景二：三联骤然逝其二，独木难支苦维系

意外来得十分突然，1998年的秋天，周大哥出了车祸，虽然有路过的好心人将他送到了医院，但是最后还是没有抢救回来，家属和朋友们只来得及见他最后一面。大何见到弥留之际的周大哥最后一面的时候，周大哥已经没有力气比出手语，只是紧紧盯着大何和他弟弟，看着他们连连哭着点头比出手语，答应会全心全意照看学校后，才咽下最后一口气。他们两人明白，周大哥最不放心的还是学校，这才过去4年，周大哥连一届正常完成学业的孩子都没有亲眼见到，就失去了生命。事故现场没有留下线索，肇事车辆再也没找到，医院的抢救花去了周氏兄弟一部分平日的积蓄，小周哥除了忙学校内部的教学工作和照顾孩子们外，性格越发木讷。之后小周哥接替了周大哥的校长职务，原本大何只负责学校的教学工作，学生的生活、学校的管理等方面都由周氏兄弟负责，在这之后大何也开始参与学校的管理。每天清晨，大何在上课前还要前往市场采购供孩子们食用的蔬菜、肉类等。两人肩上的担子都更重了。周大哥的离世，虽然让本就师资有限的三联特殊教育学校更为艰难，但也坚定了大何与小周哥要把学校办好的决心。

然而，祸不单行，周大哥去世一年多后，也就是1999年，小周哥被检测出肝癌晚期，噩耗击穿了所有人的心理防线，小周哥知道这个消息后只平静地整了整衣角，风轻云淡地说道："别告诉学生们。"即使被病痛折磨，小周哥也没向大何之外的人透露过一丝。同事、学生以及家长在他去世那天才知道他的真实病情。大何回忆，期末时曾在校门口见小周哥弓着腰进校门，就上前问他要不要休息一下。小周哥却说，他在喝中药，已经好多了。大何还记得小周哥最后一次给孩子们上完课的情景，那时小周哥的身体每况愈下，面色越发苍白。医生警告他再不住院随时有可能倒在课堂上。快到期末时，小周哥已经瘦脱了形，身高1.65米的他，体重连45千克都不到。那天小周哥捂着肚子走进教室，搬了一条凳子坐在讲台边，给学生讲题。学生们看出来老师身体不舒服，但不知道他竟病得这么严重。下课的时候小周哥故作轻松地告诉孩子们，自己年纪大了，得养老享清福去了，还要去全国各地到处走走，看看美景，到时候回来给同学们带些小礼品，以后得空时还要回来看看大家。孩子们虽有些不舍，但也都为周老师感到由衷的高兴，一个个兴奋地围着周老师，比画着询问道："周老师要去哪玩儿呀？""老师您什么时候回来看我们呀？""老师有什么好吃的东西要记得带给我们啊。"小周哥一边与孩子们打趣着，一边满脸笑容地向校外走去。殊不知这一次的离去竟是永别。之后不到两年，也就是2001年的一天，他在给大何校长留下照顾好孩子们

的遗言后也撒手人寰。

大何睁开了疲惫的双眼，这是2002年一个冬日的清晨4点，在匆匆洗漱之后，他开着昨天从邻居家借来的拖拉机，驶向了隔壁村子。“老何你来啦！昨儿晚上特意给你收的都在这儿呢，过了秤了，比上个月的还重了点。”端着搪瓷杯的瘦高老汉嚷嚷着赶在大何敲门前打开了院门，揉揉眼睛刚准备喝口水，突然快步上前，右手举高杯子，左手按住大何在布包中翻找的双手。“别，年前的钱二十八再结，年后的钱等我要买种子时再给。”老汉哭笑不得，“我不是想加价，多的是送你们的，也就你们过冬要的量大还稳，冬天其他的菜还没种，你们的挣得多。”老汉见大何放弃掏包，便后退了一步，灌下了一口温水：“走，我帮你整完，趁路上没车你好回去！”装车没有花多长时间，天还没亮的时候，大何趁着雪停载着一车冬白菜，向学校驶去。“老何真不容易啊！”老汉叹着气，关上了院门。是啊，曾经的三人如今只剩下大何一人，他常常感到疲惫难以维系，又常常回想起见到周大哥和小周哥的最后一面。周氏兄弟离开学校的这些年，学校的学生增至40多人，大何一人就“包办”了学校——既当校长，又当老师，还当“总管”（管理学校的一切事务）。他的妻子大何嫂也同他一起，担任学校的生活老师，照顾孩子们的生活起居。

三、情景三：涨房租却免学费，积蓄仅保一时安

2003年的冬天，正在办公室工作的大何（何校长）微微抬头，看到了站在门口、遮住了昏黄天光的老汉，这名老汉正是学校所处民房的房东。这些年来，周边地区的房价在不断上涨，但学校所在的民房的租金从未上涨半分，这也是学校能得以支撑的重要因素之一。老汉的不期而至虽说未被大何预料到，但老汉为何事而来，他心中却隐隐有了些眉目。大何将手中的笔夹进课本里，双手撑住桌沿边站了起来，随即张开双手热情地迎了上前去。

老汉微退半步，右手握上何校长的右手，左手从夹克内兜掏出一叠纸片，扫了一眼，对着何校长展示出来：“我和我侄子带了一筐菜来给你，让我侄子放进仓库吧。”老汉以往来时也喜欢给孩子们带些蔬菜，大何与老汉也算得上熟识。老汉略显疏远的态度让大何的猜想愈发明晰。何校长定了定神打开了纸片，抿着嘴唇点点头，松开了右手，从皮带上解下生锈的钥匙扣，捏着其中一把递向了年轻人。

“知道在哪儿吧？你把菜放进去，筐……”老汉顿了顿对侄子说道，“筐别拿了，一起放着，顺便看看吃的还有多少，放完了别上来了，等我下去。”

何校长把老汉引向木椅，老汉抓住何校长的手腕，冲着他摇摇头，翻开第二张纸片：“明年要涨房租，涨两成，你如果还要租，我就只涨一半，还是租给你。”老汉把整卷纸片塞到何校长的手里，叹着气，转身出了门。“我知道你挺难的，但是我也快退休了，这房子租给你们就是最低价，三年没涨过，新建区现在搞开发你也

不是不知道，你们周围的恨不得一年三涨。”“租不租就这周确定吧，边上的工厂准备把这里租下来做个小食堂，催得急。”“最迟年后两周……”一阵闪光，照不亮手中的一张张纸片，大何心中早有预感，涨房租的这天总会来临，他抬头望了望不知什么时候暗下来的窗外，转身回到了桌前掏出账本算了起来。

像往常一样，从市场采购回来的大何推着装着菜的三轮车走进了校舍，小心翼翼地避开了在院中玩耍的孩子们，几个比较懂事的孩子跟着来帮忙的倩倩老师一起把三轮车上的菜取下，分门别类收拾起来。大何本想一起收拾，可是他一进院门就看到了拘谨地坐在门口附近的一家三口，心想：“应该是送孩子来上学的。”于是，他推开了虚掩着的办公室的门，冲夫妻俩招招手。大何伸手把他们引向课桌对面的几张凳子，让他们先坐下，可是这对夫妻非常紧张，频繁地对视着。

“我听说……”妻子略微前倾小声开口，可是马上就被大何伸手制止了，他指了指自己的耳朵，摆了摆手，又把放在夫妻附近桌面上的纸笔往前推了推，指了指。

“我听说你们这里招long人，钱很pian宜，我儿子是long人，你们收不收？多少钱？管多久？”妻子在纸上歪歪扭扭地写下夹杂拼音的问题。

“我们这里收，但是你们交多少钱我要想想，一般收费都是1 500元。”何校长写到这儿停了一下，看到夫妻俩面有难色。随后写道：“如果家庭实在贫困，我们的老师去考察属实的话，交500元就行了。”两夫妻面露喜色，连连点头说道：“校长，那这住宿费和吃饭的费用怎么算呀？”何校长写道：“没有别的费用了，孩子的食宿我们会安排好的，想送进来的话先填这个表。”何校长从文件夹里抽了张资料表递给夫妻俩，夫妻俩很快商量着把表格大致填完并交到了何校长手里。“你们不是住这儿吧，过来也不太方便，到时候有结果我会想法子通知你们，省得你们单独来一次挺麻烦的，最多两个星期就会告诉你们结果。”待夫妻俩看完，何校长便送一家三口出了院门。何校长看了看表格中这户人家的家庭住址，寻思着：这地方有点偏啊，后天去那村子里了解一下他们的实际情况吧，刚好是周末，让李老师跟我去，帮我问问聊聊。何校长心中定下方案，取出抽屉中的账本开始做起日常的消费记录和支出规划来。

何校长心中焦急，却不敢表现出来让学校里的其他人看到。教育部给学校批准的收费标准是每人每期2 000元，何校长为了照顾贫困家庭，已经主动把学费降低到了1 500元，为了让几个极度贫困家庭的孩子能接受一定的教育，学校每人每学期只收他们500元。今年的21个学生中，能交1 500元的也就两个学生，总共收上来的学费也就1万多元，离交齐房租还差足足2万元啊。虽然学校断断续续会收到一些爱心人士的捐助，比如米面油、文具、书本、蔬菜以及简易的教学设备，但是这些捐助的物资也只能暂时维持学校基本的运行，并不能给学生带来更好的学习环境、教学设施。今年冬天又多了几个孩子要在学校里过年，明天还要去拖白菜回来，可是他全身上下，不，是全“家”上下加起来就只有93元8角，该怎么办呢？“唉！”何校长坐在茶几边盯着电视柜下的抽屉。昨天那家看起来是真的没钱，万一真没钱，我真免了他们的学费，那又是个缺口，之前跟人约的结账日就是后天，水电费也不能拖，上次差点被房东赶人锁门。“唉！”何校长站起来绕着茶几转了两圈，偏头瞄了眼电视柜下的抽屉。

明年要涨房租，继续租的话，房租成本的涨幅算是小的，这大过年的没地方找便宜的地方租啊，可是这将近2万块钱又从哪里整啊，同学朋友肯定不能借的，无底洞借了还不起。“唉！”何校长站在门口，远远地盯着电视柜下的抽屉。

大何嫂端着粥和简单的菜从厨房走出来，瞅到何校长的神态，比画着：“是不是学校钱不够了？”何校长点点头。大何嫂放下碗筷擦擦手，取出了电视柜下抽屉里的存折，递给何校长。“这是存着养老的，我拿去了家里怎么办？”何校长比画完，接过了存折。“总会有办法的，你那里肯定比家里急，我相信你。”是啊，总有办法的，先把最急的问题解决。何校长心中燃起了希望。

四、情景四：因公务回乡探亲，父病倒辞工返乡

2005年5月，小何危坐在软座上，双手平放在膝盖上，列车还有几站就到N市站，他心中也盘算起了这次回家的计划。小何是何校长的儿子，成年后参军，退伍后前往深圳工作，虽然小何已经转业3年了，可他仍然保留着在部队养成的习惯，尽力保持规矩的行为举止。也正因为这样，刚刚完成一个项目的他被公司以出差为由，从深圳派回到家乡。“任务挺简单的，应该3天就能搞定，今儿才周日，李总给我的周期宽限到下下周二，顺利的话还有下周四到下下周一的5天可以支配。”

小何完成任务回到家的那天晚上，月亮都挂出来了，父亲愣是没回来，便问母亲：“妈，爸晚上不回来啊？”“你爸呀，很少回来，他留在学校照顾着孩子们才放心。”小何听完一愣，开玩笑道：“嗨，我爸对这些孩子们比对我还好呢，哈哈。”吃完晚饭，只剩下吧嗒吧嗒的钟声和漆黑漫长的夜，小何躺在床上翻来覆去睡不着：也不知道老爷子天天搁学校里累不累，什么样的一群孩子们让他这般上心呢？

第二天一大早小何便起身，带着一身担忧和一丝疑惑，他决定去学校找父亲。经过几公里的骑行和一路询问，小何终于找到了位置，眼前的这所学校和印象中的学校完全不一样，他甚至一度以为自己走错了地方。一片云雾缭绕中，他打远儿看到一条印着校名的红色条幅悬挂在二楼。走近才发现，白茫茫的不是雾气，是一楼的作坊在生产腻子粉。他撩起衣服，捂住鼻子和嘴巴，眼睛眯成一条缝，直接奔上二楼。后来从父亲口中得知，学校因为无法负担整个三层楼的房租，只好将房租最贵的一楼放弃，房东却把一楼租给了一家腻子粉厂，孩子们连楼下玩耍的空间也因此被剥夺。教室门窗紧闭，学生们正在上课。他使劲砸门，试图让残存着微弱听力

的父亲何校长听到。当时正值5月，N市的气温已超过30℃。教室天花板上的旧吊扇晃晃悠悠地转着。宿舍里的床高低宽窄各不相同，没有两张床是一样的。学生从家里带被子过来。小何捏了捏被子，很多被子中间空荡荡，头上一点棉絮，脚底一点棉絮。有的床单旧到不能再旧，轻轻扯一下就会碎掉。

这是小何第一次来到他父亲工作的学校，不，这不应该是一所学校！哪有学校的教室里没有前后对称的黑板，没有制式的桌椅，没有漆面的讲台，没有放在讲台上的各色粉笔，没有放在教室角落的卫生工具，没有挂在窗角的窗帘！整个教室里充斥着隔着封死的窗户都能感受到的热浪，以及来自楼下仿佛永不停歇的轰鸣声和灰尘。这简直就是一群“叫花子”在破房子里上课！

这间教室里最为体面的是挂在讲台后的黑板和黑板上的国旗，注视着它们的，是一位穿着朴素、打着手语的老人——他的父亲，还有一群穿着五颜六色、打着补丁的宽大旧衣服的孩子们——学校的学生。父亲耐心地向孩子们传授着黑板上的知识，学生们虽说身处的环境如此恶劣，脸上却洋溢着幸福的笑容，眼里闪烁着对知识的渴望。

坚不可摧的大男人流下了泪水，小何感受到了父亲所有的困苦，也被这些可爱的孩子们所感动。孩子们接受的是手语教学，这个学校是为听障孩子开设的，不敢想他不在家的这些年父亲一个人克服了多少困难，也不敢想这些孩子们有多么坚强。他只知道，从此以后的日子，他要替父亲扛下这些艰难，他要让这里的孩子们有更好的未来。

小何默默转身，多年未见的孩子不会打扰在讲台上奉献的父亲，他决定等到中午再回来。可是，就在小何忍不住回头看了一眼教室时，何校长摇晃着尝试转身，然而转到一半的时候，身体便开始往一边倾倒。

何校长毕竟是一个70多岁高龄的老人，连续几个小时的手语授课，对年轻人来说都是极大的负担，更何况已过七旬！正在上课的何校长突然满头虚汗，两脚发软，倒在地上不省人事。学生和小何迅速上前帮忙，将老人扶到椅子上，按压人中，解开衣领，为其按摩，拨打急救电话，教室里哭声一片。当救护车赶到时，老人已经慢慢恢复知觉，但还处于意识模糊状态，身体虚弱，无法直立行走，老人被抬上救护车送往N市第一医院抢救。老人由于过度劳累出现中风征兆，幸亏被及时送往医院，病情没有加重，但仍需住院治疗。

简直是万幸！要不是被及时送去了医院，多年的辛苦操劳一次性爆发，必然会摧毁何校长的身心。看着何校长在病床上挣扎想要离开医院，心中有默契的小何简单地写了一句：“你想死了不管孩子了吗?”何校长便又安稳躺下，但用期盼的眼神看着小何。“你好好休息，这阵子我来替你。”

自此小何放弃在深圳优渥的待遇，举家回到N市，为父亲分担三联特殊教育学校的相关事务，成为了学校的“外交官”。参与学校的相关事务后，小何才发现三联特殊教育学校面临的困难太多。因为学校环境不好，老师和学生都长期生活在腻子粉的毒害之中，小何出于对学生和老师的身体健康考虑，便四处筹款，寻找教学场地，以私人名义借款2万余元，给孩子们换了一个相对舒适的地方。新的学校在熊坊村落地，孩子们的学习环境有了改善，但仍然受经费问题的困扰。众所周知，经济在不断发展，房租和物价也在上涨，这样一个特殊的民间公益学校更是很难维持下去。当时学校只剩下7名学生。本想着就将他们带到毕业就停办学校，可是后来又有一些学生来求学，刚开始老何校长说明情况并拒绝了这些学生，但是后来又软下心来悄悄地把来的学生收了下来。看着孩子们好学清澈的眼睛，小何校长也不忍心，还是坚持着把学校办下来了。随之而来的便是孩子们的饮食问题，为了保证孩子们的日常营养，小何和父母一起参与食材的采购，尽最大的努力确保孩子们能够茁壮成长。小何校长每时每刻都在四处寻找办法解决资金问题，解决场地问题，还要参加各种会议，招待各类公益组织，招待记者，给孩子们上课。小何也想过放弃，关掉学校，让父母回家养老，自己继续过清闲舒适的上班生活。但是，他放不下这些不能独立生存的孩子们，他们需要这所学校的帮助，小何咬咬牙，也就挺过来了。

然而，和先前几次搬迁一样，熊坊村的房租也在一两年间涨了不少，加上这个地方面积较小，孩子们的学习和活动场所有限，再一次搬迁想必又要到来了。

2009年5月，育才中学的校长免费借给他们一栋教学楼，这才让他们“安定下来”。这是一栋空置的教学楼，也是孩子们遇到过的最好的学习环境。打扫完之后，师生们又自制了几个标牌：“校长办公室”“教研室”“一年级”等。他们还制作了一些规章制度表、作息表等，为节约费用，由老师们工整写好再让孩子们贴在走廊上，何校长说：“终于像个学校了！”但是，这份喜悦持续的时间并不长。育才中学也是租借他人的土地进行建设的，合同将于2010年3月到期，可育才中学并没有续约的意思，土地即将被第三方收回。也就是说，三联免费使用教学楼的期限快要到了，如果学校还要继续办，就只能耗费积蓄向第三方租借。学校在育才中学办学的这一时期是办校以来校址最稳定的一段时间，教学楼前有一块操场，这些无声世界的孩子们也难得有了一块可以放开活动的场地。孩子们在这里升国旗、用手语“唱”出国歌，课余时间在一起做游戏……办学虽然艰苦，但也有许多令人欣慰的事，这些年间，从这里毕业的郧凯旋又回到了这里，她从三联小学部毕业后在中等专科学校学了计算机，在外工作一段时间后又回到育才中学校址做老师，教孩子们数学和计算机课程。

虽然在育才中学办学的这段时间，学校仍旧入不敷出，但孩子们能在这样的环境下生活学习，也是比较快乐和幸福的。这一阶段一直持续到2010年。

五、情景五：房租难续弃家宅，连年涨租迁城郊

2010年，失去育才中学的帮助后，房东的催促愈发频繁，何校长试图与房东

交涉，看能不能再宽限一些日子。

“老何，两年的房租凑够了吗？”一个中年男人冷漠地问道，此人正是房东“李总”。

“李总，能不能……”何校长微微地弓着腰说道。

李总打断了老校长的话：“别，你这个门可难进，去年我好心让你们缓缓，晚点给我，你们倒好，一晚晚一年，次次来听得见的人都不在，我找谁催去？我今天来收去年和今年的房租，一个子儿也不能少，明年你们还要租的话，房租我们还要再说道说道。”

“我们这钱有点困难……”

“打住，你们困难我也难，看你们一屋子老弱病残我都没好意思硬来，今年周转不开都找人借了钱，你今天不给我，我也要断了火吃了今儿没明儿了，不如你可怜可怜我？”

“我这儿凑了两万三，你……”

“两万三？你准备给我两万三然后再拖一年？今天，两年十八万六千房租加水电一共算你十九万六千，看在你做好事的份上免你六千，说出去我也不怕别人说闲话。你给我十九万，一句话，成不成？成了给了钱我们再说明年。”

“再给我们几天时间，李总，我们一定凑够钱。”

“去年你们也这么说！我看你们做好事以为你们是好人，心善不唬人，宽限宽限就被宽了一年，我找谁哭去？我找你们麻烦了？我给你们宽了两年，年末才来找你们要前两年的房租，你去哪里找我这种好心人？一句话，给不给？”

“给，我们给，能再给几天我们凑钱吗？”

“行了，我知道了，今儿周一，周六我来换锁，周六之前你们给我出去，不过人能走，东西给我留下抵账咯。”李老板转头冲门外晃荡着的几个晚辈叫道：“听到了没？周五之前你们给我守着门口，人随便进出，东西一件也别让他们带跑咯。”说完李总站起身转向门口，又似不太放心大声补充道：“不许动手知道吧，有问题拦着不让出去就是了。”

学校里都是老弱妇孺，唯一的青壮年小何还要在外工作补贴学校，平时很少在学校，哪里争得过几个年轻人，况且又知道自己不占理，看着这些人没什么过激的行为，只好默默接受了。

被困在办公室里的小何绕了两圈，又拿笔问了问父亲何校长：“学费我们不能涨吧？”看到何校长满脸难色地点点头，他接着写道：“我出去筹钱，爸你先想法子对付几天。”随后在几个“门神”的注视下急急忙忙地离开了学校。何校长在窗口呆呆地望着小何离去的身影，叹了口气，他之前决定取出存款的时候，已经预料到了今天。这个学校的资金缺口就像一个流沙坑，他被流沙裹挟着慢慢下沉，不停地抛弃身边的事物只为减慢下沉的速度，为了自己更为了自己手拉着的一个又一个孩子们，他不应该也不会被这个流沙坑吞噬！

小何第一时间想到了政府："对，国家！国家一定不会对我们坐视不管的！"想到这，小何心中升腾起希望，急忙前往N市青云谱区教育科技体育局，这是他能想到的唯一的地方，然而工作人员的回答却让他心里凉了半截。工作人员表示目前没有相关文件明确对民办学校的资金及政策扶持。负责接待小何的工作人员似乎看出了小何的失落，也许是出于同情或者是出于歉意，对小何说道："当民办学校在运行过程中遇到场地、资金等困难情况时，我们会在能力范围之内予以支持。比如组织个人捐款捐物资。"小何笑着说道："谢谢你们的关心。"然而小何知道，学校的存活是不可能依靠个人的捐助的，尽管小何对每一个前来帮助学校的人都由衷地感谢，但即便是汇聚了许多人的爱心，在无情的房价面前也显得那么脆弱。小何愤愤不平，想道："这些年来我们学校明明越办越好，也得到了越来越多的人的了解和支持，怎么这房租也似乎跟着学校一起成长了似的，像个索命的冤魂一直追着我们，莫不是真的道高一尺魔高一丈啊？"事情无法从政府这里得到解决，而催债的人却如一架无法停下的火车步步紧逼。

何校长看着脸上带着失落和无奈的小何缓缓说道："没有别的办法了，把我老屋的房产证拿来吧。"小何脸上充满了惊愕，很快又平静地点了点头，父子俩心里都很清楚，他们已经没有别的选择了。在接下来的几天里，他们联系中介把自己的房子以很低的价格卖了出去，还上了欠的房租，为学校延续了一年的生命。他们失去了曾经的房子，把新的家安在了学校里。

可是，第二年还没过完，房东又一次要涨租，这次任凭何校长如何开口都不肯延缓一阵子，扬言超期就直接把房子的水电全断了，又是要留下东西赶人走。小何害怕父亲又不声不响做出什么决定，房东反复涨价也让小何难以忍受，他毕竟是在外工作过的，有生活经验，在仔细研究城市的发展方向后，结合早出晚归奔波一周的实际调查结果，他在城乡接合部保留下来的片区找到了新的校址，从价格、使用功能、环境上来说，都比这个反复涨价的校区要好，于是整个学校趁着房租快要到期，又一次飞快地搬迁了。

2018年8月，正值N市的酷暑时节，在连着几天的高温预警之下，学校接到了一周之内必须完成搬迁的通知。暑假期间，大多数孩子都回家了，留校的孩子不多，人手急缺，学校所有师生的生活用品和设备设施想要迅速全部搬走实在是困难。然而，搬家公司开价一万，这对于这所经营艰难的学校来说无疑是一笔巨大的开支，消息很快传到先前毕业的孩子们那里。那时，在N市及附近的几乎所有毕业生都赶往学校，帮助学校搬迁，他们说就算是旷工也要来帮助母校。"老师您只要叫车就行，这边东西的搬卸全都交给我们。"在这个酷热的夏天，学校完成了最近的一次搬迁，搬到了郊区一栋民房（见图6-1、图6-2）。孩子们的帮助，对于学校来说，不仅省下了一笔资金，还获得了一种浓浓的情感的慰藉。

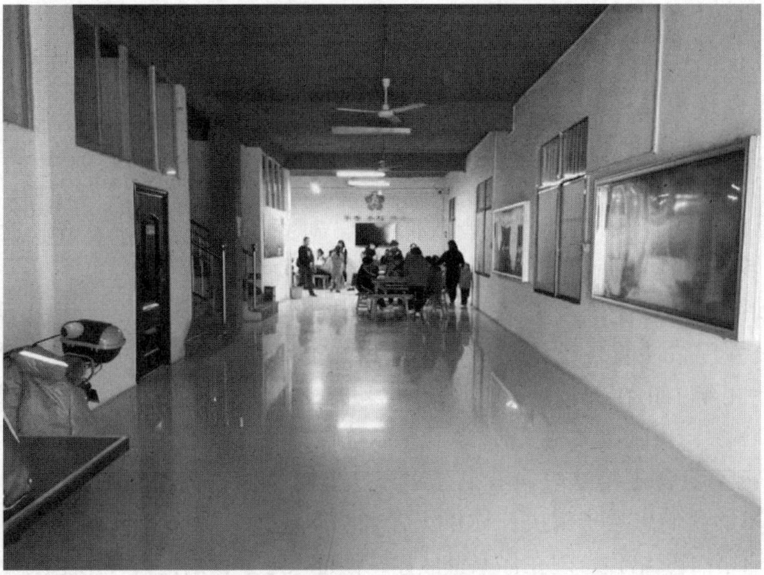

图6-1 一楼活动场地兼饭厅[①]

图6-2 室外的一点点活动场所

六、情景六：无偿留驻献爱心，难抵亲情常劝去

2019年春天，三联特殊教育学校的一间教室内，挂在教室后的电子钟闪烁起来，“下课。”小李对着面前端坐的学生们比画着。小李是学校的一名数学老师，他

① 本案例照片均由调研团队拍摄。

从大学毕业后已经在学校义务工作了3年，和其他老师一样没有收取过学校一分钱工资，吃住也是在学校里。“老师再见。”孩子们做出手语。小李在教室内待了一会儿，发现没有孩子有疑惑需要解答，便转身走出教室掏出了手机。

“妈，我刚刚在上课，什么事儿?”

“哦，钱还够，能用到下个月月中。没呢，现在挺忙的，一天天的，白天上课晚上备课，没时间再找。”小李声音放低了，“对我还在那个学校，哦，爸。”

“爸，我今年会回去的。”然后是时不时响起的“嗯”。

家人间的通话总是既漫长又短暂，小李结束通话转过身时，看到小何站在身后不远的办公室门口冲着自己招手。小李大约知道了，他挪进了办公室，绕过了已经住在办公室几年、正在阅读两本笔记本的老何校长，站到了小何校长的桌前。

“坐啊小李，我刚刚不小心听到了，你也该回去了，你在这里耽误太久了。”

“何校长，我舍不得这里，我走了就剩3个老师，怎么办啊?”

“老师不够我们想法子解决，你年纪轻轻刚毕业就来我这里干了3年，年年都没回家，我也开不出工资给你。现在你家里催你，你也该走了，别把大好未来浪费在这里。”

最终，小李在父母的压力和小何的劝说下，离开了学校。因为缺少相应的教师，小何不得不尝试在校内推行“大孩子带小孩子”的策略，大致是由大孩子负责叫对应的小孩子起床，照顾他们吃饭，以及提供简单的生活帮助，然后分别上课。万幸的是，小李不是第一个也不是最后一个爱心教师，又有一位来自当地师范大学的志愿者来到了学校，愿意在闲暇时间扛起为孩子们授课的责任。学校里一直在岗的老师都是从其他学校退休后才来无偿授课的，近年来随着社会对学校的持续关注，像小李这样的年轻人也增加了不少，何氏父子虽然深受感动，但也不鼓励他们长期在学校待下去，他们也深知学校不能耽误人家的大好青春，学校因为资金匮乏，无法给他们提供工资，更不能用道德绑架这些路还很长的年轻人。

七、情景七：管理缺位援错位，就业困难苦持续

2019年是特殊的一年，三联特殊教育学校迎来了一次重大转机，N市益心益意公益服务中心的彭主任关注到学校，甚至还搬进学校住了小半年。彭主任正是看中了三联特殊教育学校的特殊性，在当前特殊教育政策有待完善、补贴机制有待健全的情况下，三联满足了贫困家庭的需求，为他们的子女提供教育和托管，让这些孩子在受到教育后能成为社会劳动力的一部分。

彭主任在三联的半年里也发现了学校在管理上存在的一些问题，比如在清点学校物资的时候，发现书包和笔受到捐赠的数量巨大，可以说远远超出了学校的需求，而在衣物和食品方面却时时面临短缺的问题，经常由校长一家人自掏腰包解决。缺乏专业人士的帮助，学校在捐赠物的配置方面存在许多问题。于是，在彭主任与小何商量后，学校召开了一次全校大会。学校对目前面临的困难和短缺的物资做了一次完整的汇报和统计，统计之后再依据这些需求去找公益组织和献爱心的企

业。彭主任还为学校注册了博客账号，以便让更多的人关注到这所学校，也让爱心人士能时时了解学校的状况。那一年，学校的情况有了明显的好转，甚至吸引了一些社会上的媒体来采访报道，拍纪录片，也有更多的公益组织来学校帮忙。

在彭主任的帮助下，小何似乎看到了希望，他们一起讨论学校和学生们的出路。在仔细研究了《J省残疾人就业办法》后，他们发现企业如果聘用残疾人的话，可以享受免缴残疾人就业保障金和减免企业所得税等福利政策，但也发现有的企业只是联系几个残疾人挂名来获取这些补贴，不需要残疾人来上班，只是给予少量工资，无法真正解决残疾人就业的问题。

彭主任与小何也希望学校能往职业技术培训的方面发展。为了摸清这个想法的可行性，他们安排了一批学生前往工厂实习，发现大多数学生只能参与简单的体力劳动，对专业技能有一定要求的工作，学生们因为没受过相关培训，或者无法接受只为普通人准备的培训，往往以失败告终。再后来，学生们都从工厂退了出来。

彭主任在半年后因为工作的需要离开了三联特殊教育学校，小何则继续与学校的众人勉强维持着学校的运转。离开了专业人员，学校的管理又走回了老路，博客也停止更新，如今的三联特殊教育学校依然面临缺乏专业人员管理和学生难以就业的困境。

2021年12月15日，在N市迎宾北大道汽车城内新开了一家炸鸡店，店名叫"无声炸鸡店"，在店里忙碌的都是三联特殊教育学校的老师和学生。因为无法找到稳定持久的企业让学生参加校外实习，何氏父子在社会爱心人士的帮助下，开了这家小小的炸鸡店。老师和学生们分成两组共同经营，学校终于有了属于自己的生存技能实习基地。

结语

当我们问及学校未来该怎么办时，小何校长很无奈："现在我们的校址是一栋民居，每年的租金是10万元，另加每年的伙食和水电及其他花销，总共需要大约20万元才能让整个学校正常运作。学生学费只占一小部分；社会捐助断断续续，也不太多；我们也试图寻求政府的帮助，但由于学校性质的特殊性，我们无法享受到政府的资金援助。所以，大多时候是我们一家自费支付，但仍然不够，而且这个校区也不知道能用多久，现有老师又少，我的年纪也大了……"

我们突然很难过："那学校还能坚持多久？"

小何校长轻笑了一下："走一步看一步吧！"

……①

① 遗憾的是：在我们数次调研并完成案例后，2023年8月21日，小何校长一一谢过众人："非常遗憾地向大家宣布，N市三联特殊教育学校在走过了漫长的29年后的今天，由于长期处于亏损状态，债台高筑难以为继，加上高额的房租和日益上涨的办学费用多年来压在我们身上让我们精疲力尽，老校长夫妇（我父母）年事已高，身体也是每况愈下，已经很难胜任学校的工作，学校也没有费用聘请新的教职员工来替代，不得不作出关闭学校的决定。在此，感谢多年来一直陪伴、鼓励、帮助过我们的社会各界慈善机构和爱心组织、爱心个人，感谢N市的各大院校的社团组织对我校残障学生的无私付出！这么多年来给大家添了不少麻烦，在此一并说声"对不起！再见！感恩！"

启发思考题

1. 在全纳教育视野下，三联特殊教育学校存在哪些“优势”？还存在哪些“忧患”？

2. 请分析三联特殊教育学校存在“忧患”的原因。

3. 请提出相关政策建议。

第二节 案例说明书

一、课前准备

1.确定案例主题，收集案例相关资料，明确本案例教学的具体目的

2.制订详细的教学计划

案例讲解+角色扮演+分组讨论+师生互动+总结交流。

3.资料阅读

将与案例有关的资料连同案例一起，提前发给全体学生研读，并把相关背景资料的查阅方法和获得途径告知学生，使学生尽可能理解与掌握案例内容。

4.角色分配

（1）个人角色：将案例中涉及的人物角色提前分配好，包括接受特殊教育的学生及其家人、相关第三方、三联特殊教育学校负责人等，组织学生在课上以案例中当事人的身份进行情节演示，加深学生对案例的切身感受，便于案例的讨论。

（2）小组角色：将案例中涉及的相关各方的角色分配给每个小组，包括政府相关部门、相关第三方（房东、捐赠人等）、三联特殊教育学校的负责人以及该校受众家庭等，通过小组角色模拟，引导学生从多元主体的角度探讨如何构建多中心治理网络。

5.准备好上课需要的PPT以及相关理论知识

6.分组安排

把全体学生分成若干小组，便于面对面课堂讨论。

7.多媒体教室及案例演示时的道具和场景布置

二、适用对象

本案例是为学习公共管理相关课程的本科生、MPA学生及学术型研究生设计的教学案例，也适用于从事政府社会治理的工作人员。另外，本案例还可以用于引导和激发学生对习近平关于教育的重要论述、互动嵌入式理论、全纳教育理论等相关理论知识的学习兴趣和研究热情。

本案例适合“公共管理学”“行政管理学”“教育经济与管理”“社会组织管

理”等课程教学使用。

三、教学目标

本案例以民办特殊教育学校生存困境为背景，以N市三联特殊教育学校为切入点，描写了N市三联特殊教育学校从诞生以来面临的生存困难。如何实现民办特殊教育学校、政府、社会等多主体的有效治理值得我们深思。

具体的教学目标分为以下几个方面：

1. 知识目标

让学生通过阅读案例、讨论分析与交流，了解和认识三联特殊教育学校的艰难发展历程；通过文献阅读，理解习近平关于教育的重要论述、互动嵌入式理论和全纳教育理论；通过角色扮演和场景模拟，了解三联特殊教育学校、政府、社会、家庭等主体在整个事件中的行为活动，探索行为背后的原因；通过讨论交流，基于互动嵌入式理论和全纳教育理论的相关知识，思考如何构建以互动嵌入式理论为基础、合乎全纳教育理论的民办特殊教育学校治理模型，在限定条件下，促进民办特殊教育学校的发展。

2. 技能目标

提升学生发现问题、分析问题、运用所学知识和技能解决实际问题的能力；提升学生的逻辑思维能力；提升学生的组织、协调与领导能力。

3. 思政目标

使得学生拥有坚定的政治立场和正确的政治方向，坚定“四个自信”；提升学生对教育的获得感、满足感和责任心；激励学生自觉把个人的理想追求融入国家和民族的事业中，勇做走在时代前列的奋进者、开拓者。

四、教学内容及要点分析

（一）启发思考题

1. 在全纳教育视野下，三联特殊教育学校存在哪些“优”？还存在哪些“忧患”？

2. 请分析三联特殊教育学校存在“忧患”的原因。

3. 请提出相关政策建议。

（二）理论基础

1. 习近平关于教育的重要论述及其对本案例的适用性

习近平关于教育的重要论述是习近平新时代中国特色社会主义思想的重要组成部分，科学系统地回答了事关党和国家教育事业长远发展的一系列方向性、根本性、全局性、战略性重大问题，深刻论述了新时代我国教育改革和发展的重大理论和实践问题，提出了一系列富有创见的新理念新思想新观点，为新时代中国特色社会主义教育指明了前进方向。

习近平关于教育的重要论述对本案例的适用性主要体现在教育的根本追求上。教育的根本追求是坚持以人民为中心发展教育。坚持以人民为中心发展教育，要聚焦人民群众对多样化优质教育的需求，不断满足人民对更好教育的期待。要根据不同区域的特点和教育发展水平，进一步优化教育资源配置。要持续加大财政教育投入，为促进教育公平、提高教育质量提供经费保障。要加快构建政府主导、覆盖城乡、可持续的基本公共教育服务体系，加快缩小区域、城乡、校际、群体教育差距，让每个人都有人生出彩的机会。

2.互动嵌入式理论及其对本案例的适用性

“嵌入式”概念由波兰尼（Polanyi）在1944年针对社会与市场间的经济关系进行分析时首次提出。在之后的几十年里各个学科的学者对该概念进行了延伸、迁移、发展和完善，最终形成了多种“嵌入式”理论分析框架。本案例所采用的是互动嵌入式理论框架，该框架的形成基础一方面体现在政府通过对相关制度、规范、引导性政策等资源进行调控，间接地对社会组织的过程和管理逻辑进行嵌入性的干预、调整，使社会组织的运营成果更加趋近于政府的需求；另一方面体现在社会组织嵌入到由政府主导的社会服务供给体系中，通过提供部分社会服务等方式，来替代政府履行部分社会职能。

在本案例中，政府行动对于三联特殊教育学校的生存起着决定性的作用，社会组织（包括非营利机构、志愿者等）方在学校的生存中扮演了重要角色。政府可以制定相关政策法规和提供稳定的支持，与社会组织建立紧密联系，共同解决学校面临的问题。同时，社会组织可以提供资金、专业知识和志愿者支持，加强学校的教育质量和资源共享。政府与社会组织之间的良性互动可以促进特殊教育事业的发展。

3.全纳教育理论及其对本案例的适用性

联合国教科文组织将全纳教育定义为：通过增加学习、文化与社区参与，减少教育系统内外的排斥，关注并满足所有学习者多样化需求的过程，其核心内涵就是教育公平。根据对全纳教育理论内核与其支持者观点的总结，可以将该理论对教育公平的实现总结为五个递进层次：一是所有学习者无论是何类学习者，都有学习的权利，并且能够学习；二是所有学习者都有权利并且能够进入他们附近的学校，同他们的学习伙伴一起接受教育；三是所有学校都有责任、有义务、有条件并且能够接收邻近的学习者，对他们的个体学习需求分别提供适合的服务，无论是物质或是精神；四是学校应该具有良好的氛围，同在一所学校学习的学习者无论有什么差异，都能够对学校产生归属感，从而满足每个学习者情感方面的需求，促进学习者的社会化发展；五是全纳教育是全社会的全纳教育，全纳教育涉及的各方人员都应努力争取全社会的物质与精神的支持。

在本案例中，三联特殊教育学校面临的问题正是其无法实现全纳教育的主要障碍之一。通过推行全纳教育的理念，学校可以争取与普通学校建立合作关系，共享资源和教学经验，提高特殊教育学生的教育质量。此外，全纳教育理论还强调消除对特殊教育的偏见和歧视，提高社会对特殊教育的认知度和接纳度，为学校的发展提供积极的社会环境。

（三）分析思路

1.在全纳教育视野下，三联特殊教育学校存在哪些“优势”？

当地政府设立了公办特殊教育学校，但公办特殊教育学校受限于严格的规章与文件，有两方面的问题无法解决。

一是部分特殊教育孩童家庭难以负担费用。特殊教育学校的收费分为学费与杂费两部分，根据国家规定义务教育阶段在校生免收学费，但由于特殊教育的教学要求，实际教学周期是从学前持续到高中完成毕业考试为止，即一般情况下除小学初中阶段特殊教育仅需按时缴纳杂费外，学前教育阶段及高中教育阶段需要全额按时缴纳学费及杂费。

二是部分孩童家庭难以满足针对性要求。针对不同情况特殊孩童，学校设有不同的针对性要求，如部分孩童因生理条件限制需要家人安排人员陪读，如教学中需要及时与监护人沟通或是无法安排住宿需要学生走读等。

对以上两方面问题，公立特殊教育学校无法解决，而三联特殊教育学校一方面能够自主决定减免学生部分甚至全额费用，另一方面采用全托管制解决陪读、沟通与住宿问题，其提供的特殊教育服务恰恰填补了公立特殊教育学校的服务缺失部分。公立特殊教育学校的服务存在缺陷，而民办特殊教育学校提供的服务能够在一定程度上弥补这些缺陷，因此为了实现当前国家教育改革发展规划，为了切实实现教育公平，由民办特殊教育学校承担起这部分孩童的特殊教育成为当前的合理选择，也是资源、经济和政策等多方面限制下的必然选择。

2.在全纳教育视野下，三联特殊教育学校存在哪些“忧患”？

案例中三联特殊教育学校与公立特殊教育学校的经营状况存在显著差异，这并不是个例。无论三联特殊教育学校关闭或是继续维持现状，都会产生如下两个现实问题：

（1）三联特殊教育学校以低水平生存会伤害在读学生的教育公平

仅以当地公立特殊教育学校为例，政府为这些学校提供了充足的资金、优秀的教师、专业的人员、充足的场地和专门化的毕业生就业导向文件，并且在课程方面为在校生设置了语言实验教学和“医教结合”实验基地。反观三联特殊教育学校，无论资金支持、人员流动、场地需求和毕业生就业扶持，都没有受到政府方面任何形式的供给，在课程方面受师资力量影响，所能开设的课程仅有基础手语课和通识课程，与课程相关的硬件条件也是该校的短板，学校内的计算机课程是在接受社会捐助设备后才正式开设的，并且截至本案例调研时，因为平时日常教学活动场所过于狭小，孩子们仅能在天气允许时在老师们的带领下前往学校附近的广场进行课外活动。所有被三联特殊教育学校录取的孩童，受限于薄弱的师资力量、落后的硬件设施及狭小的教育场地，仅能接受最为基础的有关于通识与沟通的简单教育，而无法根据个体差异得到更加个性化、效率化的补偿教育。在纯粹且基础的特殊教育下成长的孩童，在毕业后难以获得与普通孩童相似的交流能力，进而难以获得与普通孩童相近的融入社会的基础，这是全纳教育中典型的不同个体之间教育不公平的表征。人类本性是趋向于组成团队，目前将普通孩童与特殊孩童分校教育已经从物理上在孩童之间以生理因素制造了裂痕，在此基础上，相似群体极端差异化的教育会将裂痕放大，不仅加深特殊孩童与普通孩童之间的沟通鸿沟，更会在特殊孩童群体内制造撕裂，为整个群体融入社会提高了门槛，制造了困难。

在本次案例调研过程中，我们曾尝试与学校内的孩童进行简单的交流，但是很遗憾地发现，只有年龄最大并且参与到日常接待工作中的孩童具有相对完善的与普通人交流的能力，具体体现在能够通过较有逻辑的书写及指点表达简单语句。校内年龄较低的孩童在与普通人沟通的过程中，即使使用简单的手势指点并配合书写，也难以表达简单的逻辑概念。

（2）关闭学校将使在校生遭遇无学可上的教育不公平

一是资金之痛。三联特殊教育学校作为民办特殊教育机构，其办学经费主要来自学生的学费和不稳定的社会捐助，困难时需要校长用个人资金弥补空缺，这也成了近几年处于困难之中学校的资金来源之一。学校的6名老师都是零工资，学校虽然付出了极大的努力，却仅能维持生存，想要进一步改善教学条件是难上加难。更何况学校部分学生由于家庭贫困并不能全额缴纳学费，学校对其实施减免学费政策，这使学校的经济情况更加困难。学校每年的学费收入仅有8万元，但支出却高达20万元。为改变困境，学校也曾尝试过申请免费午餐和图书角，可是由于学校归属于N市区，不属于救助的农村范围内，不符合救助政策，并未成功。由于缺乏政策和资金支持，三联特殊教育学校生存困难，发展缓慢。

二是管理之殇。在建校初期，三联特殊教育学校在管理方面就存在一定的问题，在后期愈发明显。负责人采取的是经验式管理，没有进行专业的培训学习，对学校面临的问题不甚清晰，因此学校并没有形成一定的管理系统。目前学校的管理运营都由校长小何一人负责，作为一名共产党员和退伍军人，他具有责任担当，但管理知识相对欠缺。在面对不同媒体的采访时，学校采取一遍一遍复述的方式回应采访者，并没有想到用宣传册等其他迅捷有效的方式处理问题，同样在争取社会各界的帮助时也没有意识到利用互联网的力量，仅靠口头方式传播相应信息。在资金管理和申请援助等方面，该校缺乏专职人员，但引入新鲜力量对学校来说简直是奢望。

三是师资不易。学校缺乏稳定的师资队伍，现有师资在年龄结构等方面极不合理。学校有6名老师，其中3名老师的年龄都在60岁以上，最年轻的老师只有24岁，年长者教学经验丰富但年龄偏大，身体状况令人担忧，刚毕业就来此教学的青年教师有热情但经验不足，又面临着评职称、医疗保险和退休金等一系列问题，更何况在三联特殊教育学校连基本的工资都没有保障，年轻人面临谋生和家人反对的压力，不能坚持在此教学。

四是场地欠缺。备受困扰的是学校的场地问题，三联特殊教育学校从1994年办学至今，或因学校周围环境恶化，或因经费问题，20多年来历经7次搬迁。为了使孩子们不在粉尘飞扬的环境中生活，也为了让孩子们有学可上，学校选择在困难来临时解决它，即使举步维艰也没有停止办学。据校长说学校的场地问题是学校面临的第一大问题，学校每年20万元左右的支出中房租占了半数，场地问题能否解决成为三联特殊教育学校能否走得更远的关键。

五是毕业即失业。三联特殊教育学校的毕业生完全依赖自己主动寻找工作或者是企业主动上门招聘，没有尝试与外界主动接触。毕业生的工作或是生活状况一般被视为学校教学成果的直接体现，对于特殊教育学校而言，它更能体现特殊教育的作用，而在为毕业生寻找安置途径的过程中，三联特殊教育学校未尝试与政府相关部门沟通联系。除部分与三联有长期合作的爱心企业主动接收一小部分毕业生外，其他毕业生多跟随监护人外出自行务工，务工过程常常充满坎坷。

目前三联特殊教育学校的在校生中，因为经济或家庭因素而放弃公立特殊教育学校的就读机会，转而选择学费低廉并且可以托管的三联特殊教育学校的学生有近30人。如果三联特殊教育学校关闭，在校孩童就会失去当前的教育机会，并且经济或家庭因素让他们无法返回公立特殊教育学校，他们将失去与普通人沟通交流的能力，失去掌握一门技能的机会，甚至难以社会化。

3.请分析三联特殊教育学校存在“忧患”的原因。

（1）政府供给不足

政府“供给”是一个广义的概念，既包含对人力、物力、财力等实体物资的动员和供给，也包含设置与运转相关的法律、制度、规范等无实体概念的引导性供给。在本案例中政府供给存在的问题主要是供给过程中存在供需不对称与缺乏引导供给等两方面。

①供需不对称。

首先，在政府供给、组织保管、个体接收的实体供给流程中，政府供给处于绝对统治方，个体在接收政府的供给之前，该供给的内容与形式已经被决定。而政府在决定供给的内容与形式时，常常会把工作指标或是上级意向作为考量因素，不仅难以弥补接收个体之间的差异，更有可能无法满足接收个体的实际需求。其次，政府供给流程中信息系统基本处于闭塞状态，实际接收的个体难以有效与政府供给方进行沟通，进而使得政府供给不具有根据沟通反馈调整供给内容的能力。最后，部分接收个体受限于种种外在因素，如自身受教育程度或文化素质，缺乏对需求表达权利的基本认知，又或者缺乏主动表达需求的意识与能力，无法表达自身实际需求。例如，在公立特殊教育学校接受教育的前提是监护人配合日常接送，或者监护人日常进行学习巩固才能获得理想的特殊教育成果，又或者需要按时足额缴纳较高的杂费。许多家庭由于工作限制无法做到日常接送，或者无法做到日常学习巩固，又或者收入有限而无法稳定缴纳杂费，最终只能放弃上公立特殊教育学校的机会，转而选择提供寄宿条件、学费低廉的特殊教育学校。三联特殊教育学校正是同时提供寄宿条件和低廉学费的民办特殊教育学校。

②缺乏引导性供给。

本地政府没有与时俱进地提供引导性供给，如适当的法律、制度、规范等举措，对已存在的社会组织缺少引导性的激励供给，更不用说对尚未成形的社会力量形成实际的引导。经过对当地志愿者进行抽样调查，我们发现，当地志愿者中只有近三分之一愿意为特殊人群提供志愿服务，但这些志愿者中又有一部分受限于知识和技能限制，不具备针对特殊人群提供帮扶的条件，很难参与到特殊教育学校的供给中，只能参与周末陪伴、周期性义卖等简单的志愿活动。

(2) 社会组织（三联特殊教育学校）互动嵌入不足

三联特殊教育学校作为社会组织，在20多年的维系过程中不止一次出现过各式困难，本案例中仅列举了最为艰难的几次困境。在遭遇这些困境时，学校历任管理者没有积极主动与政府相关部门进行接触沟通，而是试图以自身能力解决各种困难，也未能与政府组织进行有效沟通，找“错”了人或是部门，是典型的主动或被动地“孤悬”于政府特殊教育系统之外的民办特殊教育学校。以下几种情况体现了这种主动性的缺乏：

①物资困境中主动解困不足。

第一种情况是三联特殊教育学校被动承受物资压力，没有积极主动地寻找政府或是其他渠道、尝试从根本上解决物资缺乏问题。三联特殊教育学校由于其管理权和所有权的特殊性，未被政府纳入常规预算和照顾名单，在管理运营中也没有主动申请申报相关经济补贴和援助。三联特殊教育学校在建校后的近十年内，经营所需费用和物资绝大多数来自创始人的存款，只有比例非常小的一部分来自好心人的捐赠。秉持“不增加学生负担”和“能收尽收”的原则，为了维持学校的日常开支及正常运转，三联特殊教育学校先后将创始人之一大何的储蓄、出售唯一房屋所得消耗殆尽。除此之外，学校内的实物（从图书到教具桌椅）都来自社会上好心人的捐赠，由于学校没有足够的资金自行购买换新，只能反复维护保养已有的教具和设施，这些教具和设施也只能勉强满足学校最为基础的教学需求。

②师资困境中主动解困不足。

第二种情况是三联特殊教育学校只是被动承受师资压力，没有主动寻求可行的解决方法。民办特殊教育学校与相同或相似条件下的公立特殊教育学校相比，没有任何招聘优势，待遇作为能够影响教师择校的因素之一，在民办院校中显得更加重要。在陷入这样的师资困境时，三联特殊教育学校未曾向政府寻求帮助。一方面，三联特殊教育学校作为一所民办学校，在20多年的经营中从未接受过政府的任何扶助，绝大多数教师行业的择业者显然不会将三联特殊教育学校纳入就业考量之中。另一方面，三联特殊教育学校受制于极为紧张的经济条件，无法为潜在的应聘者提供合适的待遇，甚至无法提供基础的食宿保证，这就使寻找合适的教师资源面临强大的障碍。另外，从三联特殊教育学校的福利性来说，即使应聘者抛弃物质考量最终选择进入该校，除了在个人履历上增添一笔作用尚未可知的福利教育经历之外，没有其他可能存在的直接或是间接的收益。由于学生的特殊性，特殊教育对教师的教学水平及个人能力都有较高的要求，并且教学水平的差异会直接反映在教学成果上，也就是学生的生活技能及沟通能力。因此，以非常低甚至可能不存在的待遇所招聘来的教师，只能满足基础知识教育需求，难以获得更好的教育成果。

③教学场地困境中主动解困不足。

第三种情况是三联特殊教育学校面对教学场地的压力，在20多年的运营中只是被动接受“涨租—搬迁”的现实。普通学校在履行教育职能时，需要具备满足一定条件的教学场地（从教室到运动场地）。特殊学校的教育对象相比普通学校较为特殊，教学场地往往需要满足更苛刻的条件，在自身能力不足以满足需求时，寻求政府干预是可行的方式之一。三联特殊教育学校只在2009年至2010年间使用的是普通学校的教学场地，能够满足教学的基本需要，而其他年份使用的场地都是向普通群众租赁的多层民居或是自建住宅楼，无论是功能性区域面积（如活动操场、计算机房等），还是基础教学环境（如环境环保程度、学生人均住宿和学习空间等），都达不到基本要求，尤其是2005年与腻子粉生产厂共租的校舍。

④管理困境中主动解困不足。

第四种情况是三联特殊教育学校一直缺少具有专门知识和能力的专业人员来维持学校的运转。以组织机构正常的发展扩张历程进行分析，一般只在初创期才会采用创始人身兼多职的任用方式。如果一个组织持续20多年都采用一人身兼多职的任用方式，那么这个组织仅能维持基本运转，无法扩张，甚至可能无法完整地发挥规划中的职能。在此情况下，寻求政府协助是解决问题的可能方向之一，但是三联特殊教育学校从未选择这个方向。三联特殊教育学校的常驻在职人员只有5人，分别是校长兼教师大何，代理校长、募款人、财务及对外联络人小何，食堂主厨兼后勤大何嫂，教师兼生活老师倩倩，周末生活老师高老师。可以很明显地看出，三联特殊教育学校的内部人员都身兼多职，其中数小何代理校长负担最重。

综上，以互动嵌入式理论分析，三联特殊教育学校与政府没有形成良好的嵌入体系，两者之间没有有效联系，更缺乏与社会的沟通，政府在接到三联的求助后，也未就此类问题尝试与社会组织开展合作。这些状况都远未达到互动嵌入理论设想的双向互动场景。本案例属于典型的“政府、社会组织互动性皆弱”的双弱情况（见图6-3）。

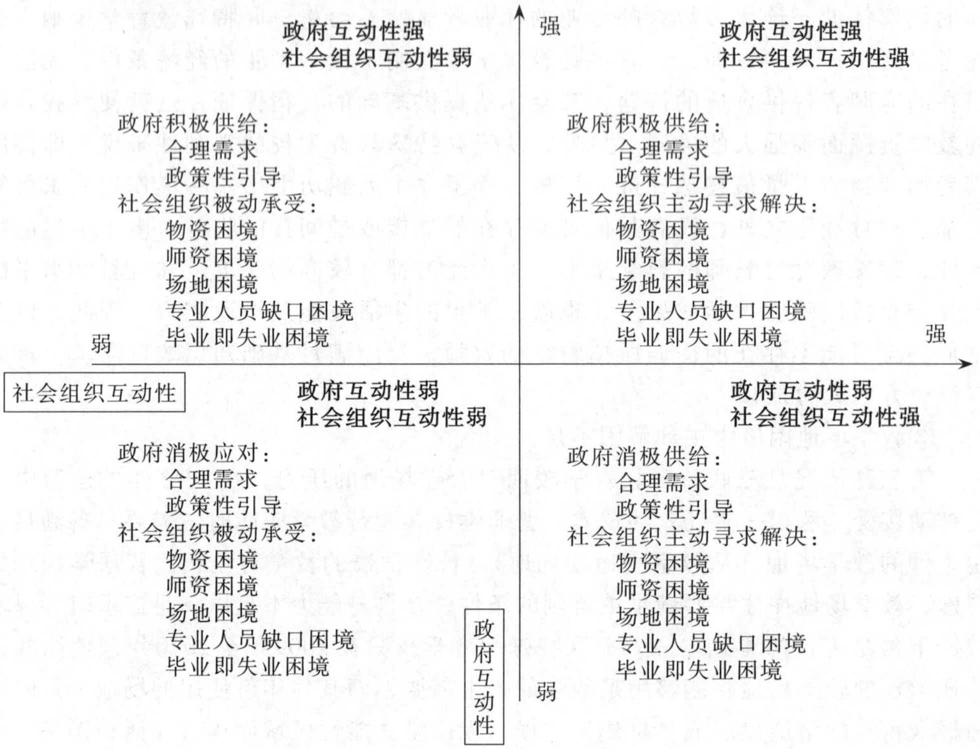

图6-3　政府、社会组织互动

4.请提出相关政策建议

三联特殊教育学校作为一个民办特殊教育学校，可以被视作全国各地大大小小的民办特殊教育学校的缩影。本案例尝试在习近平关于教育的重要论述的指导下，以互动嵌入式理论为主干，建立一个政府与民办特殊教育学校能够进行嵌入互动的系统：一方面，将三联特殊教育学校嵌入由政府作为主导的特殊教育系统中，由政府为学校提供政策支持等非物质供给和可能的物质财政供给；另一方面，政府以多种供给方式嵌入到三联特殊教育学校的维系与发展中，间接将学校导向良性决策中，使之能够更平稳地运转，甚至能够在未来进行的教育改革或是全纳教育阶段性发展中获得更好的机遇。

（1）构建互动机制

①框架设计。

要建立一个主体之间存在互动并互相嵌入的系统，首先需要建立框架，然后确立框架核心，接着在框架上行使行为，最后以规章制度对行为进行规范。

一是指导思想。坚持以习近平关于教育的重要论述为指导思想，办好人民满意的教育。要始终为人民利益和幸福而努力奋斗，教育要更好地为人民服务，就要把教育“蛋糕”做大、分好，让人民群众的教育获得感更充实、成就感更强烈、幸福感更真切。“努力让每个孩子享有受教育的机会，努力让13亿人民享有更好更公平的教育”①，“大力促进教育公平，让亿万孩子同在蓝天下共享优质教育”②。

二是互动主体。本案例中的互动主体实际指的是政府和三联特殊教育学校。这两个主体的地位各有不同，其所对应的责任和义务也不会一致。政府作为互动结构树顶端的互动主体，需要从整体考虑，其职责包括制定规划、政策与法律法规等规则性条件；三联特殊教育学校作为底部的互动主体，必须稳定自身实力才能让互动结构树更加稳固。

三是互动客体。这里的互动客体指的是所有与三联特殊教育学校、与政府的相关供应有关的公共事务，如特殊教育专用资金调拨、特殊教育教师分配等。

四是互动手段。互动手段是互动主体之间实现互动的方式方法的综合，对政府而言其范围涵盖行政、法律、经济、教育等方面的综合应用，对社会组织而言其范围涵盖申请援助、宣传现状、参与活动、反馈难处等方面的行为。

五是互动目标。互动目标指的是互动主体在这个互动框架内所要达到的共同目的。本案例中的互动目标就是以互动嵌入式的发展最终收获全纳教育的社会成果。

六是互动动力。互动动力是所有促进互动主体达成互动目标的促进力量，包括国家制定的战略规划、地方居民的实际需求等。

②坚持政府的主导作用。

从我国的国家性质与社会组织的实际发展状况而言，坚持政府的核心主导地位是实现互动目标的必然选择。具体到实际应用中，应注意以下方面：首先，在建立互动框架后，政府需要改变已经存在的冗余行政机制，明确权责的划分与界定，进而提高管理效率与管理能力。其次，加强对非行政机制手段的认识，挖掘其应用理论和方式，提高对复杂多变的现实状况的应对能力。最后，明确政府自身的定位，切实抓住“服务型政府”的核心思想，强化对服务与责任的重视，强化责任的监督与实施。

③大力扶持社会力量。

与处于互动机制核心地位的政府相比，社会组织处于弱势地位，因此需要接受政府的培育和扶持进而获得发展。具体需要注重以下方面：首先，鼓励建立并保护当地与特殊教育、志愿服务、特殊人群基金会有关的社会组织。其次，在相关组织达到一定数量后，为其提供特殊培训，让这些社会组织的供应种类、职责、分工具有多样化，尽可能让社会组织提供的资源能够满足特殊教育的需求。最后，丰富宣传内容，提升宣传质量，扩大宣传范围，扩展宣传渠道，以增加基础数量、提升基础素质的方式提升社会关注度与参与度，进而间接促进社会力量的发展。

④完善互动机制。

完善的互动机制除了要有具体的行动方案外，还要有合理有效的执行边界，从

---

① 教育部课题组．深入学习习近平关于教育的重要论述［M］．北京：人民出版社，2019：54.
② 教育部课题组．深入学习习近平关于教育的重要论述［M］．北京：人民出版社，2019：171.

而将其资源与力量限制、引导到正确的方向。对互动机制而言，完善的规章制度一般包括以下两点内容：首先，针对互动框架的五项主要内容即互动主体、互动客体、互动手段、互动目标与互动动力，建立法律规范和保障，让整个互动结构树有法可依，不至于疯长而超出法律边界。其次，建立并完善对应的信息制度，包括信息公开与信息反馈两个方面，让公众能通过通畅便捷的渠道了解互动状况，并且有合法的渠道反馈自身的意见和建议信息。

（2）政府方面的建议

将民办特殊教育组织纳入管理援助名单，增加和增进与组织互动的频率和正面效果。具体建议措施如下：

①根本措施：完善相关制度。

地方政府建立差异化政策体系，从税收、用地、用工和收费等方面着手，积极鼓励、大力支持社会力量以多种方式支援非营利民办特殊教育学校，发挥政府的引导作用，引导供给方向。除间接引导供给外，地方政府还要建立和完善关于直接供给的制度和政策，根据地方发展特点在政府补贴、政府购买服务、捐资激励、土地使用、税费减免、人才支持、就业引导等方面对非营利性民办学校给予扶持，推动国家教育事业发展，为非营利性民办学校提供生存发展环境。例如，在《中华人民共和国民办教育促进法》中，有关民办教育审批事项方面的相关依据不够清晰，这既可能导致类似三联特殊教育学校的学校得不到政府的帮助或是发展受到阻碍，又可能导致某些非正规民办教育学校逍遥法外、牟取私利。因此，在法律方面，相关法律条款需要补充、调整，具体方向可以是明确审批流程、审批所需材料，简化审批程序等。对于办学资格证齐全、切实办学的民办学校，可以为其适当开启资金申请绿色通道，建立特殊援助档案，设立启动帮扶基金。除此之外，定期考察民办教育市场，对辖区内的民办教育单位进行周期性的系统考察调研，并及时建档等，在双方的良性互动中维持健康的教育事业环境。

②桥接对策：引导社会化。

地方政府可以根据不同特殊人群的状况，对招聘民办特殊院校毕业生的行业、企业制定优惠政策，引导行业、企业特殊人群招聘的专门化、专业化发展，鼓励特殊人群就业。例如，鼓励视障人群以“声音”为核心进行专业化专门化发展，鼓励听障人群以“视觉、文字”等为核心进行专业化专门化发展，合理避免弱势能力，通过给予企业税收补贴、优先权等优惠政策来弥补特殊人群的竞争缺陷，鼓励普通人群与特殊人群在相同基础上竞争。

③个性对策：针对性帮扶。

当地政府可以把三联特殊教育学校作为一个典型扶持点，安排专人与学校定期进行沟通交流，了解学校的难处，实实在在解决三联特殊教育学校的现实问题，主动与其嵌入，并对困难进行分析评估和归类总结，为应对以后可能出现的状况提供预案或是参考。以物资供给为例，在后勤物资供应方面，地方政府可以根据实际情况进行区分：如果已有符合资质的合作后勤管理公司，可对其进行特殊教育学校运营能力评估，合格后，将特殊教育学校后勤纳入统一管理，保证管理质量；如果没有合作的后勤管理公司，可以将当地所有特殊学校的后勤管理服务进行批次捆绑后再进行招标，设立一家或多家中标公司接受委托，以强制的标准来保证所有后勤服务的质量。除了物质供给支持，政府还可以采用引导供给支持，如通过与所有权人协商为学校提供低租金或是免租金的场地以解决学校办学场所的问题；在特殊教育师范类学校开展针对性招聘会，将民办特殊教育学校工作经历纳入公招考量因素，分批次分时间调配一些公办学校的特殊教育教师前往民办学校，缓解其师资缺乏问题；出台对特殊教育学校曾任职人员的择业优先照顾政策，间接引导专业人员的择业倾向，在公开招聘时，将“曾于特殊学校任职”列入考量条件，参考加分、梯级优先录取等方式，公立特殊教育学校也可以将该条件纳入免试录取的评价条件之一。

(3) 社会组织方面的建议

作为互动框架的互动主体之一，民办特殊教育学校在互动过程中需要从多方面提高自身主观能动性。

①主动宣传现状，对外交流解困。

民办特殊教育学校应主动对外宣传学校，寻求外界的多种支持，积极对外沟通。民办特殊教育学校目前的情况是对外宣传渠道狭窄，主动性也不强，外界对学校的了解不够，难以提供恰当的帮扶。因此，民办特殊教育学校理应加大自身的宣传力度，借助多种媒体进行宣传，积极参与并借助多种活动（如特殊人群舞蹈大赛等）拓展交际圈，多渠道、多形式、多途径向外界传达学校的情况，使外界更好地了解学校，进而增加学校获得政府或是社会援助的机会。

②稳定师资队伍，提高管理人员素质。

学校需要提高师资水平，扩大师资队伍，确保师资合理流动。为解决此类困难，学校可以对教师进行调整和培训，同时通过政府或社会渠道引进年轻教师、优秀教师来扩大师资队伍，借助多方供给为师资提供合理保障，进而稳定师资力量。为保证学校的正常运转，专业的管理人员也是必不可少的，学校可以借助政府渠道聘请专业人员，或是对现有人员进行专职培训，实现财务、后勤等职能的专业化，这样不仅可以提高经营效率，对树立规范化、专业化且负责任的学校形象也大有裨益。

③锻炼学生素质，提升个人能力。

学生在学会认读写字之后，有必要了解现代社会的生活准则，他们需要提升自己的生存技能，以便更好地融入社会，获得一份稳定的工作，能够自给自足。在此类情况下，如果民办特殊教育学校能够与社会互相嵌入、开展合作，学生们的未来发展也就有了保障，可谓有益而无害。

虽然在20多年的风雨踟蹰后，由于种种原因，三联特殊教育学校关闭了，但是分析该校在发展中的“优”与“忧”，能为其他民办特殊教育学校的发展提供可借鉴的经验和教训，这正是本案例的意义所在。

五、课堂安排

本案例按照2个学时（90分钟）进行设计：

1.导入案例

时间分配：5分钟。

由一名学生概要叙述将要讨论的案例，授课老师将课前收集到的关于三联特殊教育学校的生存困境相关视频资料和新闻报道通过多媒体展示给学生们，并对学生的概述和视频资料进行总结概括。

2.讲解案例

时间分配：20分钟。

按照课前分好的角色，找两组学生上台将三联特殊教育学校的生存困境以角色扮演的形式展示出来，便于学生们直接、真实地了解案例的情况，同时加深角色扮演者对于案例的了解和把握。

3.小组讨论

时间分配：35分钟。

老师提出相关问题，小组内进行讨论，形成自己的看法。按照课前的小组角色分配，每个小组选派一名代表，将本小组所代表的角色的看法和意见向其他同学展示，其他小组人员可以提出自己的疑问，小组进行讨论和交流。

4.总结交流

时间分配：30分钟。

同学们就本次案例讨论进行发言，授课老师对每个小组的讨论结果进行点评，对同学们上一环节的疑问进行解答，引导同学们就问题从不同的角度进行思考，解答同学们关于本案例的困惑。

六、其他教学支持

1. 相关案例的纸质材料

2. 相关案例的视频资料

3. 支持播放功能的多媒体教室，支持小组讨论的可拆分桌椅

七、参考文献

［1］王媛媛. 全纳教育的知识社会学分析［J］. 外国中小学教育，2009（1）：44-47.

［2］王培峰. 全纳教育与现代教育的抵牾——基于残疾儿童等弱势群体的视角［J］. 教育学术月刊，2011（9）：8-10.

［3］王玉良，沈亚平．公共服务领域互动嵌入型政社关系：现实困境与建构路向［J］．学习与实践，2015（11）：103-111.

［4］张玉静．从特殊教育到全纳教育：特殊需要儿童学习支持模型与实践的转型［J］．比较教育研究，2018（7）：96-103.

［5］吉鹏．购买服务背景下政府与社会组织的互动嵌入：行为过程、负面效应及优化路径［J］．求实，2019（1）：74-83；111-112.

［6］吉鹏．政府与社会组织的互动嵌入研究——基于政府购买社会服务的考量［J］．长白学刊，2019（1）：47-53.

［7］申丽娟．美丽乡村建设中的政府与社会互动机制［J］．行政管理改革，2019（7）：61-67.

［8］刘盈盈．公平高效：冰岛全纳教育模式及启示［J］．浙江师范大学学报（社会科学版），2019（1）：105-111.

［9］赵文刚．留守儿童：教育之痛缘为谁——基于全纳教育的视角谈农村留守儿童的教育［J］．和田师范专科学校学报（汉文综合版），2019（3）：58-62.

［10］李晓栋，颜秀真，刘紫薇．嵌入式治理：社会组织参与社区体育治理的模式研究——基于S省T市两个社会组织的实证分析［J］．体育学研究，2021（2）：83-91.

［11］吕秀娟．全纳教育理念在高校特殊体育教育教学策略中的应用［J］．中国测试，2021（4）：167.

［12］王正青，陈臣．教育公益组织“嵌入式”参与乡村教育振兴的逻辑理路与实现路径［J］．现代教育管理，2022（10）：41-49.

八、补充材料

1.80岁聋哑爷爷带领全家一起上……

https：//mp.weixin.qq.com/s/a6E1QPbVUZrYlu9tK122Ww

2.回顾：聋哑校长蹬三轮捡剩菜倒贴钱办特殊学校，学生进社会就被骗

https：//baijiahao.baidu.com/s？id=1768088139054151683&wfr=spider&for=pc

3.这所特殊学校无声的25年：搬过6次家 老师不拿工资

https：//baijiahao.baidu.com/s？id=1636725974116389432&wfr=spider&for=pc

第七章

人间烟火味，温热暖人心

——基于N市“一元厨房”社会公益服务的调查

摘　要

随着经济持续发展，我国公益事业获得了越来越多的社会资源，因此公益活动的内容和形式能否使社会资源得到有效配置至关重要。虽然城市社区中公共职能匹配度相对较高，但仍然存在社会职能缺失和不完善的现象，而超出现有社会职能的那部分需求必定会通过新的方式和途径来得到满足，较多的就是社会公益。于是，“爱心厨房”应运而生。本案例在对N市“一元厨房”的产生、发展和壮大过程进行阐释的基础上，运用习近平关于慈善事业的重要论述、系统观念和资源依赖理论等理论进行分析，呈现“一元厨房”对资源依赖的现状，分析其是否具有可推广性，并提出改进建议，以期促进我国慈善事业稳健发展，为社会和谐和稳定作出更大的贡献。

关键词

一元厨房；社会公益；慈善事业；系统观念；资源依赖理论

第一节　案例正文

引言

提及癌症，人们心里都会不由得产生畏惧感，甚至谈“癌”色变。在J省肿瘤医院旁的一条巷子里，有着一间特殊的厨房——“一元厨房”，专门为医院癌症病人提供做菜的服务，每次仅收取1元钱。“一元厨房”这种公益模式有许多新的突破和优点，但也存在许多问题。一位老奶奶说道：“我对这个什么公益的不太了解，只知道在这里很方便，就像在自己家的厨房一样。”那么，老奶奶口中像在自己家一样的厨房到底是什么样的呢？

一、爱是一粒种子

在J省肿瘤医院后面的一条狭窄陋巷里，有一间专门为癌症病人及其家属服务的露天厨房，这就是与J省肿瘤医院一墙之隔的“爱心厨房”，也被称为“一元厨房”。这里聚满了癌症患者的家属，不同的掌勺者有不同的人间疾苦，但是都被“一元厨房”的人间烟火味温暖了内心。

（一）巷子里的煤星是点亮生命的火光

“我是老万，今年65岁。这是我老伴，熊婶儿，今年63岁。”这一段简短的自我介绍，来自“一元厨房”的主人老万。他们夫妇俩一开始并不住在医院旁的巷子里，而是N市新建区的一户普通家庭。从1995年开始，为了维持生计、补贴家用，两位老人离开居住地来到这里租了房子，做起了早餐买卖，主要是卖油条、馒头、麻圆、豆浆之类的早点。

“我和老伴都是N市新建区人，我们打算做早餐生意之后，就在肿瘤医院这里租了间房子，卖起了早餐。”老人说道。每天早上天还没亮，老万和熊婶儿就开始为早点做准备。“我们每天两三点钟起来，开始生火、和面，然后炸油条，炸到六点多钟的时候差不多好了，就开始打包装好，马上开始送早点，主要就是送到各个学校的食堂，那里学生多，对早餐的需求量很大。除此之外，还有附近的一些居民，也会来这里买早点。每天就这样做早餐、卖早餐，日子就这样一天天地过着。”老万说道。

两位老人一直靠着卖早点维持生计，直到2003年的某一天，一件意外的“小”事让两位老人的生活发生了改变，也就是从这一天开始，一颗爱心的种子埋在了两位老人的心里，“一元厨房”的影子也逐渐显现。

（二）再平凡的人生也可以播种伟大的种子

2003年的一天早上，老万夫妇推开大门准备好火炉，开始和面、炸油条，像往常一样重复着一天的工作。夫妇俩刚炸完油条，准备收摊时，一对四十岁左右的夫妻来到他们的摊位前，身边带着一个坐轮椅的小男孩。

老万以为他们是来买油条的，就亲切地跟对方打招呼。可是，那位妻子小心翼翼地问了一句：“大哥，我家孩子今年十岁，得了骨癌，现在就住在肿瘤医院，一条腿已经截肢了，孩子就想吃一口妈妈做的饭。你能借我用一下这个炉子吗？”说完，眼泪就流了下来。

看到孩子空空的裤腿和瘦削的小脸，老万鼻子不禁酸了一下。

他转身从屋里找了一个炒勺递给孩子母亲，对他们说：“你们来炒吧，这里跟医院离得近，天天来都可以。”

孩子母亲连忙道谢说：“我们可以给你钱。”

老万摆摆手说：“不要钱！反正炸完油条还有余火，你来了用这火炒菜就行。”

“孩子遭这种罪是他命不好，我们大人没办法帮他受苦受难，但他现在就馋家里的饭菜味，就这么一个小小的心愿，我们都差点没办法……”女人一边炒菜，一边抬起另一只手擦了擦眼睛，“真的谢谢你们。”

原来，这一家三口找到老万夫妇前，已经在附近好多处饭店碰了壁。

那些店家要么店里是真忙，厨房腾不出位置，要么就是嫌太麻烦，不想无缘无故去帮助素不相识的人。

面对接二连三的拒绝，这对中年夫妻仍然没有放弃借火的打算。直到路过巷子看到准备收摊的老万夫妇，本想着再碰碰运气，没想到终于遇到了好心人。

这天，受苦的孩子在这间巷子里，炉火前，吃上了心心念念的妈妈做的饭，眼睛亮晶晶的，好似全然不知生活的艰苦。

男人和女人陪在他身边，难得展露出一丝笑颜。小小的炉火，给这个艰难的家庭带去了意想不到的温暖。

自那以后，这对夫妻天天来这里借火，孩子每天也开心地吃到了妈妈做的饭。①

就这样，一件意外的"小"事让两位老人埋下了爱心的种子，他们在小巷子里搭起了灶台、生起了火，为隔壁肿瘤医院的病人们提供做菜的平台，这就是"一元厨房"这棵爱心之树的萌芽。

二、爱是一株树苗

本以为是一件小事不足挂齿，可没过几日，肿瘤医院就传开了：医院旁边有一个卖油条的早点铺，能借火做饭。几天后，来找老万、熊婶儿夫妇借炉子炒菜的人就排起了长龙。

（一）生根与发芽，施爱于更多人

1.办"一元厨房"的初心

原本老万家的摊位只有六个炉子，现在有百八十人排队炒菜，根本不能满足大家的需求。为了让更多的病人家属可以炒菜做饭，老万和熊婶儿商量后，自费买了十几套炉具和锅碗瓢盆，还买了很多蜂窝煤。

看到夫妇俩的善举，病人家属们既感动又心存歉意，他们都说："你们也不容易，还是收点钱吧，否则我们都不好意思过来借火了。"

听到这话，老万夫妇商量后，跟大家说："那就炒一个菜5毛钱，炖一个汤1块钱，够买蜂窝煤和调料就行。"于是，"一元厨房"就这样诞生了。

老万说道："开始的时候只有几个人在这里炒菜，我就没有收他们的钱，免费让他们在这里炒自己喜欢吃的菜。之后，他们病友之间相互宣传告知，来这里的人越来越多，因为我们要开炉子，每天也要烧煤球，多的时候一天能烧100多个，水费一天也要20多元，那些油、盐、醋之类的调味品我都是免费供应的，时间久了我也负担不了，就定了个价——炒菜1块钱，这样的话基本就可以维持收支平衡。"

谈到为什么要那么做，两位老人也是很有感触。"开始的时候我就是想着帮帮他们，让他们炒一下菜，让患者能够吃到家里的味道，他们也能省点钱、更好地去

---

① 佚名. 2003年老两口做1元厨房18年不打烊，拒绝央视邀请：病人要吃饭，走不开 [EB/OL]. [2023-11-25]. https://baijiahao.baidu.com/s?id=1742568336837924178&wfr=spider&for=pc.

治病。虽然我们也有身体吃不消的时候，但我们还是坚持了下来，因为不做的话他们就不知道怎么办，外面吃饭很贵的，还不一定好吃。我就跟我老伴说，这个事还是要继续做下去，能帮一点是一点，尽自己的努力献爱心，做到自己心里没有遗憾就行。”老万说道。

2.纵有生离死别，但依然坚持

2003年到2007年间，每天都有大量的患者家属来这里做菜。每天面对那么多病人家属，老万和熊婶儿夫妇也见证了一些生离死别，两位老人心中五味杂陈，但并没有打消办“一元厨房”的念头，反而更坚定了继续走下去的决心。来做菜的人各色各样，但是他们都有一个共同的目的，就是让自己的家人吃上可口的饭菜，并且早日康复。

谈及来这里做菜的人，有一对夫妇令老万和熊婶儿印象深刻。这对夫妇中患病的是丈夫老汪，老汪患鼻咽癌已经十年，生病后一日三餐都是妻子李小琳料理。早上来“一元厨房”做早餐的人并不多，但是李小琳每天早上都来厨房为丈夫煮面。谈起自己的忌口，老汪说：“能吃的就吃，不能吃的就不会吃了，尤其是羊肉、狗肉、鸡肉这些东西，是不能吃的。”在抗癌厨房，节省成本并不是唯一的目的，能让病人吃上一口熟悉的味道，对他们而言也是莫大的安慰。排骨汤、鸽子汤……妻子李小琳变着法子给丈夫补充营养。患病前，老汪是干装修的一把好手，如今生病花销大，他也常常因为不能干活而自责，而每次妻子都会细心宽慰。对于丈夫的失业，妻子的心态很好。李小琳说道：“发财什么的我们不想这个事，只要身体好就可以了，治好了，没什么事，人平安就行。”看到妻子每日悉心照料自己，老汪也是盛赞妻子：“我老婆对我非常好，这样的老婆很难找了。”

从言语中我们可以感受到，他们夫妇之间的相互照应、互相理解也体现了“元厨房”在其中发挥的作用，靠着这份传递爱心的决心，“一元厨房”逐步发展扩大，帮助更多的癌症患者吃上了可口的饭菜。

（二）受挫于风雨，也让爱更坚定

在“一元厨房”不断发展的过程中，老万夫妻二人的家中出现了一些大的变故，他们也曾动摇过，纠结到底要不要、还能不能继续办好“一元厨房”。

2007年，老万的儿子开了一家木炭厂，由于经营不善，2009年木炭厂倒闭，家里的经济条件一下子跌到了谷底，儿子的心理也因此受到创伤。家里的经济状况和儿子的心理创伤成了压在老万夫妇心里的两块石头。他们非常纠结，还要不要继续经营这个“一元厨房”，能不能经营好它，而且“一元厨房”在这个时候也遇到了瓶颈期。

“当时听到儿子生意没做好，而且受到了心理打击，我们心中也很忐忑，本来自己卖早餐也赚不了多少钱，遇到这个情况，自己手头就更需要钱了，心里也想过到底要不要继续做下去。想了很久，最后还是想继续办下去。我家里没什么钱了，再多卖点油条就是了，自己省着点花钱没什么，但是那些癌症病人还等着我这里烧的菜，如果我不做了，他们的情况也不比我好，他们的家属也不知道去哪里做饭，反正能帮就尽量帮。”老人说道。正是这个时候，儿子的遭遇与病情让他们明白家里有一个病人是什么感受，他们害怕自己离开这里不仅会让病人和家属们无力承担过高的伙食费，更会丧失对生命的希望，因为他们的家中也有病人，他们知道这些家属正在遭受多大的苦难。

经历过困难之后，两位老人更加坚定了自己最初的想法，要把自己的爱心传递下去，不能让它就那么断了。在两位老人的努力下，“一元厨房”购置了更多的炊具，吸引更多的人来这里做菜。“一元厨房”的规模逐渐扩大，原来只能炒菜，现在还可以煮面、煲汤、炖肉等。“一元厨房”逐步完善它的设施，为更多的癌症病人家属提供便利。“一元厨房”这棵爱心之树茁壮成长，传递着更多的正能量。

三、爱是一棵大树

在老万夫妇十数年如一日的默默坚守下，“一元厨房”从无到有，逐渐壮大，成为肿瘤医院附近病人家属们做菜的最佳集聚点。它不精致，不完美，甚至破旧，但它成为了众多肿瘤患者及其家属的一方港湾。很多病人家属跟老两口成了朋友。老万说：“每天都有新面孔加入炒菜的队伍，有的老面孔离开了，就不再回来，可能是他们的亲人不在了。”有些病人临走前，会专门来跟老万夫妇道别，送来花生和红薯。有的病人去世后，家人路过会跟老两口道声“人走喽”。老万说看到他们走了，心里感觉空落落的。一名在这里做了三年饭的病人复查后确诊癌症晚期，自知时日无多，他给老两口留下了桌椅，说这是最后一次见面了。

“一元厨房”见证了许许多多的悲欢离合，每一个来这里的人都见证了它的发展，正是在这样的互相见证下，“一元厨房”被越来越多的人熟知，逐渐走进了大众的视野。

（一）大树底下好乘凉，人们心中都有一棵大树

老万小心翼翼地维护着这里的一切。“一元厨房”虽不临街，但10多个煤炉在只有3.5米宽的小巷一字排开，几十人切菜做饭，确实有碍邻居进出。老两口因此更加小心谨慎，“邻居来买油条，不要钱，逢年过节谁家用火炖猪脚缺蜂窝煤，随便拿”。

老万始终相信，“吃亏是福”，这让他与邻里相处融洽，“谁家有不用的锅碗瓢盆，都会给我送来”。他给病人家属提供的30个高压锅、20多个铁锅、20多把菜刀和炒勺，也都是左邻右舍送来的。

小巷子里的人流量，到目前为止一年能达到一万多，人们进进出出已成为这里的常态，人来人往中伴随着一些变化与不变的真挚情感。

1.不会做饭的人几天就学会了

来肿瘤医院治病的患者，很多病情已经到了中晚期，彻底康复是不太可能了，就看能坚持多久。病人一般胃口不好，而且治病花钱多，经常舍不得把钱花在吃饭上，在这个厨房做饭比较可口，也便宜很多。当然，来的人当中也不是每个人都会做饭。

“这些年我估算了一下，来这儿做饭的人里，大概有40%的人一开始不会做饭，甚至从来没有做过饭。有对80多岁的老夫妻，老婆得了癌症，老公过来照顾她。这位大哥自己买了做饭的材料，不好意思地问我能不能帮他炒个菜。两口子结婚60多年，大哥从来没在家里做过一次饭，都是他老婆做好了，端到桌子上去叫他。我说：‘大哥啊，你老婆伺候了你一辈子，该你伺候她啦！你就是尽心尽力地伺候，还能伺候多少年呢？病人心情好了，病也能好点。做饭不难，我教你。’我就教了这个大哥两天，到了第三天，他就学会了。回来跟我说，他老婆吃了他做的饭，感觉好多了。老年人得癌症和年轻人不一样，虽然老年人的身体弱，但癌细胞长得也慢，反而容易控制。后来控制得还不错，老两口就出院了。”

2.王奶奶对儿子真挚的爱

80多岁的王奶奶，衣着朴素，身形消瘦，头发花白，每天早上她都会提着一个塑料菜篮子来到厨房炒菜，和别人不同的是，她菜篮子里的菜都是坏掉的菜。旁边的人看到之后劝她道：“不能买这个菜吃啊，要扔掉，烂掉了，买点好的、新鲜的菜吃吃嘛。”她面露难色地说道：“我就图便宜，这些是给我自己吃的，我自己又不用吃那么好。”

从老万夫妇的口中我们得知，原来她儿子小刚（化名）得了鼻咽癌住在医院，有一个多月了。她给儿子炖汤补身体，自己却吃烂菜。别人每每问起，她总是深情地说道：“我只希望儿子好，好了以后我好回家。是吧？希望他好就行。买这个菜，我就选便宜的。便宜的我自己吃，让儿子吃好的，你懂不？”老万说这就是她的愿望，“让儿子好起来。这个病不能让儿子得，要让她来得。她说她年纪大了，能替儿子得病就好了。她天天都这样说，儿子就是她的希望，她只想让儿子回家”。

王奶奶蹲在地上，手中拿着菜刀削着土豆，娴熟利落的动作中透着吃力。清洗蔬菜的水盆放在跟前，还有一堆菜放在盆边，菜叶已经打蔫或烂掉了。旁边是一只颜色发白的塑料大水桶。她正对面的锅煲上有一个绿色的塑料漏盆，里面装着一些已经洗好的蔬菜。菜洗好后，她颤巍巍地站起来，拿着漏盆费劲地抖落多余的水后，又走向灶台继续做饭。

王奶奶做菜很细致。她说给儿子做的菜，菜要好也要做好。王奶奶刚来的时候，对这里很陌生。在老万夫妇和周围人的帮助下，三四天过后王奶奶就熟悉了。帮她看火、接水、指路是常有的事。每天做好饭菜之后，她提着两个装有饭菜的保温桶，跟着送饭菜的病友们一起去医院。她儿子小刚住在肿瘤放射治疗中心的病房，楼层较高，她走不了楼梯，只能坐电梯上去，她弓着背，蹒跚着，略显疲惫。

小刚穿着一件素色圆点的衬衣和一条黑褐色的长裤，头发已经掉光了。看到自己的母亲走了过来，他缓缓从病床上爬起来，坐在床沿边。王奶奶坐在对床，看着他吃饭。没有多余的话，一切显得自然而习惯，小刚抹起了眼泪。小刚吃完后，王奶奶在水槽刷洗完碗筷，又开始准备下一顿饭，往复两三次，一天就这么过去了……

王奶奶经常说，宁愿自己得病也不想让儿子得病，自己怎么样都没关系，只是希望自己的儿子健康，真是“可怜天下父母心”。

正是得益于“一元厨房”的不断发展，越来越多和王奶奶一样的人得到了帮助，而随着越来越多的人到来，“一元厨房”得以继续发展，帮助更多的人。

（二）且闻人间疾苦，又见树下欢笑

1.朝五晚九的忙碌生活没有变

在无数个起早贪黑的日子，老万夫妇平均休息不到4个小时，周围的人还在熟睡时便早起运料、生火煮饭。当邻居早已入眠的时候，他们才开始清洗、整理一天的家伙事儿（厨具、煤炉、用料等）。生活就是在如此往复中慢慢行进，人性的光辉也在时光交错中被缓缓放大，爱心的传递更在日常的举手投足间被徐徐展开。

我们问熊婶儿：“现在打理‘一元厨房’有没有比以前轻松的时候？”老人说道：“还是和以前差不多，甚至要更累一点。每天早上四五点我和老伴就要起来，准备好一天的东西。我老伴要早早把炉子、煤球、炖锅这些比较重的东西打理好，每天都要用掉100多个蜂窝煤哩。我就负责把油、盐、酱、醋还有开水都安排齐全。到了中午最忙的时候，我们既要忙着给他们打饭，还要照看每个灶台，有的时候调料或者油没了还得赶忙去买，人多的时候进进出出走路都费劲儿。忙到晚上八九点又要重新整理，为第二天做准备。”老人云淡风轻地谈论着自己身上的负担，面带笑容，没有任何抱怨。

2.坚持做好事的心没有变

我们看到了人性的光辉，也看到了人性的弱点。来的时候是两个人，数日过后，就跑了一个；来的是父子，半天过后，只留孩子在原地打转……这类事情发生了许多次，老万夫妇都看在眼里，虽然见多了这种场面，但是心里还是不免难过，生活百态，就是这样。正因为如此，两位老人更加坚定了一直做下去的决心，有时候碰到实在穷困的，他们都会帮忙照顾，对两口子来说，能尽自己最大的努力帮助到需要帮助的人，他们就会感到很欣慰。

我们采访时，熊婶儿一边打饭一边说：“现在的生活条件是好了很多，不像刚开始那么辛苦，但是我还是在这么做，还是在办这个厨房，自己身上的钱多了点，自己能做到的也就更多。我们大忙帮不上，只要身体撑得住，力所能及的小忙都能干，毕竟自己也算是尽一份力，看到那些癌症患者也觉得挺可怜。如果我不做了，怕那些病人和家属无力支撑过高的伙食费，因为我的家中也有过病人，所以能体会他们的身心正在遭受多大的苦难，自己能帮帮小忙就尽力帮。”在交谈过程中，熊婶儿给一位来炒菜的爷爷全部免费，并且还送了两盒米饭。熊婶儿解释道：“他们家里非常穷，所以每次来我都给他免费。”碰到这种非常困难的情况，他们还是能帮一点是一点。“我和我老伴的身体都还好，还是要继续做下去。”这句话已经成了老万和熊婶儿的座右铭。

3.放弃早餐摊，专心办好“一元厨房”

2019年下半年，老万夫妇关掉了经营十几年的油条摊，但“一元厨房”一直在坚守。我们从他们口中了解到，随着岁数的增大，他们的精力已经大不如从前，每天又要准备卖早点又要准备“一元厨房”，实在是忙不过来，于是就停了自己的早餐摊。况且，老人的儿女现在发展得不错，自己的生活水平也提高了，也就不需要摆摊赚钱了。正是因为这样，老人开始全心打理“一元厨房”。

“自己年纪大了，事儿太多也忙不过来，以前卖早餐是为了生计，现在生活情况好了，就干脆停掉早餐摊，搞好这个厨房。”两位老人如实说道。随着物价的上涨，为了维持收支平衡，老人适当提高了炒菜价格，对此，来做菜的人都表示非常认可，觉得理所当然。其中一位老奶奶说道：“人家办这个本来就是为了帮助我们、方便我们，又不是为了赚钱，现在买东西要花好多钱，提高点价格没什么的。”正是他们彼此间相互理解与关心，才使得“一元厨房”能够继续运行下去，能够帮助更多的人，让他们能吃饱饭、吃好饭，有信心去对抗癌症。

（三）媒体报道下，爱愈发枝繁叶茂

真正让越来越多的人关注到“一元厨房”的是《主播说联播》的一篇特别报道。

在2020年8月《新闻联播》特别节目《主播说联播》的一期特别报道里，主播康辉详细报道了老万夫妇和他们的“一元厨房”的故事。在报道中，康辉说道：“在JX肿瘤医院的一条小巷子里，老万和熊婶儿夫妇在这里坚持了17年，坚持给那些来看病的癌症病人家属免费提供炉灶和炊具等，就是能够让他们在这儿做一顿家里的饭菜，但只收取他们很少的加工费。这一口饭不仅仅是能够让人填饱肚子，更是让正在承受着痛苦的患者能够感受亲人的用心。老万夫妇已经坚持了十几年，并且他们还会坚持下去，他们的坚持真的很暖心。他们也获得了一些社会支持，当地政府也曾拨款来装修这个抗癌厨房而且补贴房租，这点真的很重要。希望他们能够获得更多的爱心支持，因为爱心不能仅仅靠个人，而应该是一个集体项目，应该是一场接力赛，社区、政府、民间组织等都应该拿起属于自己的那一棒，我们可以探索出更多的爱的方式。”

正是这篇特别报道让更多的人关注到了“一元厨房”，也让更多的社会爱心人士来到这里，尽自己的一份微薄之力，把爱心传递给更多的人，也让“一元厨房”

发展得越来越好。

1.爱心继续传递，年轻人加入“厨房”行列

随着“一元厨房”受到社会关注，越来越多的人了解到了这项公益事业。2019年下半年，也就是早餐摊关闭没多久，“一元厨房”出现了年轻人的身影。小熊、小胡和小朱三位90后的志愿者，每周都会来“一元厨房”帮忙，但在他们身上还有“尿毒症患者”这个标签。“我们都得到过别人的帮助，所以也想着去帮助别人。”小熊告诉记者，“我们没有太多的金钱去帮助别人，但是希望在熊奶奶的影响下，做些公益，帮助更多的人。希望患病的人们不要灰心，有我们在，一定会健康，加油!”记者在采访老人的过程中，也出现了一些年轻人的身影，他们也是志愿者，希望尽自己的绵薄之力来帮助癌症患者，让“一元厨房”发挥更大的作用，帮助癌症家庭渡过难关。

2.社会捐助助力爱心持续

“一元厨房”受关注的程度不断提高，越来越多的人注意到老万、熊婶儿两位老人的事迹。在老人温暖、有爱的事迹影响下，爱心人士纷纷慕名而来，并且捐赠了许多物资。其中有一位是N市某短视频知名博主，了解到情况后，他第一时间去拜访，还带了许多米、油、盐等生活用品，给“一元厨房”送去了自己的一点爱心。除此之外，这位博主还为“一元厨房”发布了一期视频，借此让更多的人关注和助力“一元厨房”的发展，让更多的癌症患者得到帮助。

2018年，在阿里巴巴与全国数十家主流媒体联合推出的“最美家乡人”评选中，老万、熊婶儿夫妻俩的事迹深深打动了评委，他们荣获了“全国十大最美家乡人”称号和1万元奖金。两位老人的坚守让更多的人参与进来，让“一元厨房”的作用不断扩大，得到帮助的患者家庭越来越多，而这也减轻了老人的负担，“一元厨房”在这样的援助下不断生长，枝繁叶茂。

2021年，ZS市的一位爱心企业家表示：“我注意到，万老夫妇入围2020年度感动中国人物候选人，在他们身上，我感受到了无私和坚持的力量。我已经联系了万老夫妇，为他们免费提供厨具，今年春节过后就会送到他们手中。只要‘一元厨房’存在一天，我们公司就会一直支持他们，这是一个企业家义不容辞的责任，希望通过我们的点滴努力，让社会变得更加美好。”

2021年6月1日，来自格力专卖店的志愿者们给“一元厨房”送来了格力清凉：3台格力空调、5台格力电风扇、1台晶弘冰箱在这里“上岗”。家电装好后，格力专卖店的志愿者们还送来了16袋米和28桶油。[1]

……

3.政府补贴助力爱心公益

随着媒体的相继报道，当地政府也注意到了“一元厨房”这个公益项目，看到

① 黄之昊，黄青．刚刚！N市一元抗癌厨房传来最新消息［EB/OL］.［2023-11-25］. https://baijiahao.baidu.com/s? id=1701542428280053940&wfr=spider&for=pc.

了它为附近的癌症患者提供的帮助和便利。为了促进“一元厨房”的发展，当地政府对“一元厨房”实施了补助。

QSH区HF镇政府相关负责人介绍，为鼓励、支持“一元厨房”老万夫妇乐于助人、无私奉献的慈善义举，释放“好人效应”，HF镇政府出资对“一元厨房”进行了提升改造。“目前，‘一元厨房’室内外已装修完毕，共花费13万多元。此外，镇政府按照每月1 600元的标准为老万夫妇提供租房，室内装修两层共9间房，装修面积260多平方米。其中，第一层用于日常的营业活动，第二层用于储物以及住宿，户外的装修主要是外围地面铺平改造和房屋墙面翻新刷白。”这位负责人说。

HF镇SQ村一村干部也介绍，此前，“一元厨房”的摊位都摆在屋外狭长的过道里，方便了患者家属烧菜，但是影响了居民的通行，存在安全隐患。同时，过道里空气流通差，烟尘聚集不散，卫生条件不好，对人体健康不利。此外，刮风下雨等恶劣天气会对烧饭做菜造成很大干扰。经过装修后，“一元厨房”的环境大大得到改善，为病患家属提供了更好的做饭条件，也给老万夫妇的生活带来了极大的便利。①

2021年3月22日，抗癌厨房完成了改造。

装修后，位于一楼的厨房总共两间，面积大约100平方米。厨房的地面和墙壁均贴了瓷砖，每间厨房内有10多个厨位，每个厨位均有炉子、锅、锅铲等工具。每间厨房都有一个洗菜池、抽油烟机，中间是桌子，上面摆放着案板供切菜；灶台下方整修了排污槽，避免污水飞溅影响使用。厨房内的用具摆放整齐，非常干净。储物间增加了光源与通风扇，可有效避免粮油受潮变质，拿取方便快捷；过道增加了置物架，物品归类，摆放整齐；打饭操作台和公共卫生间等也进行了改造和整修。

在这次升级改造中，政府工作人员还在通往爱心厨房的巷子口竖立了“爱心厨房”指示牌，并撤掉了两边的垃圾桶，另设厨余垃圾集中区域。

现在，抗癌厨房更为洁净也更为便利，为前来做饭的病人家属提供了更多方便。

四、爱是一片天空

在这里，你能看见世间百态，有人笑着颠勺，有人炒了两下菜就哭了；在这里，你能看见人间大爱，有为妻子掌勺的丈夫，有为儿子煲汤的母亲，也有为奶奶第一次下厨的孙女。民以食为天，常言道“遇到再大的困难也要吃饱饭”，一个小小的煤炉就能让远在异乡的过客感受到家的温暖，病人生命垂危时，心里想的或许只是家人做的西红柿炒鸡蛋。

---

① 邹晓华．一个菜只收一元钱加工费！N市这个“一元厨房”又火了……［EB/OL］．［2023-11-25］．https：//baijiahao.baidu.com/s？id=1638038146118984801&wfr=spider&for=pc.

(一) 爱让我们在同一片天空下自由呼吸

一个从上海远道而来的女孩，因为没能亲手给患癌离世的母亲做上一顿饭，留下了巨大的遗憾，她多么希望上海也有这样的爱心厨房。在中国，医院有千万家，但抗癌爱心厨房仅此一间。接受采访时老万被问道："您打算把这间爱心厨房坚持开到什么时候?"他毫不犹豫地说："坚持到倒下去为止、无能为力为止，只要我有力量，我就帮助他们。"世间人情味，离不开烟火气。在这里，同病相怜的人走到一起，互相倾诉，互相鼓励。炉火照亮了前方的坎坷之路，也温暖了一颗颗绝望的心灵。

他们用炉灶温暖人心，用炊烟抚慰伤痛，他们是一把良心的尺子，丈量出了人间爱的长度，今天，让我们接过老万夫妇的爱心接力棒，传遍中国每个城市的大街小巷。

人来人往，春去秋来，炉火不熄。与冷清的肿瘤医院病房不同，这里始终充满烟火气，让身处逆境的人不觉悲凉。

(二) 阴晴不定是常态，阳光总在风雨后

如果你去过爱心厨房，就会发现巷道的墙壁上写满了密密麻麻的电话号码，那都是家属在临别前留给老万夫妇的。他们希望有一天老万夫妇也可以去他们家做客。在夫妻俩的柜子里，摆放着3本厚厚的记事本，上面写满了来这里做过饭的人的留言，字里行间，道尽了人间疾苦和对老万夫妇的感谢。

"一元厨房"只是解决了一家医院的部分患者的难题，而在医院的体系之外还有千千万万的疗养院、孤儿院、福利院等，那里的人们也在经历着不同的窘境。

莫泊桑说："生活不可能像你想象的那么好，但也不会像你想象的那么糟。"人的脆弱和坚强都超乎了自己的想象，有时候你会发现自己咬着牙已经走过很长的路。

2018年，老万、熊婶儿夫妇荣获"中国好人榜助人为乐好人"。

2020年，老万、熊婶儿夫妇入选"感动中国2020年度人物"。夫妻俩担心厨房无人看管，影响病人吃饭，他们并未出席颁奖典礼。"厨房有火和高压锅，不能出安全问题，而且这些火在哪里，全在我脑袋里，一天都不能关。"老万如是说。

2021年，老万、熊婶儿夫妇被评为"第八届全国道德模范助人为乐模范""第七届J省道德模范"。

2022年，老万、熊婶儿夫妇被评为"2021年J省温暖人心人物"。

20多年来，"一元厨房"炉火熊熊，氤氲亲情，烹煮焦虑，赶走苦涩，传递温暖。老万、熊婶儿夫妇全年无休地守着这方天地，只为让病人吃上热气腾腾的饭菜，感受到家的味道。

因为有爱相伴，阳光总在风雨后。

结语

“一元厨房”作为一个公益项目，在癌症病人为了抗击病魔而身心俱疲的时候，在病人家属为了减少开支省吃俭用的时候，带给了患者家庭一丝烟火气，让他们在与病魔斗争的日子里感到一丝慰藉。在为患者家庭带来方便的同时，“一元厨房”更是传递了一份爱心，一份相信病人能战胜病魔的爱心。“我希望越来越多的人最后都不需要我们这个厨房了，都能够康复出院，不再需要我们。”老万夫妇如实说道。虽然“一元厨房”承载着老万夫妇的深厚情感，但他们希望更多的癌症患者能够痊愈，不再需要“一元厨房”。

当问起这事还能坚持多久时，老万说：“坚持到倒下去为止、无能为力为止。只要我有力量，我就帮助他们。”

启发思考题

1. 什么是习近平关于慈善事业的重要论述、系统观念和资源依赖理论？其对本案例的适用性如何？

2. “一元厨房”在产生和发展过程中对资源的依赖状况如何？

3. “一元厨房”模式是否具有可推广性？

4. 如何改进“一元厨房”模式？

第二节　案例说明书

一、课前准备

1. 确定案例主题，明确本案例教学的具体目的

2. 制订课堂教学计划

讲解案例+分组讨论+师生互动+课堂总结。

3. 资料收集与整理

收集“一元厨房”的相关资料和报道，对收集到的视频资料和报道材料进行整理。准备好上课需要的PPT，方便导入案例时给学生讲解背景、播放视频，便于学生了解案例的始末，鼓励学生从多角度、多方面对案例进行思考，便于课堂上更好地进行案例探讨。

4. 提前发放案例资料

将与案例有关的资料连同案例正文一起，提前发给全体学生研读，并把相关背景资料的查阅方法和获得途径告知学生，使学生尽可能全面理解与掌握案例内容。

5. 多媒体教室及演示案例的道具和场景布置

二、适用对象

本案例主要适用于公共管理类专业本科生、MPA学员和公共管理学术型研究生，也适用于有一定工作经验的管理者以及从事政府政策制定和执行的工作人员。另外，本案例还可以用于引导和激发学生对习近平关于慈善事业的重要论述、系统观念和资源依赖理论等相关理论知识的学习兴趣和研究热情。

本案例适合"公共管理学""行政管理学""社会组织管理"课程教学使用。

三、教学目标

本案例在对"一元厨房"的产生、发展和壮大过程进行阐释的基础上，运用习近平关于慈善事业的重要论述、系统观念和资源依赖理论等理论进行分析，并提出改进建议。

具体的教学目标分为以下几个方面：

1. 知识目标

让学生通过阅读案例、讨论分析与交流，了解和认识"一元厨房"产生和发展的过程；通过文献阅读，理解习近平关于慈善事业的重要论述、系统观念和资源依赖理论；通过讨论交流，思考"一元厨房"在产生和发展过程中对资源的依赖状况、"一元厨房"模式是否具有可推广性、如何进行改进。

2. 技能目标

提升学生发现问题、分析问题、运用所学知识和技能解决实际问题的能力；提升学生的逻辑思维能力；提升学生的组织、协调与领导能力。

3. 思政目标

使学生拥有坚定的政治立场和正确的政治方向，坚定"四个自信"；提升学生的社会责任感，促进学生积极参与志愿服务，为我国的公益事业贡献应有之力。

四、教学内容及要点分析

（一）启发思考题

1. 什么是习近平关于慈善事业的重要论述、系统观念和资源依赖理论？其对本案例的适用性如何？

2. "一元厨房"在产生和发展过程中对资源的依赖状况如何？

3. "一元厨房"模式是否具有可推广性？

4. 如何改进"一元厨房"模式？

（二）理论要点解读

1. 习近平关于慈善事业的重要论述及其对本案例的适用性

习近平总书记在多个重要场合就发展慈善事业发表过系列重要讲话或署名文章，促进了慈善事业的持续健康发展。

一是充分肯定慈善事业的积极作用。2007年1月17日，习近平在《在慈善中积累道德》一文中强调了慈善的重要作用。慈善在弘扬社会文明、缩小贫富差距和促进社会和谐进步方面具有重要的积极作用。党的十九届四中全会明确提出“重视发挥第三次分配作用，发展慈善等社会公益事业”[①]，这是以习近平同志为核心的党中央首次明确提出第三次分配。党的十九届五中全会进一步强调要发挥第三次分配作用，发展慈善事业[②]。

二是强调发展公益慈善事业需要顶层设计。在党的十九大报告中，习近平强调加强社会保障体系建设，指出要完善社会救助、社会福利、慈善事业、优抚安置等制度，健全农村留守儿童和妇女、老年人关爱服务体系。习近平指导出台了一系列鼓励慈善事业发展的政策措施，如签署主席令公布《中华人民共和国慈善法》（简称《慈善法》）。发展慈善事业还需要充足的资金保障，既要加强国有资金的投入，也要合理引导和利用社会资金，政府还可以积极鼓励全社会提供可供政府购买的公益服务项目。

三是注重扩大慈善事业的参与主体。发展慈善事业，需要广泛调动社会各方面的力量共同参与，这样才能激发慈善事业生生不息的活力，在全社会形成互帮互助、互敬互爱的慈善氛围。参与主体包括公益慈善组织、企业、公众等。早在2006年，习近平在浙江慈善大会上就强调指出：“各类慈善组织要抓住有利时机，广泛开展形式多样的慈善活动，开发慈善资源，拓展服务领域。”[③]2007年1月，他又指出：“企业在自身发展的同时，应该当好‘企业公民’，饮水思源，回报社会，这是企业不可推卸的社会责任。”[④]2013年5月，他在同优秀青年代表座谈时再次强调：“要倡导社会文明新风，带头学雷锋，积极参与志愿服务，主动承担社会责任，热诚关爱他人，多做扶贫济困、扶弱助残的实事好事，以实际行动促进社会进步。”[⑤]在党的二十大报告中，习近平指出：“引导、支持有意愿有能力的企业、社会组织和个人积极参与公益慈善事业。”

本案例中的“一元厨房”，正是我国蓬勃发展中慈善事业的一个缩影。从作用上而言，它展现了真善美，为患者家庭提供了帮助，弘扬社会文明、促进社会和谐进步；从制度上而言，正是有了较系统的政策保障，“一元厨房”的运行才越来越好；从参与主体上而言，政府、企业、社会组织、个人、媒体等均积极参与慈善事业。因此，习近平关于慈善事业的重要论述对本案例的指导性和适用性极强。

2.系统观念及其对本案例的适用性

党的十八大以来，习近平总书记强调坚持系统观念，使用频率比较高的关键词主要有“系统性”“系统工程”“系统治理”“系统思维”等。党的二十大报告指出

---

① 中国共产党第十九届中央委员会第四次全体会议文件汇编［M］. 北京：人民出版社，2019：39.
② 中华人民共和国国民经济和社会发展第十四个五年规划和2035年远景目标纲要［M］. 北京：人民出版社，2021：146.
③ 周咏南. 齐心协力发展慈善事业 同心同德建设和谐社会［N］. 浙江日报，2006-12-13（01）.
④ 习近平. 之江新语［M］. 杭州：浙江人民出版社，2007：251.
⑤ 习近平. 习近平谈治国理政［M］. 北京：外文出版社，2014：53.

“要把握好新时代中国特色社会主义思想的世界观和方法论，坚持好、运用好贯穿其中的立场观点方法”，并强调“必须坚持系统观念”。坚持系统观念，作为全面把握习近平新时代中国特色社会主义思想的方法论的基础，为全面建设社会主义现代化国家、全面推进中华民族伟大复兴提供了必要的科学方法论支撑。

用系统观念去研究“一元厨房”，是把“一元厨房”作为一个复杂系统的子系统，网状地而不是线性地分析“一元厨房”的内部联系以及与外部的关联。

复杂系统中的子系统既相互独立，又相互作用。组织一般由最基本的要素组成，如人员、资金、文化等。这些要素都有其自身的特点，且是不可或缺的，系统优化需要保持每个要素的高质量发展。一方面，从要素的本质入手，分析通过相互联系产生组织一般功能特征的途径和方法，分析管理活动变化的深层原因，并从要素所表现出的基本情况入手，反向推导系统连接的作用和效果，为管理元素提供功能解释；另一方面，从要素的组合入手，不同的组合方式对要素关系的影响也不同，但它们的普遍联系始终存在，每个元素连续地影响其他元素的变化，也在其他元素的反向影响下变化。通过这种动态变化，系统保持正常运行。

3.资源依赖理论及其对本案例的适用性

对资源的依赖是指对人类社会和大自然中具有一定积累的客观存在的物质的特定需求，并且是可以用来创造物质和精神财富的特定需求。

一是组织是一个开放的系统。任何组织的生存和发展都需要资源，而组织不可能自给自足。组织外部环境中存在大量对组织生存和发展至关重要的稀有资源。因此，每个组织都在一定程度上依赖外部环境。为了生存和发展，组织需要从外部环境中获取如下资源：原材料，包括资金支持和人力资源；信息；社会和政治支持。资源依赖理论认为，资源交换是连接组织与环境的基本环节。

二是组织需要与控制资源的外部实体互动，即组织依赖环境。这些控制者获得了对组织的权力，而组织的生存能力在很大程度上取决于其与外部环境互动和谈判的能力。组织的结构、功能和目的也在很大程度上受到其环境的影响和限制。面对资源的不确定性，组织需要不断改变自己的结构和行为模式，以保证从外部环境中获得并维护资源，同时最大限度地降低对环境的依赖性。

三是面对环境的约束，组织也在积极地对环境进行管理和控制。组织采取各种战略行动来减少对外部环境的依赖和约束，这充分反映了组织在与环境的关系中的积极性和主动性，这也是资源依赖理论的最大贡献。

资源依赖理论揭示了组织与环境之间的互动关系，使组织管理者意识到他们可以通过积极寻求替代资源来改变社会组织的状况，并突出了组织的主动性。作为“第三部门”，社会组织在发现满足社会需求的社会问题时，应争取更多资源，增强与环境互动的能力。社会组织筹集资源的能力越强，就越有利于组织的发展和项目的运作。一方面，社会组织通过向基金会和政府申请项目来获得资金，使项目运营能够获得足够的资金支持；另一方面，社会组织通过项目为特定人群提供服务，以满足他们的需求并实现特定目标，从而促进社会的和谐发展。社会组织在项目实施过程中所需的资源包括人员、资金、场地等。

（三）分析思路

1.“一元厨房”在产生和发展过程中对资源的依赖状况

(1)“一元厨房”对其他组织的依赖状况

①资金依赖。

一是“一元厨房”对政府有资金依赖。“一元厨房”作为一种比较松散的组织，在政策支持、资金筹集、捐款激励等方面需要政府予以规范和支持。尽管“一元厨房”有来自企业和社会的捐赠、做饭家属的“一元”付费，但是这些资金仅能勉强维持项目运转，还需要政府给予支持。

二是“一元厨房”对企业有资金依赖。企业拥有丰富的社会资源，随着社会公益事业的发展，企业应在获得经济利益的同时履行社会责任，关注社会需求，为社会公益做出自己的贡献。企业可以在“一元厨房”项目的开展中通过政府平台或直接与社会组织建立联系，以捐赠等方式参与社会服务项目，提供资金支持。

②人员依赖。

“一元厨房”主要由老万夫妇经营，20多年来靠夫妇二人全年无休得以运转，目前，也有一些志愿者参与。

企业拥有专业化的实践型人才，较之其他志愿者在一定程度上具备更强的业务素质。企业可以通过两种途径为社会组织提供人才：一是根据社会组织的需要，派遣企业职工参与社会服务项目；二是为节约企业人力资源，可以组织高校志愿者参与项目运营。

③场地和物资依赖。

一是场地资源完全依赖肿瘤医院。正是位于肿瘤医院的隔壁，才有病人家属来“一元厨房”做饭。同时，在肿瘤医院住院的病人，既要节约费用，又要保证营养，还想感受家的味道，医院食堂的饭菜满足不了此项需求。因此，位于肿瘤医院隔壁小巷子里的“一元厨房”满足了病人的多重需求。

二是企业提供物资保障。油盐酱醋、大米、煤球等做饭所需物资是“一元厨房”提供社会服务的重要保障，而企业拥有大量物资。企业可以与社会组织建立联系，承担社会责任，通过捐赠等方式为项目提供必要的设备支持，从而扩大企业自身产品的影响力。

三是爱心人士的捐助。除了企业会捐助物资外，许多爱心人士也会主动捐助物资。

④其他资源依赖。

“一元厨房”提供公共服务还需要其他组织的支持。比如，媒体可以营造良好的社会舆论氛围，提高社会公众对社会组织的认知度和认可度，推动社会组织的健康发展。同时，媒体还可以积极发挥监督作用，如公开财务数据、活动内容、服务信息等，有利于社会、公众对社会组织进行监督，从而实现社会组织与社会活动的公开化、透明化。[①]

（2）其他组织对“一元厨房”的资源索求

①公共服务的资源依赖。

政府对社会组织的资源依赖表现在：社会组织承接政府转移的部分职能，在政府无法发挥作用的领域发挥自身优势，减轻政府的负担，使政府能够将更多精力置于决策和监督上。

②链式的资源依赖。

企业可以利用社会组织的公益项目提高自身的知名度。同一性质或者同一行业的社会组织可以依托公共服务项目实现资源共享、优势互补。

③互益的资源交换。

社会组织之间的合作，有利于增强社会组织之间的联系。例如，通过网络管理平台，社会组织可以实时了解其他社会组织的最新动态，使在同一地点开展的项目实现资金、人才、技术、物资等利用率的最大化，节约项目资源。

（3）资源依赖程度和特点

首先，“一元厨房”在成立初期，所需资金、物资等都来自老万夫妇的个人资源，完全是自给自足的状态。随着国家鼓励社会组织参与社会治理，也得益于老万夫妇的长期坚持，“一元厨房”被越来越多的人知晓，近几年也获得了政府的支持。

其次，媒体资源对“一元厨房”的发展非常重要。正是媒体的大量报道，使更多的人知晓了“一元厨房”，从而有更多的资源涌入，促进了“一元厨房”的发展壮大。

再次，政府支持对“一元厨房”的发展壮大极为重要。“一元厨房”要想发展壮大，并实现可持续发展，所需的资金、场地、工作人员以及对外宣传等资源都需要政府的支持。HF镇政府的支持，使“一元厨房”的环境得到较大改善，也增强了“一元厨房”的公信力，使“一元厨房”得到更多病人及家属的认可，也使更多的企业和爱心人士愿意对“一元厨房”进行资助。

最后，“一元厨房”得到众多热心网友、志愿者、企业等的支持。网友们通过微信朋友圈、微博等获知“一元厨房”急需物资后，积极无偿为其提供；众多志愿者也与“一元厨房”负责人保持着紧密的联系，不仅日常来“一元厨房”义务帮忙，更在“一元厨房”遇到困难时及时伸出援手，帮助对接资源；一些企业也积极出人、出力、出钱，尽一份绵薄之力。

2.“一元厨房”模式是否具有推广性

（1）“一元厨房”模式的可推广性

①符合现实需要。

---

① 聂国欣，于海龙，李雪云. 资源依赖视角下社会组织提供公共服务的路径研究——以“绿色电力照亮长征路”能源解困试点项目为例［J］. 改革与开放，2016（8）：65-67.

“一元厨房”的前身是一家肿瘤医院旁的早餐店。因为距离近，价格实惠，老万夫妇心地善良且热情，吸引了肿瘤医院住院患者家属的光顾。然而，病患和家属除了早餐，还需满足午餐和晚餐的需求。当时医院的饭菜既贵又不合胃口，外面的饭店也消费不起，为了能让家人吃点好的，病患家属就想在老万夫妇的早餐店里搭个火，自已把菜买来，中午在这加工炒个菜，一来自已做的饭菜吃得放心且健康，二来也可节省不少餐费。于是，老万夫妇俩就在小巷子里搭起了灶台、生起了火，为病人家属提供做菜的平台。随着越来越多的病患家属来借用灶台、厨具烧菜，老万夫妇又额外购买了大量的炊具，并且免费供应调味料。久而久之，老万夫妇难以负担这些开支，为了维持收支平衡，便定了一个炒菜收取一元钱的价格。至此，“一元厨房”正式诞生。

②运行模式简单明了。

“一元厨房”从名字到实际运作，内容简单明了，通俗易懂。这一方面利于老百姓认识、接纳及推广该模式，另一方面也利于有些地方学习借鉴。

一是因地制宜显优势。“一元厨房”和肿瘤医院仅一墙之隔，患者家属往来医院和厨房之间非常便利。

二是早餐经营打基础。老万夫妇经营早餐店为“一元厨房”构建了良好的客流基础和设备基础。

三是价格实惠应称赞。最开始老万夫妇实行的是免费借用设备自行烹饪的方式，后因水、电、煤炭等成本难以负担，才定了一元钱炒菜的价格，以维持基本的收支平衡，老万夫妇自始至终都是以服务和做公益事业的心态经营“一元厨房”。

四是设施齐全合需求。“一元厨房”烹饪设施齐全，可炒菜，可煲汤，赢得了广大患者家属的青睐。

(2)“一元厨房”模式推广的局限性

①资金难以保障。

由系统观念可知，资金作为系统运行的输入端，是系统正常运行的前提。经营“一元厨房”，需要大量的资金成本，包括场地的租金、炉灶炊具的购买维修成本、水电煤气的消耗成本、人工成本等。经过成本测算，一元烹饪菜品的价格机制无法持续满足如此大的成本支出。

②经营人员难以保障。

在“一元厨房”的运行过程中，工作人员配置不足。“一元厨房”的经营仅靠老万夫妇完成，刚开始能够稳定维持，但随着大量的患者家属前往，两位老人的年龄逐渐增大，身体、精力大不如前，工作人员配置不足的问题日益凸显。

③经营场地的特殊性。

一是“一元厨房”位于肿瘤医院旁边的小巷子里，依赖于医院而生，这限制了“一元厨房”的可推广性。二是场地本身存在安全隐患。十几个灶台在3.5米宽的小巷一字排开，几十人切菜做饭，场地十分拥挤，使用人员的数量已超出厨房的实际容载量。这一方面会导致内部人员使用受限，另一方面会妨碍邻居进出。其次，场地外部存在交通安全隐患。“一元厨房”的旁边就是一条单行道，每天都有车辆经过，人员进进出出存在较大的交通安全隐患。尤其是中午高峰时期，人特别多，而且老人居多，他们的行动及反应力较为迟缓，非常容易产生拥挤，导致跌倒。

3.改进建议

（1）整合多种理念

一是坚持以习近平关于慈善事业的重要论述为指导思想。理念是行动的先导，在把握全局、抓住根源、指明方向方面发挥重要作用。作为一项涉及面广泛、牵扯多个部门、需要全社会合力而为的系统工程，新时代慈善事业只有坚持以习近平关于慈善事业的重要论述为指导，才能得到长足的发展和进步。

二是树立系统观念。首先，树立“系统工程”思想。这里的系统工程是指从系统的角度，利用优化方法获得整体最优的综合的组织、管理、技术和方法。这是一种具有普遍意义的科学方法。其次，增强“系统治理”意识。“系统治理”是习近平总书记在论述国家治理方面使用较多的词语。领导干部应提高系统管理、依法管理、综合管理和资源管理的意识和能力。再次，提高“系统思维”能力。习近平总书记强调要提高系统思维能力，这是对领导干部提出的最明确最直接的方法论要求。在行动上，领导干部要坚持系统思维，统筹兼顾，突出重点，全面抓好。

（2）构建资源互相依赖的可持续“付出-回馈”机制

为了建立和维护基层政府、企业和社会组织之间相互依存的关系，促进三者平等互利的资源交流，有必要在三者之间建立可持续的“付出-回馈”机制。该机制的内涵应包括：

一是政府与社会组织的资源交换。政府通过给予符合条件的社会组织法律地位、放宽政策环境、提供渠道资源和资金支持、提供信贷支持和绩效奖励等方式帮助社会组织发展和功能提升，以提高其影响力。而社会组织则需要利用自身资源优势分担政府的公共服务任务。

二是政府与企业之间的资源交换。对于企业，政府可以通过放宽准入条件、简化管理流程、给予税收优惠、提供有偿服务机会和政府荣誉来帮助它们发展。企业受益于分散的服务网络和便利的优势，可以为政府服务项目的落地提供平台，方便政府服务项目接近服务对象，降低政府服务提供成本。有资金实力的企业还可以通过捐款支持政府公共服务，换取政府表彰、正面报道等奖励，以获得商机，提高知名度，积累自己的社会资本。

三是社会组织和企业之间的资源交换。企业可以通过提供资金、设备、场地和人员等来帮助社会组织建设，而社会组织可以通过冠名活动帮助企业提高知名度，并通过组织商品采购扩大企业的营销规模。①

---

① 张成林，张伟伟．协同共建：一个构建农村多元服务体系的新视角——基于资源依赖理论的分析［J］．石家庄学院学报，2017（1）：112-115．

(3) 针对不同主体的具体建议

①政府层面。

一是完善经营规范机制。政府对“一元厨房”的规范主要体现在注册与培训上。另外，政府可优化组织的成立标准和运营规范，促进组织提升效率。政府通过制定相关经营标准，可避免组织出现场地困境问题以及运行过程中的食品安全和消防安全问题。

二是提供坚实保障机制。政府层面的保障机制主要体现在制度保障和资金保障上。制度保障主要指政府出台一系列制度保障社会组织的顺利运行，并对社会组织进行管理。我国应加快社会组织法的立法进程，同时加快修订《社会团体登记管理条例》《民办非企业单位登记管理暂行条例》《基金会管理条例》，建立以统一的直接登记为主，以部门间协调监管、分类指导、重点支持为辅的社会组织管理和发展新制度。此外，政府可以通过搭建资源整合平台提供物质保障。政府作为主管部门，可以整合其他子系统的资源，合理、充分地利用和调配各种资源。

三是完善宣传动员机制。政府需充分发挥公益资源共享平台整合优势，完善宣传动员机制。例如，加大对“一元厨房”的宣传，可以吸引更多的人加入，为组织带来更多的资金支持。同时，从系统劳动力的角度提高“一元厨房”的可推广性和创新性，例如将“一元厨房”子系统和医院食堂子系统相结合，开发出一套新的合作模式。

②组织层面。

一是发挥协同优势。首先，发挥组织内部的协同优势。发挥协同优势可以促进组织成员之间的互相信任和良好沟通，并提高他们对组织的认同感、忠诚度和责任感。这可以改善成员之间的协作，并优化组织的协作机制。其次，发挥组织与外部的协同优势。组织可以通过完善与外部各方的合作机制，积极寻求社会合作，促进自身发展，进而促进社会慈善力量的壮大，促进和谐社会的建设。

二是重视组织管理的规范化。组织需要向成熟的社会组织和企业学习，建立规范化、专业化的管理机制。这可以从以下三个方面入手：加强制度建设，保障组织的运行有章可循；明确成员之间的分工，使组织的运行更有效率；加强监督，使组织的运行更加透明和规范。

③社会层面。

一是增强公众监督意识，完善监督机制。一方面，要增强公众的监督意识，鼓励他们积极参与对社会组织的监督。另一方面，应利用全媒体，做好舆论监督。

二是重视对社会组织的社会评估工作。在发达国家，独立的第三方评估机构在对社会组织的社会效益评估上起着非常重要的作用，但是就我国当前而言，对社会组织进行评估的独立的第三方评估机制尚欠缺。由于信息不对称和参与评估的积极性不高，公众对相关评估活动的关注度很低。因此，要逐渐建立起独立的第三方评估机制，并引导公众积极参与评估工作。

三是完善资助机制，多元资助形式并存。对社会组织的资助主要体现在资金资助和人员资助方面。为了满足组织的多样化需求并实现其目标，社会层面可以提供各种形式的资助，通过投资、生产、转型和产出的一系列步骤，帮助社会组织不断提高自我运营能力，以获得成功。

4.结语

经历了20多年的发展，"一元厨房"这颗爱的种子已经长成了郁郁葱葱的大树，已经走向成熟。目前，"一元厨房"已经帮助了肿瘤医院的许多患者，但是如何把"一元厨房"模式推广到更多的地方，让它的影响力延伸到更多需要它的人们那里，把它的作用扩大，让它能够影响、帮助更多的人，把爱心传递到更多的处于困境中的人那里，还有很长的一段路要走，还有更多的未知因素等着我们去探索。

五、课堂安排

本案例按照2个学时（90分钟）进行设计：

1.讲解案例

时间分配：20分钟。

由一位学生概要叙述将要讨论的案例背景，授课老师将课前收集到的"一元厨房"的相关视频资料和新闻报道通过多媒体展示给学生们，并对学生的概述和视频资料进行总结概括，导入案例中来。

2.分组讨论

时间分配：40分钟。

将全班同学分成若干小组，每小组4~6人。老师提出相关问题，小组内进行讨论，形成自己的看法。讨论的时候，小组成员轮流发言，其他成员给予补充。由小组长记录小组成员参与案例的准备和发言情况，作总结。

3.课堂汇报

时间分配：20分钟。

每个小组对讨论成果进行汇报。

4.课堂总结

时间分配：10分钟。

教师结合案例讲解相关理论知识，点评各小组的讨论结果，进行总结。

六、其他教学支持

1. 相关案例的纸质材料

2. 相关案例的视频资料

3. 支持播放功能的多媒体教室，支持小组讨论的可拆分桌椅

七、参考文献

[1] 周咏南. 齐心协力发展慈善事业 同心同德建设和谐社会 [N]. 浙江日报，2006-12-13 (01).

[2] 习近平. 之江新语 [M]. 杭州：浙江人民出版社，2007：251.

[3] 习近平. 习近平谈治国理政 [M]. 北京：外文出版社，2014：53.

[4] 中国共产党第十九届中央委员会第四次全体会议文件汇编 [M]. 北京：人民出版社，2019：39.

[5] 中华人民共和国国民经济和社会发展第十四个五年规划和2035年远景目标纲要 [M]. 北京：人民出版社，2021：146.

[6] 李长远. 社会组织参与居家养老服务的困境及政策支持——基于资源依赖的视角 [J]. 内蒙古社会科学（汉文版），2015 (4)：166-170.

[7] 聂国欣，于海龙，李雪云. 资源依赖视角下社会组织提供公共服务的路径研究——以"绿色电力照亮长征路"能源解困试点项目为例 [J]. 改革与开放，2016 (8)：65-67.

[8] 张成林，张伟伟. 协同共建：一个构建农村多元服务体系的新视角——基于资源依赖理论的分析 [J]. 石家庄学院学报，2017 (1)：112-115.

[9] 李佳森. 习近平关于运用系统思维加强顶层设计的方法论探析 [J]. 社科纵横，2021 (1)：8-12.

[10] 郭庆. 习近平关于系统思维的重要论述及其当代价值 [J]. 内蒙古电大学刊，2022 (3)：9-13.

[11] 匡小颖. 政府出资改造 一元"爱心厨房"更温暖 [N]. 北京青年报，2021-03-30 (A06).

八、补充材料[①]

1.2003年老两口做1元厨房18年不打烊，拒绝央视邀请：病人要吃饭，走不开

https：//baijiahao.baidu.com/s？id=1742568336837924178&wfr=spider&for=pc

2.一个菜只收一元钱加工费！N市这个"一元厨房"又火了……

https：//baijiahao.baidu.com/s？id=1638038146118984801&wfr=spider&for=pc

3.刚刚！N市一元抗癌厨房传来最新消息

https：//baijiahao.baidu.com/s？id=1701542428280053940&wfr=spider&for=pc

① 城市名称作了隐匿处理，链接地址真实。

后 记

终于将本部案例成果完成。

复盘这几年，感慨万千。

记得2018年团队第一次组织校级公共管理案例大赛时，对如何做案例一无所知，深感彷徨；记得团队无数次开会讨论，争论如何确定合适的选题；记得团队一起乘车五六个小时，到海拔1 000多米的地方调研，在山头冻得瑟瑟发抖；记得团队数次到三联特殊教育学校调研，被案例中主人公的事迹感动得热泪盈眶；记得团队一遍遍磨稿，在深夜领略校园夜景的日子；也记得获奖后师生一起分享的喜悦……

经过5年的努力，我校的公共管理案例建设有了喜人成绩。一是连续5年在中国研究生公共管理案例大赛中获奖。获奖队伍共6支，其中32强2支，100强4支。二是在2023年首届江西省研究生公共管理案例大赛中荣获一、二、三等奖各1项，最佳案例1项。三是3篇案例入选教育部中国专业学位教学案例中心案例库。四是获得教育部学位与研究生教育发展中心2022年主题案例“美丽中国”主题案例立项1项。

这些成绩的取得，是全体师生共同奋斗的结果。在此，感谢系部小伙伴们多年来的支持与无私奉献！感谢学院对我们案例建设的支持！感谢同学们积极参与调研并撰写案例！

今后，我们仍将秉持初心，继续进行公共管理案例研究，挖掘本土资源，讲好中国故事。

最后，再次感谢所有人！愿大家幸福安康！

甘黎黎

2023年10月深夜于孔目湖畔陋室